Sinnkonstruktion und Bildungsgang

D1722595

Studien zur Bildungsgangforschung

herausgegeben von
Arno Combe
Meinert A. Meyer
Barbara Schenk

Band 24

Hans-Christoph Koller (Hrsg.)

Sinnkonstruktion und Bildungsgang

Zur Bedeutung individueller Sinnzuschreibungen
im Kontext schulischer Lehr-Lern-Prozesse

Verlag Barbara Budrich,
Opladen & Farmington Hills 2008

Bibliografische Informationen der Deutschen Nationalbibliothek
Die Deutsche Nationalbibliothek verzeichnet diese Publikation in der Deutschen
Nationalbibliografie; detaillierte bibliografische Daten sind im Internet über
http://dnb.d-nb.de abrufbar.

Gedruckt auf säurefreiem und alterungsbeständigem Papier.

Alle Rechte vorbehalten.
© 2008 Verlag Barbara Budrich, Opladen & Farmington Hills
www.budrich-verlag.de

ISBN   978-3-86649-216-5

Das Werk einschließlich aller seiner Teile ist urheberrechtlich geschützt. Jede Ver-
wertung außerhalb der engen Grenzen des Urheberrechtsgesetzes ist ohne Zustimmung des Verlages unzulässig und strafbar. Das gilt insbesondere für Vervielfältigun-
gen, Übersetzungen, Mikroverfilmungen und die Einspeicherung und Verarbeitung in
elektronischen Systemen.

Umschlaggestaltung: disegno visuelle kommunikation, Wuppertal – www.disenjo.de
Druck: paper&tinta, Warschau
Printed in Europe

Inhalt

Einleitung

Bildungsgangforschung versteht sich als die Erforschung von Entwicklungs-, Lern- und Bildungsprozessen im Kontext der Institution Schule unter besonderer Berücksichtigung von drei Aspekten, nämlich der Perspektive der Schülerinnen und Schüler, der biographischen Dimension des Lernens (d.h. der Einbettung konkreter Lernvorgänge in längerfristige, lebensgeschichtliche Zusammenhänge) und des Spannungsverhältnisses zwischen objektiven Anforderungen und der subjektiven, individuell unterschiedlichen Auseinandersetzung der Lernenden mit diesen Anforderungen. Sie hat sich mittlerweile als aussichtsreicher Ansatz einer sowohl fach- als auch allgemeindidaktisch orientierten Schul- und Unterrichtsforschung etabliert (vgl. z.B. Terhart 2005, S. 11f.). Nach einer Reihe von Publikationen zu grundlegenden Konzepten (vgl. Trautmann 2004 und Schenk 2005) sowie zu wichtigen Gegenstandsfeldern dieser Forschungsrichtung (vgl. Hericks u.a. 2001, Decke-Cornill/Hu/ Meyer 2007 und Lüders 2007) setzt der vorliegende Band die Diskussion über eine weitere zentrale Frage der Bildungsgangforschung fort, die mit Arno Combes und Ulrich Gebhards Buch „Sinn und Erfahrung" (2007) begonnen wurde und die *Sinndimension* schulischen Lernens zum Gegenstand hat.

Im Blick auf die Schule als den wichtigsten Ort institutionalisierter Bildung zielt das besondere Interesse der Bildungsgangforschung auf die Bedeutung, die dem schulischen Unterricht in seinen je fachspezifischen Ausprägungen für die individuelle Gestaltung von Bildungsgängen zukommt. Im Mittelpunkt der Aufmerksamkeit steht dabei vor allem die Frage, in welcher Weise und unter welchen Bedingungen Schülerinnen und Schüler den Inhalten und Formen schulischen Unterrichts biographisch bedeutsamen Sinn zuschreiben.

Die Frage nach dem biographisch bedeutsamen Sinn von Unterrichtsinhalten und -formen knüpft an wissenschaftliche und bildungspolitische Diskussionen im Anschluss an internationale Schulleistungsvergleiche wie PISA, TIMSS oder IGLU an, in denen neben den institutionellen Rahmenbedingungen schulischer Lehr-Lern-Prozesse das Interesse an der Qualität von Unterricht und schulischem Lernen ins Zentrum der Aufmerksamkeit gerückt ist. Der vorliegende Band der „Studien zur Bildungsgangforschung" akzentuiert das Thema jedoch in besonderer Weise. Eine entscheidende Hintergrundbedingung der Qualität von Unterricht und Lernen ist aus der Perspektive der Bildungsgangforschung das Spannungsverhältnis zwischen gesellschaftlichen bzw. schulischen Anforderungen auf der einen und den subjektiven Bildungsgängen als der je individuellen Auseinandersetzung der Ler-

Traditionen des
Sinnbegriffs (handwritten annotation at top)

nenden mit diesen Vorgaben auf der anderen Seite. Im Zentrum des Interesses an der Erforschung von Bildungsgängen steht dabei die Frage nach den Sinnzuschreibungen, die Lernende (und Lehrende) vornehmen, wenn sie sich mit der Schule als solcher bzw. mit den Inhalten und Formen des jeweiligen (Fach-)Unterrichts auseinandersetzen. Aus Sicht der Bildungsgangforschung ist deshalb zu untersuchen, welche individuellen Sinnkonstruktionen und welche Aushandlungsprozesse über Sinn im Kontext der Schule stattfinden und – in bildungsgang*didaktischer* Perspektive – wie sich die Sinnkonstruktionen der Heranwachsenden vor dem Hintergrund des Spannungsverhältnisses zwischen gesellschaftlichen bzw. schulisch-institutionellen Vorgaben und individuellen Sinnzuschreibungen didaktisch angemessen berücksichtigen lassen.

Diesem Fragenkomplex ist der vorliegende Band gewidmet. Im Einzelnen stehen dabei folgende Fragen zur Debatte:

- Wie lässt sich der Begriff des biographisch bedeutsamen Sinns von Lerninhalten theoretisch genauer bestimmen und auf welche Traditionen des Sinnbegriffs (etwa der verstehenden Soziologie oder der hermeneutischen Tradition) kann dabei zurückgegriffen werden?

- In welchem Verhältnis steht das Konzept der Sinnkonstruktion zu anderen, vor allem aus der pädagogischen Psychologie stammenden Begriffen wie z.B. dem der Lernmotivation?

- Welche Zusammenhänge bestehen zwischen der Frage nach Sinnkonstruktionen und dem für die Bildungsgangforschung wichtigen Konzept der Bearbeitung von Entwicklungsaufgaben im Sinne Havighursts u.a.?

- Welche individuellen Sinnkonstruktionen und welche Aushandlungsprozesse über den Sinn von Lerninhalten und Lernformen lassen sich in konkreten (fach-)unterrichtlichen Kontexten beobachten?

- Welche Konsequenzen für die didaktische Gestaltung von (Fach-)Unterricht hat die Forderung nach einer angemessenen Berücksichtigung der Sinnkonstruktionen von Schülerinnen und Schülern?

Die Beiträge des Bandes stammen mit zwei Ausnahmen (den Aufsätzen von Kerstin Rabenstein/Sabine Reh und Britta Kolbert) von Mitgliedern des Graduiertenkollegs „Bildungsgangforschung", das von 2002 bis 2008 als Graduiertenkolleg 821 von der Deutschen Forschungsgemeinschaft (DFG) gefördert worden ist. Die Beiträge sind aus Vorträgen einer Ringvorlesung hervorgegangen, die unter dem Titel „Sinnkonstruktion und Bildungsgang" im Wintersemester 2007/08 an der Universität Hamburg durchgeführt wurde.

Zu den Beiträgen im Einzelnen:

Im einleitenden Aufsatz thematisiert *Hans-Christoph Koller* – ausgehend von Schüleräußerungen zum Physikunterricht – die Frage, was im Kontext der Bildungsgangforschung unter „Sinn" verstanden werden kann. Unter Bezug auf Paul Ricœurs Versuch, das Konzept des Verstehens von Texten auf das Verstehen von Handlungen zu übertragen, diskutiert er, welche Bedeutung einer *hermeneutischen* Fassung des Sinnbegriffs für die Analyse und Interpretation von Sinnkonstruktionen im schulischen Kontext zukommen könnte und welche didaktischen Konsequenzen daraus zu ziehen sind.

Maike Vollstedt und *Katrin Vorhölter* tragen zur Klärung der Begriffe „Sinn" und „Sinnkonstruktion" bei, indem sie diese von anderen Termini (wie Bedeutung, Nutzen, Ziel, Zweck und Wert bzw. Sinnstiftung, Sinngebung, Sinnerleben) abgrenzen und „Sinn" als persönliche Relevanz eines Gegenstands oder einer Handlung für das betreffende Individuum bestimmen. Vor diesem Hintergrund präsentieren sie unterschiedliche Beispiele für individuelle Sinnkonstruktionen von Schülerinnen und Schülern, die aus Interviews über deren Einstellungen zu Mathematik und Mathematikunterricht stammen. Die Bandbreite dieser Sinnzuschreibungen reicht von der Einschätzung, der Sinn von Mathematik(unterricht) liege darin, den Schulabschluss zu schaffen, über die Hervorhebung des Nutzens von Mathematik für Alltag und Beruf bis hin zu der Auffassung, Mathematik könne helfen, die Welt zu erklären.

Am Beispiel des Physikunterrichts fragen *Andreas Gedaschko* und *Mari-Anukka Lechte*, welche Rolle Sinnzuschreibungen in dem Prozess spielen, in dem Schülerinnen und Schüler einen persönlichen Zugang zu einem Unterrichtsfach entwickeln bzw. sich von ihm abwenden. Ihr spezielles Interesse gilt dabei der Frage, welche Wirkung das offene Experimentieren für die Entwicklung eines solchen individuellen Gegenstandsbezugs im Fach Physik haben kann.

Sabrina Monetha und *Ulrich Gebhard* diskutieren Sinnkonstruktionen unter Bezug auf das Konzept der *Alltagsphantasien*, d.h. solcher teils intuitiver, teils reflektierter Vorstellungen, die Unterrichtsgegenständen von Lernenden entgegengebracht werden und die meist mit umfassenderen Menschen- und Weltbildern verbunden sind. Am Beispiel einer Biologie-Unterrichtseinheit zur Gentechnik fragen sie, welche Bedeutung solchen Alltagsphantasien in schulischen Lernprozessen zukommt, und berichten über Ergebnisse einer empirischen Untersuchung, in der die These überprüft wurde, dass die explizite Berücksichtigung solcher Alltagsphantasien im Unterricht die Befriedigung der grundlegenden Bedürfnisse von Schülerinnen und Schüler nach Autonomie, sozialer Eingebundenheit und Kompetenzerleben erhöht.

Den Stellenwert von Sinnkonstruktionen im Fremdsprachenunterricht thematisieren *Frank-Ulrich Nädler* und *Meinert A. Meyer* in ihrem Beitrag über „Sinnkonstruktion und Sprachbewusstheit". Ausgehend vom Konzept der Sprachbewusstheit, das sie mit Humboldts sprachphilosophischer Auffassung vom bildenden Wert des Fremdsprachenlernens in Verbindung bringen, entwickeln sie die These, dass die Förderung von Sprachbewusstheit im Fremdsprachenunterricht (im Sinne des Verhandelns und Reflektierens über Sprache auf einer diskursiven Metaebene) ein Angebot zur Sinnkonstruktion darstellt, das den Lernenden Möglichkeiten eröffnet, den Lerngegenstand in einen Bezug zur eigenen Person zu setzen. Am Beispiel einer Sequenz aus dem Spanischunterricht einer 12. Klasse zeigen sie, dass eine solche Förderung von Sprachbewusstheit scheitern kann, wenn der Unterricht nur die kognitive Domäne von Sprachbewusstheit fokussiert und die affektive, soziale und performative Domäne ausblendet.

Johannes Meyer-Hamme und *Bodo von Borries* thematisieren Prozesse der Sinnkonstruktion im Kontext von Geschichtslernen, das sie mit Jörn Rüsen als „Sinnbildung über Zeiterfahrung" auffassen. Mit Blick auf das Spannungsfeld zwischen institutionellen Lernerwartungen und subjektiven Bildungsgängen rekapitulieren sie zunächst den Ertrag bisheriger quantitativer und qualitativer empirischer Forschungen zum Geschichtslernen, um dann am Beispiel einer aktuellen Studie zu „Historischen Identitäten und Geschichtsunterricht" unterschiedliche Formen individueller Sinnbildung herauszuarbeiten. Anhand von zwei Fallbeispielen wird dabei deutlich, wie die Systemlogik der Schule die Auseinandersetzung einer Schülerin mit der Sache und deren Bezug zur eigenen Person fast völlig zum Verschwinden bringen kann, während derselbe Unterricht für einen anderen Schüler Anlass zur intensiven Beschäftigung mit dem Thema und zur Reflexion der eigenen historischen Identität wird.

Kerstin Rabenstein und *Sabine Reh* berichten über ein Forschungsprojekt zur „Lernkultur- und Unterrichtsentwicklung in Ganztagsschulen" (LUGS) und eröffnen dabei eine Perspektive auf die Untersuchung solcher Sinnkonstruktionen, die von den Akteuren schulischen Unterrichts nicht bewusst vollzogen werden, sondern in konkreten Praktiken ‚emergieren'. Am Beispiel einer videographierten Szene aus dem ‚offenen Unterricht' an einer Berliner Grundschule zeigen sie exemplarisch, wie in Praktiken der individuellen Zuwendung und der Informationsbeschaffung eine „Lernkultur" entsteht, in der erfolgreiche Schülerarbeit am richtigen Erledigen von Aufgaben gemessen wird. Methodisch stützen sich die Autorinnen dabei auf eine „Videographie pädagogischer Praktiken", die sich u.a. an Verfahren der Kameraethnographie und der Objektiven Hermeneutik orientiert.

Für implizite Sinnstrukturen interessiert sich auch *Britta Kolbert* in ihrem Beitrag, der in fachdidaktischer Perspektive Prozesse der Sinnkonstitution im Bewegungs-, Spiel- und Sportunterricht untersucht. In Anlehnung an den „Sinnverstehenden Ansatz" Jürgen Seewalds und die Symboltheorie Ernst Cassirers unterscheidet die Autorin *expliziten*, d.h. sprachlich artikulierten, und *impliziten*, d.h. durch Mimik, Gestik und Körperhaltung zur Darstellung gebrachten Sinn und entwickelt eine Methode zum Verstehen impliziter Sinnstrukturen im Bewegungs-, Spiel- und Sportunterricht. Am Beispiel einer Szene aus dem Sportunterricht einer siebten Klasse demonstriert sie das Verstehenspotential dieser Methode und zeigt, wie Irritationen bzw. Unterschiede in den Deutungen des Unterrichtsangebots durch Schüler und Lehrer aufgedeckt werden können.

Während die anderen Beiträge des Bandes das Thema Sinnkonstruktion vor allem mit Blick auf die Lernenden untersuchen, thematisiert *Miriam Hellrung* im abschließenden Beitrag Fragen der Sinnkonstruktion vor dem Hintergrund einer qualitativ-empirischen Studie zu Professionalisierungsprozessen von Lehrerinnen und Lehrern, die im Rahmen eines Schulentwicklungsprojekts individualisierte Lernsettings erproben. Sinnkonstruktion wird dabei als Teilaspekt eines Prozesses der Verarbeitung und Bewältigung von Krisenerfahrungen verstanden, in dem eingespielte Handlungsroutinen sich als fragwürdig erweisen und neue Handlungsoptionen entwickelt und erprobt werden. Am exemplarischen Fall einer Lehrerin zeigt Hellrung, dass Lehrende, die an Schulentwicklungsprozessen beteiligt sind, ihr Handeln in dem Maße als sinnvoll erfahren, wie es ihnen gelingt, eine „forschend-experimentelle Haltung zur Praxis" zu entwickeln, alltagstaugliche Lösungen für praktische Handlungsprobleme zu finden und sich dabei in eine „Praxisgemeinschaft" eingebunden und „an der Verwirklichung einer Idee oder einer Vision beteiligt" zu erleben.

Unser Dank gilt allen, die zum Zustandekommen dieses Bandes beigetragen haben, insbesondere Judith Zimmer, die das Layout besorgt hat.

Hans-Christoph Koller

Literatur

Combe, A./Gebhard, U. (2007): Sinn und Erfahrung. Zum Verständnis fachlicher Lernprozesse in der Schule. Opladen/Farmington Hills (= Studien zur Bildungsgangforschung, Bd. 20).

Decke-Cornill, H./Hu, A./Meyer, M.A. (Hrsg.) (2007): Sprachen lernen und lehren aus der Perspektive der Bildungsgangforschung. Opladen/Farmington Hills (= Studien zur Bildungsgangforschung, Bd. 17).

Hericks, U./Keuffer, J./Kräft, H. C./Kunze, I. (Hrsg.) (2001): Bildungsgangdidaktik. Perspektiven für Fachunterricht und Lehrerbildung. Opladen.

Lüders, J. (Hrsg.) (2007): Fachkulturforschung in der Schule. Opladen/Farmington Hills (= Studien zur Bildungsgangforschung, Bd. 18).

Schenk, B. (Hrsg.) (2005): Bausteine einer Bildungsgangtheorie. Wiesbaden (= Studien zur Bildungsgangforschung, Bd. 6).

Terhart, E. (2005): Über Traditionen und Innovationen oder: Wie geht es weiter mit der Allgemeinen Didaktik? In: Zeitschrift für Pädagogik, Bd. 51, H. 1, S. 1-13.

Trautmann, M. (Hrsg.) (2004): Entwicklungsaufgaben im Bildungsgang. Wiesbaden (= Studien zur Bildungsgangforschung, Bd. 5).

Lernen als Sinnkonstruktion. Zur Bedeutung eines hermeneutischen Sinnbegriffs für die Erforschung schulischer Lern- und Bildungsprozesse

Hans-Christoph Koller

1 Zum Interesse der Bildungsgangforschung am Thema „Sinnkonstruktion"

In Mari-Anukka Lechtes Dissertation „Sinnbezüge, Interesse und Physik", in der Haltungen von Schülerinnen und Schülern der Oberstufe zum Schulfach Physik untersucht werden (vgl. Lechte 2008), finden sich drei unterschiedliche Beispiele dafür, was man aus der Perspektive der Bildungsgangforschung als *Sinnkonstruktion* bezeichnen könnte. Das erste stammt aus dem Interview mit Karla, einer 19-jährigen Gesamtschülerin, die nach der zehnten Klasse den Schulbesuch für ein Jahr unterbrochen und eine Ausbildung zur Rettungssanitäterin begonnen hat:

„Also man muss dazu sagen in diesem einem Jahr Pause, wo ich nicht in der Schule war, habe ich immer wieder gemerkt, dass ganz viele Sachen, die ich damals mal gelernt hab', Physik, Bio, Chemie, diese Naturwissenschaften, die kommen alle im Alltag wieder. Das war dann doch ganz faszinierend.. weil, wenn ich gelernt habe, was Heben und Fallen-Lassen bedeutet, dann war das im Unterricht immer sehr theoretisch. [...] Und im Alltag habe ich dann gemerkt, naja, aber wenn man die Theorie anwendet, dann kommt man leichter durchs Leben. Das fand ich dann doch ziemlich faszinierend. Und bin von daher, jetzt in der elften Klasse, mit einem ganz anderen BEWUSSTSEIN an das Thema Physik rangegangen." (Lechte 2008, S. 249)

Ein zweites Beispiel liefert das Interview mit Tim, einem 18-jährigen Gymnasiasten, der davon berichtet, dass ihm Physik „richtig viel Spaß gemacht" habe:

„Da hab' ich mir gedacht, ich könnte alles ausrechnen. Man kann alles ausrechnen, was auf der Welt passiert. Das fand ich richtig interessant. [...] Ob ich jetzt die Hand hoch hebe oder meinen Kopf bewege oder mit einem Fahrrad fahre oder nach Haus gehe oder was weiß ich. Man kann alles berechnen. Wenn ich in die Sonne gucke, mit was für einer Lichtstärke meine Augen gerade kaputt gehen. (*lacht*) Egal. Man kann alles berechnen." (ebd., S. 185f.)

Das dritte Beispiel schließlich findet sich im Interview mit Patrick, einem 17-jährigen Gymnasiasten, der in einer ländlichen Gegend Griechenlands aufgewachsen ist und die Darstellung seiner Erfahrungen mit Physik damit eröffnet, dass er davon erzählt, wie er als Kind mit Freunden versucht habe, ein Schiff mit Motor oder ein Wasserrad zu bauen:

„Mir hat das einfach Spaß gemacht, dass das SO FUNKTIONIERT. Dass man was aufgebaut hat, was funktioniert. [...] Ich mache das immer gerne mit Wasser spielen, das war auch immer so ein Ding. Und dann HINgehen und das aufmachen und dann einfach zugucken, wie das Wasser wegrinnt. Das ist einfach eine Riesenversuchung. [...] Man hat einfach SPASS dran, dieses Loch aufzumachen und zu sehen, wie dieses Wasser da runter läuft. [...] Wegen dem Fließen, ja." (ebd., S. 152)

Was interessiert die Bildungsgangforschung an solchen Beispielen? Bildungsgangforschung, so heißt es im Antrag auf Weiterförderung des Hamburger Graduiertenkollegs, aus dessen Kontext die Beiträge dieses Bandes stammen,

„erforscht Lern- und Bildungsprozesse von Kindern und Jugendlichen im Rahmen der Institution Schule unter besonderer Berücksichtigung der Perspektive der Lernenden, der biographischen Dimension des Lernens sowie des Spannungsverhältnisses zwischen gesellschaftlich-institutionellen Vorgaben einerseits und individuell-biographischer Ausgestaltung andererseits. [...] Im Mittelpunkt der Aufmerksamkeit steht die Frage, in welcher Weise und unter welchen Bedingungen Schülerinnen und Schüler den Inhalten und Formen schulischen Unterrichts biographisch bedeutsamen Sinn zuschreiben." (Graduiertenkolleg Bildungsgangforschung 2006, S. 4f.)

Bildungsgangforschung kann also verstanden werden als Erforschung von Lern- und Bildungsprozessen im Rahmen der Institution Schule unter besonderer Berücksichtigung von drei Aspekten, nämlich der Perspektive der Schülerinnen und Schüler, der biographischen Dimension des Lernens (d.h. der Einbettung konkreter Lernvorgänge in längerfristige, lebensgeschichtliche Zusammenhänge) und des Spannungsverhältnisses zwischen objektiven Anforderungen und der je subjektiven individuellen Auseinandersetzung mit diesen Anforderungen. Die Frage nach der Bedeutung von Sinnkonstruktionen in und für Bildungsgänge von Schülerinnen und Schüler, die im Zentrum dieses Bandes steht, ist also vor dem Hintergrund dieser drei Aspekte zu sehen und kann insbesondere als konstitutiver Bestandteil der im dritten Aspekt genannten individuellen Auseinandersetzung mit objektiven Anforderungen verstanden werden.

Im folgenden Beitrag geht es dabei vor allem um die grundlagentheoretische Frage, wie sich der biographisch bedeutsame Sinn von Lerninhalten theoretisch erfassen lässt und an welche Traditionen des Sinnbegriffs man anknüpfen kann, wenn man die Bedeutung von Sinnzuschreibungen in und für schulische Lernprozesse untersuchen will. Der Beitrag beginnt mit einer Unterscheidung von vier Dimensionen des Sinnbegriffs (2), um dann unter Bezug auf Paul Ricœurs Konzeption hermeneutischen Verstehens *eine* dieser Dimensionen näher zu betrachten (3) und daraus abschließend einige Konsequenzen für die Untersuchung von Sinnkonstruktionen in schulischen Kontexten abzuleiten (4).

2   Vier Dimensionen des Sinnbegriffs

Geht man von der Frage aus, was eigentlich mit ‚Sinn' gemeint ist, so kann als Ausgangspunkt eine Unterscheidung von vier Ebenen oder Dimensionen des Sinnbegriffs dienen, die in der Brockhaus Enzyklopädie zu finden ist (vgl. Brockhaus 1998, Bd. 20, S. 254ff.). *Sinn* kann demzufolge erstens verstanden werden als Fähigkeit zur Wahrnehmung bestimmter Reize oder Inhalte, so etwa in der Rede von den *fünf Sinnen*, aber auch in der Formulierung *Sinn für etwas haben*, wie z.B. für Mathematik oder für Fremdsprachen. Der Begriff *Sinn* kann zweitens die Bedeutung bezeichnen,

„die Worten, Sätzen, Kunstwerken, Ereignissen und überhaupt Zeichen zukommt hinsichtlich ihres hinweisenden Bezuges auf das Bezeichnete und dessen Interpretation" (ebd., S. 254),

z.B. wenn es – wie etwa in der Hermeneutik – darum geht, den Sinn einer Äußerung oder eines Textes zu verstehen. *Sinn* gilt drittens als „Zweck, Endabsicht oder Ziel" menschlichen Handelns bzw. von Objektivationen menschlichen Handelns (also von Gegenständen oder Einrichtungen, die von Menschen hervorgebracht wurden); diese Bedeutung findet sich z.B., wenn vom Sinn eines Werkzeugs oder einer bestimmten Konvention wie etwa des Händeschüttelns als Begrüßung die Rede ist. Viertens und letztens wird *Sinn*

„die Bedeutung und der Gehalt genannt, den eine Sache, eine Handlung, ein Erlebnis [...] für einen Menschen in einer best. Situation hat. Seit F. Nietzsche bezeichnet der Begriff auch das Selbstverständnis des Menschen im Einzelnen und im grundlegenden Sinne (S. des Lebens)." (ebd.)

Jede dieser vier Ebenen lässt sich nun auch eine bestimmte Theorietradition zuordnen: Für ‚Sinn' auf Ebene 1 wäre vor allem die *Wahrnehmungsphysiologie* und *–psychologie* zuständig, neuerdings vielleicht die Neurobiologie. Für Ebene 2 nennt der Brockhaus selbst die *Hermeneutik* als klassische Bezugsdisziplin. Ebene 3 wäre vor allem durch soziologische oder psychologische *Handlungstheorien* abgedeckt, während man sich auf Ebene 4 vor allem an die *Philosophie* (oder vielleicht auch an die *Theologie*) halten müsste.
    Welche dieser vier Ebenen ist nun gemeint, wenn man davon spricht, dass schulisches Lernen ein Prozess der Sinnkonstruktion sei oder mit einem solchen Prozess der Sinnkonstruktion einhergehe? Und welche Theorien können dabei helfen, diesen Prozess zu erfassen und zu analysieren?
    Ebene 1 scheint auf den ersten Blick auszuscheiden, auch wenn man sagen könnte, dass schulisches Lernen u.a. darin besteht (oder bestehen sollte), einen Sinn für das jeweilige Fach bzw. die Sache, um die es geht, zu entwickeln. Aber dann würde man wohl weniger von Sinn*konstruktion* sprechen, als vielmehr davon, einen solchen Sinn zu entwickeln, zu üben, zu trainieren usw.

Ebene 2 scheint ebenfalls nicht richtig zu passen, da schulischer Unterricht, seine Inhalte (die Unterrichtsstoffe) und Formen nicht einfach mit menschlichen Äußerungen, mit Kunstwerken oder Zeichen gleichgesetzt werden können, deren Sinn es zu verstehen gilt. Die Sinnkonstruktion von Lernenden scheint etwas anderes zu sein als die Lektüre und Interpretation eines Textes. Besonders deutlich wird das in dem Begriff des *„sinnentnehmenden* Lesens", von dem seit PISA und IGLU häufig die Rede ist. Diese Formulierung verweist auf die Vorstellung, dass der Text (bzw. ein anderer zu verstehender Gegenstand) den Sinn, um den es geht, bereits enthalte und dass es nur noch darauf ankomme, ihn herauszufinden bzw. diesem Gegenstand zu entnehmen.

Schon eher geeignet scheint Ebene 3 zu sein, d.h. das Verständnis von Sinn als *Zweck, Endabsicht oder Ziel* einer Handlung oder eines Handlungszusammenhangs und seiner Objektivationen. Der Sinn, den Lernende dem Unterricht und seinen Inhalten zuschreiben, wäre dann so etwas wie der Zweck oder die Absicht, die sie selbst mit ihrem Lernen und ihrem sonstigen Tun im Kontext von Unterricht verfolgen. Dieser Sinn könnte für den einen Schüler darin bestehen, eine gute Note zu bekommen, für andere (wie für Karla im ersten der eingangs zitierten Beispiele) darin, etwas zu lernen, was im Alltag nützlich ist (*„wenn man die Theorie anwendet, dann kommt man leichter durchs Leben"*) und für wieder andere (wie Patrick im dritten Beispiel) darin, etwas zu tun, was ihnen einfach „Spaß bringt" (*„Mir hat das einfach Spaß gemacht, dass das so funktioniert"*). Dabei stellen sich allerdings mindestens zwei Fragen. Zum einen: Was unterscheidet den so verstandenen Begriff der Sinnkonstruktion von dem der Lernmotivation und warum benutzt man nicht statt ‚Sinnkonstruktion' gleich diesen, in der Lerntheorie und der pädagogischen Psychologie längst eingeführten und besser handhabbaren Begriff? Und zum andern: Ist diese Auffassung von Sinn als Zweck und Ziel nicht viel zu instrumentell, zu technologisch gedacht? Wird es dem zweiten und dritten der eingangs zitierten Beispiele wirklich gerecht? Ist es angemessen, die Faszination Tims durch die Berechenbarkeit der Welt oder Patricks Begeisterung am Funktionieren eines Wasserrades bzw. am Anblick abfließenden Wassers einfach als Orientierung an einem Ziel oder Zweck zu begreifen?

Bleibt noch die Ebene 4, auf der Sinn als die Bedeutung gilt, die etwas (wie z.B. ein Schulfach oder ein Unterrichtsthema) *„für einen Menschen in einer bestimmten Situation hat"*. Paradigmatisch für unser Thema wäre dann ‚Sinn' in der Bedeutung von „Sinn des Lebens". Dazu würde passen, dass in diesem Kontext zwar nicht unbedingt von Sinn*konstruktion*, aber doch von Sinn*gebung* oder Sinn*stiftung* die Rede ist, also Verben benutzt werden, die den konstruktiven Akt der *Herstellung* von Sinn betonen. So gesehen wäre man beim Thema Sinnkonstruktion an die Philosophie verwiesen, genauer: an solche philosophische Theorien, die etwas über die Prozesse sagen, in denen Menschen ihrem Leben oder bestimmten Ereignissen Sinn zuschreiben. Der Brockhaus erwähnt in diesem Zusammenhang die Existenzphilosophie und Jaspers' Konzept der Grenzsituationen (wie Leiden, Schuld und Tod), in denen Menschen die Frage nach dem Sinn stellen. Aber, so wäre spätestens jetzt zu fragen, verirrt man sich damit nicht in eine Richtung, die von der Beschäftigung mit dem schulischen Alltag weit abführt? Und bläht man die Frage nach Sinnkonstruktionen im Kontext schulischen Unterrichts nicht unnötig auf, wenn man sie mit der philosophischen Frage nach dem Sinn des Lebens in Verbindung bringt?

Eine vorläufige Antwort auf diese Fragen könnte lauten, dass man die beiden zuvor genannten Ebenen 2 und 3 des Sinnbegriffs nicht zu schnell aufgeben sollte. Denn vielleicht ist darin doch mehr enthalten, als es auf den ersten Blick scheint, und vielleicht haben die damit verbundenen Theorietraditionen doch etwas zu bieten, was bei der Analyse von Prozessen der Sinnkonstruktion im Kontext schulischen Lernens weiterhelfen kann. Die folgenden Überlegungen werden dieser Hypothese nachgehen, indem sie sich auf *eine* Theorietradition beziehen, nämlich die der Hermeneutik. Dabei soll eine bestimmte hermeneutische Konzeption etwas genauer vorgestellt werden, nämlich Paul Ricœurs Konzeption des Verstehens, deren Clou darin besteht, dass sie in gewisser Weise die Ebenen 2 und 3 miteinander zu verknüpfen sucht und also die *Bedeutung von Zeichen bzw. Texten* und die *Bedeutung menschlicher Handlungen* zusammen zu denken versucht.

3   Ricœurs Konzeption des hermeneutischen Verstehens

Ricœur entwickelt diese Konzeption hermeneutischen Verstehens in einem Aufsatz von 1972 mit dem Titel „Der Text als Modell" (vgl. Ricœur 1972). Er vertritt darin die in diesem Titel bereits angedeutete These, dass der Text als *Modell* für die Sozial- oder Humanwissenschaften geeignet sei. Genauer formuliert handelt es sich dabei um zwei Thesen, nämlich *erstens*, dass der Text, der bekanntlich den paradigmatischen Gegenstand der Hermeneutik als der Lehre vom Verstehen bildet, auch als Modell für den Gegenstand der Sozialwissenschaften dienen könne, und *zweitens*, dass deshalb die Interpretation von Texten, wie sie von der Hermeneutik als Methode der Geisteswissenschaften entwickelt wurde, auch als Modell für die Verfahrensweise der Sozialwissenschaften geeignet sei. Den Gegenstand der Sozialwissenschaften bildet für Ricœur im Anschluss an Max Weber das menschliche Handeln als *sinnhaft orientiertes Verhalten*. Die Eignung des Textes als Modell für die sozialwissenschaftliche Analyse solcher Handlungen begründet er nun damit, dass er nachzuweisen versucht, dass menschliches Handeln dieselben charakteristischen Grundzüge aufweise wie ein Text.

3.1 Vier Grundzüge des Textes nach Ricœur

Um die charakteristischen Grundzüge des Textes zu bestimmen, geht Ricœur zunächst von der Unterscheidung zwischen der mündlichen Rede als *gesprochener* Sprache und dem Text als *geschriebener* Sprache aus. Ihm zufolge sind es vor allem vier Grundzüge, die den Text von der mündlichen Rede unterscheiden:

Den ersten dieser Grundzüge stellt der besondere *Zeitbezug* eines Textes dar. Während das Ereignis des Diskurses in der gesprochenen Sprache den „Charakter des Fließens" habe (ebd., S. 254), also an eine bestimmte Gegenwart gebunden sei und mit dieser verschwinde, fixiere das Schreiben als Aufzeichnungspraxis den Bedeutungsgehalt einer Äußerung bzw. eines Sprachereignisses und führe so dazu, dass der Sinn eines Textes sich vom Sich-Ereignen des Diskurses ablöse.

Ein zweites Charakteristikum von Texten bildet ihr *Subjektbezug*. Die mündliche Rede ist Ricœur zufolge durch eine ganze Reihe von Indikatoren der Subjektivität und der Personalität (wie z.b. Personalpronomina) auf ihren Sprecher zurück bezogen, was dazu führe, dass die Bedeutung einer Äußerung weitgehend mit der subjektiven Intention des Sprechers zusammenfalle. Im Unterschied dazu bringe die schriftliche Aufzeichnung eine „Dissoziation" zwischen der Bedeutung des Textes und der Intention des Autors mit sich (ebd., S. 257); anders formuliert: charakteristisch für Texte sei, dass sich ihr Sinn der Kontrolle durch den Autor entziehe. Der Sinn eines Textes ist potentiell stets mehr, als sein Autor mitteilen wollte.

Den dritten Grundzug von Texten macht ihre besondere Form des *Weltbezugs* aus. Während im gesprochenen Diskurs die Referenz auf Welt in der Form eines Bezugs auf die den Gesprächspartnern *gemeinsame* Situation realisiere, löse sich der Text von den Grenzen dieses direkten und ostentativen Bezugs auf die Umwelt und erweitere diese zur „Welt", d.h. einem Bezugsgewebe, das von Texten eröffnet wird. Anders formuliert: das Schreiben befreie „von der Sichtbarkeit und Begrenztheit der Situationen", ermögliche neue Entwürfe von „Welt" und erschließe „neue Dimensionen" des „In-der-Welt-seins" (ebd., S. 259).

Das vierte Unterscheidungsmerkmal zwischen Text und gesprochener Sprache schließlich betrifft den *Adressatenbezug*. Die mündliche Rede ist Ricœur zufolge stets an einen konkreten, gleichzeitig anwesenden Gesprächspartner adressiert. Im Gegensatz dazu richte sich ein Text nicht nur an einen bestimmten Adressaten, sondern zumindest potentiell an jeden, der lesen kann, und damit an „ein Publikum, das sich selbst schafft" (ebd., S. 259).

Sinn ein Handlung, kan
eine Ereignis abgelost sein 19

3.2 Die Gemeinsamkeit von Handlungen und Texten nach Ricœur

Ricœurs zentrale These lautet nun, dass der Text bzw. die Interpretation von Texten als paradigmatisches Modell für den Gegenstand bzw. die Verfahrensweise der Sozialwissenschaften dienen könne, weil dieselben gerade genannten Strukturmerkmale von Texten auch auf das Handeln als den Gegenstand der Sozialwissenschaften zuträfen, und weil Handlungen deshalb auf vergleichbare Weise ‚gelesen‘ bzw. interpretiert werden könnten wie Texte. Das gilt zunächst für den *Zeitbezug* von Handlungen. Die entscheidende Bedingung dafür, Handlungen wie Texte zu betrachten, besteht für Ricœur darin, Handlungen in ähnlicher Weise dauerhaft fixieren zu können, wie ein Text es für mündliche Äußerungen erlaubt. In der qualitativen Sozialforschung sind zur Einlösung dieser Forderung bekanntlich zahlreiche Formen der Datenerhebung entwickelt worden, die darauf abzielen, die Sachverhalte der sozialen Wirklichkeit dokumentierend zu fixieren, sei es durch Protokolle, sei es mittels Ton- oder Videoaufzeichnungen. Ricœurs These ist nun, dass solche Objektivationen keine künstliche Zutat darstellen, sondern durch die innere Struktur von Handlungen erst ermöglicht werden, die darin bestehe, dass der Sinn einer Handlung in ähnlicher Weise vom Ereignis dieser Handlung abgelöst sei, wie dies bei Texten der Fall ist. Handlungen vollziehen sich zwar in der Zeit, aber verschwinden nicht einfach, wie Ricœur an einer Reihe von Metaphern deutlich macht, mit denen die dauerhaften Wirkungen von Handlungen bezeichnet werden – wie z.B. der Rede von den *Spuren*, die eine Handlung *hinterlässt*, oder von der *einschneidenden* Wirkung, die sie hatte. Zu diesen Spuren gehören Ricœur zufolge formelle Aufzeichnungen, wie sie durch Institutionen wie Schulen oder Meldeämter erhoben werden; es gebe aber auch ein „informelles Analogon" solcher Aufzeichnungen wie etwa die „Reputation" eines Menschen, die als eine Art dauerhafter Fixierung seiner Handlungen aufgefasst werden könne (ebd., S. 264).

Ähnlich wie für Texte macht Ricœur auch für den *Subjektbezug* von Handlungen geltend, dass ihr Sinn sich nicht in der subjektiven Intention ihres Urhebers erschöpfe, sondern davon ablösen könne. Zur Verdeutlichung dienen ihm zwei Beispiele, nämlich zum einen das Problem der Zurechenbarkeit im Falle komplexer Handlungen, bei denen die Zuschreibung der Urheberschaft bzw. der Verantwortung für eine Handlung bzw. ein Handlungssegment problematisch werden kann, und zum andern das Beispiel von Handlungen, die durch Sedimentierung zu „Institutionen" geworden sind, wodurch ihr Sinngehalt nicht mehr mit den subjektiven Intentionen der Akteure übereinstimmen muss und das Problem des „latenten" Sinns entsteht. Ähnlich wie bei einem Text kann man deshalb auch beim Handeln den Sinn einer Handlung nicht einfach mit der subjektiven Absicht des Akteurs gleichsetzen, weshalb die oben skizzierte Auffassung, die ‚Sinn‘ mit der Absicht,

Sinn + geäußerte Absicht
können nicht gleichgesetzt werd

dem Zweck oder Ziel einer Handlung gleichsetzt, als problematische Reduktion erscheint. Dem dritten Merkmal von Texten entsprechend kann man mit Ricœur im Blick auf den *Weltbezug* von Handlungen sagen, dass ihre Bedeutung zumindest potentiell über ihre Relevanz für die augenblickliche Situation hinausgeht. Wie ein Text nicht nur diejenige Umwelt widerspiegelt, in der er entstanden ist, sondern neue Bezüge eröffnen und eine neue, andere Welt entwerfen kann, gibt es Ricœur zufolge Handlungen, die die sozialen Bedingungen ihrer Produktion übersteigen und in neuen Kontexten wiedererweckt werden können.

Schließlich gilt für den *Adressatenbezug* von Handlungen ähnlich wie für Texte, dass sie sich nicht nur an ein bestimmtes Gegenüber richten, sondern „an eine unbegrenzte Anzahl von möglichen ‚Lesern‘ adressiert" sind (ebd., S. 266). Mit anderen Worten: Wie ein Text ist eine menschliche Handlung für Ricœur „ein unvollendetes und offenes Werk [...], dessen Sinn in der Schwebe bleibt" (ebd.), weil sein Bedeutungsgehalt auch in seinen „zukünftigen Interpretationen" liegt (ebd., S. 268).

Ricœur geht es vor allem darum zu zeigen, dass für das Verstehen bzw. Interpretieren von Handlungen dieselben Regeln gelten wie für die Lektüre von Texten. Im weiteren Verlauf seiner Argumentation beschäftigt er sich nun vor dem Hintergrund der Erklären-Verstehen-Debatte mit der Frage, inwieweit ein solches Verstehen von Handlungen *wissenschaftlichen* Ansprüchen genügen kann. Das braucht hier nicht weiter zu interessieren, da es an dieser Stelle ja nicht um wissenschaftstheoretische und forschungsmethodische Probleme geht, sondern um die Frage, inwiefern Ricœurs Konzeption der Hermeneutik geeignet ist, den Begriff der Sinnkonstruktion im Kontext schulischen Unterrichts theoretisch genauer zu erfassen. Kehren wir deshalb nun zur Bedeutung des Sinnbegriffs im Rahmen der Bildungsgangforschung zurück.

4 Konsequenzen aus Ricœurs hermeneutischer Konzeption für die Untersuchung von Sinnkonstruktionen im schulischen Kontext

Geht man davon aus, dass schulischer Unterricht samt seinen Inhalten und Formen als *Handlung* bzw. als komplexes *Handlungsgefüge* aufgefasst werden kann, so lässt sich aus Ricœurs Konzeption eine erste Konsequenz ableiten, die den Subjektbezug von Texten und Handlungen betrifft. Fasst man Unterricht als Handlung bzw. Handlungsgefüge auf, so erschöpft sich dessen Sinn nicht in den individuell verfolgten Absichten und Zielen (seien es nun die der Lehrenden oder die der Lernenden). Wenn der Sinn von Unterricht, seinen Inhalten und Formen stets mehr oder anderes ist als die Absichten der beteiligten Akteure, so müsste die Untersuchung von Prozessen der Sinnkonstruktion diesem Umstand Rechnung tragen und diese als ein komplexes Geschehen betrachten, das sich der bewussten Kontrolle einzelner Individuen entzieht. Unterricht erscheint so als ein ‚Text‘, der prinzipiell offen ist für vielfältige Deutungen. Das bedeutet auf der einen Seite, dass es möglicherweise zu kurz gegriffen ist, wenn man Sinnkonstruktionen der Lernenden nur als diejenigen subjektiven Ziele und Intentionen versteht, die die Lernenden im Zusammenhang mit Unterricht verfolgen. Auf der anderen Seite folgt daraus aber auch, dass die Lernenden in ihrem Prozess der Sinnkonstruktion sich gleichsam in der Position des hermeneutischen Lesers befinden, dessen Sinndeutungen sich nicht auf die Frage reduzieren lassen, was der Urheber des Unterrichts (also die jeweilige Lehrkraft) den Adressaten ‚sagen will‘. Sinnkonstruktion schließt vielmehr immer auch die (Möglichkeit der) Frage ein, was dieser Gegenstand (dieses Fach, dieser Unterrichtsinhalt etc.) auch über die Intention seines Urhebers hinaus zu sagen hat, und zwar (davon wird noch die Rede sein) was er *dem jeweiligen Subjekt in dessen jeweiliger Situation* zu sagen hat.

Daraus folgt eine zweite Konsequenz, die auch bereits eine didaktische Implikation einschließt. Aufgrund der Ablösung des Sinns einer Handlung von der subjektiven Intention ihres Urhebers ist stets eine Vielzahl von Sinnkonstruktionen möglich, die es in didaktischen Konzeptionen zu berücksichtigen gilt. Die eingangs zitierten Beispiele aus der Untersuchung von Mari-Anukka Lechte sind auch deshalb aufschlussreich, weil sie so unterschiedlich sind und keineswegs auf ein gemeinsames Prinzip zurückgeführt werden können. Zunächst könnte man ja meinen, Sinnkonstruktion in Bezug auf den Physikunterricht bestehe vor allem darin, einen Nutzen der jeweiligen physikalischen Inhalte für den Alltag zu erkennen. Das mag für Karla und ihren Satz *„wenn man die Theorie anwendet, dann kommt man leichter durchs Leben"* gelten (auch wenn sie überzeugende Beispiele dafür schuldig bleibt). Aber die Sinnkonstruktion Tims, der sein Interesse an Physik damit begründet, dass die Physik alles berechenbar mache, lässt sich keineswegs auf ihren Nutzen im Alltag reduzieren (und die Beispiele, mit denen Tim die Berechenbarkeit illustriert, sind im Blick auf ihren möglichen Nutzen ziemlich abwegig – wie etwa die Frage, mit welcher Lichtstärke seine Augen kaputt gehen, wenn er in die Sonne guckt, oder wie viel Kilo er selbst „auf der Sonne, auf dem Mond, auf dem Jupiter wiegen würde" (Lechte 2008, S. 186). Und auch Patricks Faszination durch das Funktionieren eines von ihm gebauten Wasserrads bzw. durch das bloße Fließen von Wasser erscheinen nicht als durch deren Nutzen motiviert, sondern als eine Art ‚Selbstzweck‘, der seinen Sinn in sich selbst trägt. Bildungsgangforschung wie auch Lehrerinnen und Lehrer hätten also, so die Schlussfolgerung aus diesen Überlegungen, mit verschiedenen, nicht ineinander übersetzbaren Sinnkonstruktionen durch die Lernenden zu rechnen.

Die dritte Konsequenz für unser Thema betrifft den *Weltbezug* des zu verstehenden Gegenstandes, d.h. des fraglichen Textes bzw. Handlungsgefüges. Wenn es stimmt, dass der Sinn eines Textes bzw. einer Handlung sich nicht in seinem unmittelbaren Situationsbezug erschöpft, so gilt dies auch für das Handlungsgefüge ‚Unterricht‘ mitsamt dessen Fächern, Inhalten und Interaktionsformen. Diese Feststellung scheint zunächst trivial, war es doch seit jeher erklärte Absicht schulischen Unterrichts, eine Wirkung über das unmittelbare *Setting* hinaus zu erzielen: *non scholae sed vitae discimus*. Der Clou der Übertragung von Ricœurs hermeneutischer Konzeption auf die Untersuchung von Sinnkonstruktionen im Kontext von Unterricht besteht aber darin, dass die Ablösung des Sinns vom unmittelbaren Situationsbezug es mit sich bringt, dass der Weltbezug des Unterrichts genauso wie der eines Textes von niemandem kontrolliert werden kann, weder von seinem ‚Autor‘, d.h. der Lehrkraft, noch von den Adressaten, d.h. den Lernenden. Wie ein Text unter bestimmten Bedingungen eine andere Welt entwirft als die, innerhalb derer er entstanden ist, bringt Unterricht in gewisser Weise eine Welt jenseits der Schulmauern hervor, in denen er stattfindet. Doch wie im Falle von Texten ist diese andere Welt weder durch den Urheber noch durch den Gegenstand selbst kontrollierbar, ohne deshalb beliebig zu sein. Die textuell wie unterrichtlich entworfenen Welten neigen vielmehr im Prozess ihrer Aneignung durch Leser bzw. Lernende dazu, ein Eigenleben zu führen, das zwar bestimmten Gesetzmäßigkeiten folgt und auf vielfältige Weise (wie z.B. durch die methodischen Verfahrensweisen der Hermeneutik) *reguliert*, aber keinesfalls *determiniert* oder vollständig *kontrolliert* werden kann. Sinnkonstruktionen wie die eingangs zitierten Beispiele bleiben deshalb in gewisser Weise immer brüchig. So erscheint etwa die Konstruktion Karlas als in sich widersprüchlich, wenn sie ihre These, dass man durch Anwendung physikalischer Theorien im Alltag besser durchs Leben komme, mit einer – noch dazu physikalisch fehlerhaften – Erläuterung des Doppler-Effekts illustriert, deren Kenntnis das Leben ja nicht wirklich erleichtert, sondern allenfalls eine Erklärung für ein überraschendes akustisches Phänomen liefert.[1]

Sinnkonstruktion im Kontext schulischen Unterrichts wäre schließlich (und das ist die vierte und letzte Konsequenz aus Ricœurs Konzeption) im Sinne der Hermeneutik als ein Prozess der Aneignung oder Erschließung schulischer Inhalte durch Lernende zu begreifen, der zwei ineinander verwobene Seiten hat. Auf der einen, der ‚objektiven‘ Seite steht dabei der zu ver-

---

[1] Beim Doppler-Effekt handelt es sich um das von dem österreichischen Physiker Christian Doppler entdeckte Phänomen, dass sich die Frequenz von (z.B. Schall-)Wellen verändert, wenn sich Quelle und Beobachter einander nähern oder voneinander entfernen (besonders bekannt ist die Veränderung der Tonhöhe des Signalhorns eines vorbeifahrenden Polizei- oder Krankenwagens).

stehende Gegenstand, d.h. das Fach, der jeweilige Inhalt bzw. das Unterrichtsarrangement, die den Lernenden vorgegeben sind wie ein Text dem Leser. Auf der anderen, ‚subjektiven' Seite steht die Auseinandersetzung des Lernenden mit diesem Gegenstand, der wie der hermeneutische Interpret danach fragt, welchen Sinn dieser Gegenstand *für ihn* in seiner jeweiligen Situation *hier* und *heute* hat.

In dieser Hinsicht geht Sinnkonstruktion über die Verfolgung eines Zwecks, eines Ziels oder einer Absicht im bloß instrumentellen Verständnis hinaus, sondern bedeutet Auseinandersetzung mit einem fremden Gegenstand, der ein Sinnangebot bzw. eine Sinnzumutung enthält, ohne dass diese auf einen Autor und dessen Intention zurückgeführt werden könnte. Konstitutives Element jedes Verstehensvorgangs ist deshalb die Differenz zwischen einem Gegenstand und einem verstehenden (bzw. Sinn konstruierenden) Subjekt, die in der klassischen Figur des hermeneutischen Zirkels als Differenz zwischen Gegenstand und dem unvermeidlichen Vorverständnis des Lesers gefasst und dabei vor allem (etwa bei Gadamer) unter dem Aspekt des „Zeitenabstands" thematisiert wurde – also unter dem Aspekt der Differenz zwischen der historischen Konstellation des Textes und der gegenwärtigen des Lesers (vgl. Gadamer 1960/90, S. 296ff.). Auch Sinnkonstruktion im Kontext von Schule bewegt sich innerhalb eines solchen hermeneutischen Zirkels, wenn die Lernenden auf der einen Seite mit fremden Vorgaben wie bestimmten Inhalten oder Unterrichtsarrangements konfrontiert werden, auf der anderen Seite sich damit aber vor dem Hintergrund eines bestimmten Vorverständnisses auseinandersetzen, das sie dem Gegenstand entgegenbringen. Sinnkonstruktion wäre dann der Prozess jener zirkulären oder spiralförmigen Bewegung, in der Lernende sich dem Gegenstand nähern, sich an ihm abarbeiten und dabei ihr Vorverständnis schrittweise korrigieren oder weiterentwickeln. Das lässt sich an kurzen Ausschnitten, wie sie eingangs zitiert wurden, allein nicht rekonstruieren; notwendig dafür wären vielmehr größere Erzählzusammenhänge, wie sie in biographischen Interviews enthalten sind und die individuelle Geschichte eines solchen Sich-Abarbeitens nachvollziehbar machen können.

Dieser einleitende Beitrag ist nicht der Ort, solche Rekonstruktionen vorzunehmen. Stattdessen sei abschließend ein Problem angedeutet, das man sich einhandelt, wenn man auf die Tradition der Hermeneutik zurückgreift und Sinnkonstruktionen als Verstehensprozess im Sinne des hermeneutischen Zirkels begreift. Bei Gadamer erscheint als Fluchtpunkt dieser Bewegung die Überbrückung der Differenz zwischen Gegenstand und verstehendem Subjekt, ja die „Verschmelzung" der beiden Horizonte von Text und Leser (ebd., S. 311). Schon für die Interpretation von Texten erscheint dies als ein allzu harmonistisches Bild – wie viel mehr noch gilt dies für Prozesse der Sinnkonstruktion im Rahmen von Schule. Hier wären neue Metaphern und Konzepte zu entwickeln, die über die hermeneutische Tradition hinausweisen, weniger harmonisch ausgerichtet sind und der Differenz oder dem Widerstreit zwischen objektiven Sinnzumutungen und subjektiven Sinndeutungen eher gerecht werden. Dass die Auseinandersetzung mit der hermeneutischen Tradition bis an diesen Punkt geführt hat, kann allerdings als Beleg dafür gelten, dass die Tradition der Hermeneutik Begriffe und Konzepte bereit hält, die es erlauben, das Problem der Sinnkonstruktion in schulischen Bildungsgängen theoretisch zu fassen und solche weiterführenden Fragen zu formulieren.

Literatur

Brockhaus (1998): Die Enzyklopädie in 24 Bänden. 20. Aufl. Leipzig/Mannheim.

Gadamer, Hans-Georg (1960/1990): Wahrheit und Methode. Gesammelte Werke, Bd. 1, 6. Aufl., Tübingen.

Graduiertenkolleg Bildungsgangforschung (2006): Folgeantrag auf Förderung des Graduiertenkollegs 821: „Bildungsgangforschung". Hamburg (unveröffentlichtes Typoskript).

Lechte, Mari-Anukka (2008): Sinnbezüge, Interesse und Physik. Eine empirische Untersuchung zum Erleben von Physik aus Sicht von Schülerinnen und Schülern. Leverkusen. (= Studien zur Bildungsgangforschung; Bd. 23)

Ricœur, Paul (1972): Der Text als Modell: hermeneutisches Verstehen. In: Walter L. Bühl (Hrsg.): Verstehende Soziologie. Grundzüge und Entwicklungstendenzen. München, S. 252-283.

Zum Konzept der Sinnkonstruktion am Beispiel von Mathematiklernen

Maike Vollstedt und Katrin Vorhölter

1 Einleitung

Nach dem enttäuschenden Abschneiden deutscher Jugendlicher bei PISA 2000 wurden für die schulischen Kernfächer bundesweit einheitliche und verbindliche Bildungsstandards eingeführt. Diese beschreiben fachbezogene Kompetenzen, die Schülerinnen und Schüler zu bestimmten Zeiten ihrer schulischen Laufbahn erworben haben sollten. Daher handelt es sich bei diesen Bildungsstandards genau genommen um Leistungsstandards (vgl. Blum 2006, S. 15), also um gesellschaftlich-institutionelle Vorgaben. Die je individuell-biographische Ausgestaltung dieser Anforderungen durch die Lernenden wird dabei jedoch nicht berücksichtigt. Hier setzt nun die Bildungsgangforschung an, die es sich zur Aufgabe gemacht hat, Lehr-Lern-Situationen aus der Perspektive der Lernenden zu betrachten. Im Zentrum steht dabei die Frage, welchen Sinn die Lernenden der Schule und den jeweiligen Unterrichtsinhalten zusprechen und wie dieser Sinn konstruiert wird. Das Konzept der Sinnkonstruktion ist somit zentral für die Bildungsgangforschung (vgl. Graduiertenkolleg Bildungsgangforschung 2006). Dennoch herrschen innerhalb dieser Forschungsrichtung unterschiedliche Auffassungen bezüglich dieses Begriffes (vgl. die unterschiedlichen Artikel in diesem Band). Daher wird in diesem Artikel ein Konzept der Sinnkonstruktion aufgezeigt und durch Falldarstellungen illustriert, welches zwar im Kontext von Mathematiklernen entwickelt wurde, aber auch auf andere Schulfächer übertragbar ist.

2 Die Thematisierung von Sinn in der Pädagogik

2.1 Drei Argumente für die Thematisierung von Sinn in der Pädagogik

Obwohl Sinn in verschiedenen Fachdisziplinen wie der Philosophie (vgl. Rehfus 2003), der Soziologie (vgl. Korte/Schäfers 2000) und der Theologie (vgl. Mette/Rickers 2001) thematisiert wird, hat sich in der Pädagogik bis auf wenige Ausnahmen (vgl. Biller 1991; Gebhard 2003; Combe/Gebhard 2007) unseres Wissens nach bisher niemand systematisch mit dem Sinnbegriff auseinandergesetzt. Biller (1991, S. 10–19) führt drei Argumente für die Thematisierung von Sinn in der Pädagogik an: ein zeitgeschichtliches, ein anthropologisches und ein wissenschaftstheoretisches Argument.

Als zeitgeschichtliches Argument bezeichnet Biller den Aspekt, dass in unserer Zeit, in der es ein großes Maß an Sinnangeboten gebe, viele junge Menschen „– aus welchen Gründen auch immer – auf ihre Sinnfrage keine sie überzeugende Antwort" (ebd., S. 12) fänden. Die Suche nach einem persönlichen Sinn im Leben gestalte sich schwierig (vgl. ebd., S. 10–12). Der Pädagogik komme daher die Aufgabe zu, die Lernenden bei der Sinnsuche zu unterstützen, um dieses Sinn-Defizit zu überwinden. Besonders erforderlich sei diese Aufgabe, wenn sich die Sinnfrage im Unterricht direkt stelle, wenn also eine Schülerin oder ein Schüler den Sinn von etwas nicht erkenne, akzeptiere oder einsehe (vgl. ebd., S. 11). Hurrelmann bestätigt, dass die teilnehmenden Jugendlichen seiner Studie den Schulalltag als eine „belasten-de und subjektiv als solche nicht sinnvoll definierte Zeit" ansehen, „die im Lebenslauf notwendigerweise überbrückt werden muss, um in einen dann als sinnstiftend anerkannten folgenden Lebensabschnitt einrücken zu können" (Hurrelmann 1983, S. 36).

Das zweite, anthropologische Argument versteht die Heranwachsenden als sinnfähige und sinnstrebige Wesen: Biller (1991, S. 13) stellt fest, dass es gerade „die Sinnerfüllung ist, die den Menschen zu seinem Menschsein ver-hilft).". Menschen überwänden mit dem Streben nach Sinn die psycho-physisch-organismische Ebene, die sie mit anderen Lebewesen teilten, und vollzögen einen qualitativen Sprung auf eine höhere Dimension – die der geistig-personalen Existenz (vgl. ebd., S. 13; Frankl 1975, 1978). Daher obliege es der Pädagogik, die Heranwachsenden diesem Wesenszug angemessen zu erziehen und zur Lebensbewältigung zu befähigen (vgl. Biller 1991, S. 12).

Das dritte, wissenschaftstheoretische Argument, welches Biller anführt, ist, dass die Pädagogik als „sinnverstehende Disziplin" (ebd., S. 17) aufgefasst werden kann. Dieses äußere sich zum einen in dem Bestreben, die individuelle Sinnhaftigkeit der Jugendlichen zu verstehen. Zum anderen nehme der Sinnbegriff eine zentrale Position in den Theorien verschiedener namhafter Vertreter der geisteswissenschaftlichen Pädagogik (z.B. Dilthey, Schleiermacher, Nohl) ein (vgl. ebd., S. 16–19).

Biller fasst seine drei Argumente für eine Thematisierung von Sinn in der Pädagogik wie folgt zusammen:

„Erziehung ist auf das Subjekt bezogen, das sein Leben sinnerfüllt verbringen soll. Sinn und Erziehung bedingen folglich einander: Die Erziehung trägt wesentlich zur Sinnvermittlung bei und ‚Sinn' rechtfertigt erzieherisches Geschehen." (1991, S. 19)

Wie auch Biller vertreten wir die Auffassung, dass eine Thematisierung von Sinn in schulischen Lehr-Lern-Kontexten notwendig ist. Vor allem wenn man das Ziel verfolgt, dass Schülerinnen und Schüler ihre Zeit in der Schule nicht als sinnlos verstrichen empfinden, ist es notwendig, dass sie erfahren können, welche Relevanz das zu Lernende für sie haben kann. Dies ist auch ein Anliegen der Bildungsgangforschung, in der der Sinnbegriff eine Schlüsselposition bekleidet. Die Sichtweise der Bildungsgangforschung wird daher im Folgenden dargestellt.

2.2 Sinn und Sinnkonstruktion in der Bildungsgangforschung

Eine Thematisierung von Sinn wird nicht nur allgemein in der Pädagogik gefordert, sondern auch ganz explizit in der Bildungsgangforschung (vgl. Graduiertenkolleg Bildungsgangforschung 2005 und 2006). Bildungsgangforschung versteht sich als

„die Erforschung von Lern- und Bildungsprozessen aus der Perspektive der Lernenden unter besonderer Berücksichtigung des Spannungsverhältnisses zwischen gesellschaftlich-institutionellen Vorgaben einerseits und individuell-biographischer Ausgestaltung andererseits." (Graduiertenkolleg Bildungsgangforschung 2006, S. 8)

In der Bildungsgangforschung werden insbesondere Entwicklungsaufgaben als Teil der gesellschaftlich-institutionellen Vorgaben diskutiert (zur Rolle von Entwicklungsaufgaben für die Bildungsgangforschung siehe Hericks/ Spörlein 2001; Koller 2005). Diese gesellschaftlich-institutionellen Vorgaben werden von den Lernenden je individuell-biographisch ausgestaltet, die Lernenden versuchen also ihren eigenen Umgang bzw. ihre individuellen Lösungen für die Entwicklungsaufgaben zu finden. Dabei spielt die „Sinnkonstruktion als subjektive Seite der Bearbeitung von Entwicklungsaufgaben" (Graduiertenkolleg Bildungsgangforschung 2005, S. 45) eine bedeutende Rolle, ist sie doch der erste Schritt zur Bearbeitung und schließlich zur Lösung von Entwicklungsaufgaben (vgl. Hericks/Spörlein 2001, S. 36f.). Betrachtet man also schulische Lehr-Lern-Prozesse aus der Perspektive der Bildungsgangforschung, steht die Frage, „in welcher Weise und unter welchen Bedingungen Schülerinnen und Schüler den Inhalten und Formen schulischen Unterrichts biographisch bedeutsamen Sinn zuschreiben" (Graduiertenkolleg Bildungsgangforschung 2006, S. 8), im Mittelpunkt der Aufmerksamkeit. Anders formuliert geht es beim Zusammenspiel zwischen Entwicklungsaufgaben und Sinnkonstruktion darum, wie Lernende ihr Weltbild aufbauen und dabei gleichzeitig ein Selbstkonzept entwickeln (vgl. Graduiertenkolleg Bildungsgangforschung 2005, S. 7).

Sinnkonstruktion in schulischen Lehr-Lern-Prozessen befriedigt das Sinnverlangen an die Realität (vgl. Gebhard 2003, S. 208f.). Dieses geradezu zentrale Motiv menschlichen Lernens äußert sich im Bedürfnis, diese Realität bzw. die die Person umgebende „Welt als bedeutungsvoll und sinnhaft zu interpretieren" (ebd., S. 209). Lernen ist folglich gerade dann besonders erfolgreich und nachhaltig, „wenn sich dabei das Gefühl von subjektivem Sinn einstellt" (ebd., S. 208f.), also angeeignetes Wissen nicht träge ist, sondern sich mit der eigenen Biographie verbindet (vgl. ebd., S. 210). Trägt subjektiver Sinn von Unterrichtsinhalten zur Bearbeitung von Entwicklungsaufgaben bei, wird er biographisch bedeutsam (vgl. Graduiertenkolleg Bildungsgangforschung 2006, S. 10). Bildungsgangforscherinnen und -forscher messen daher der Art und Weise, wie schulischem Unterricht biographisch bedeutsamer Sinn zugeschrieben wird, zentrale Bedeutung bei (vgl. ebd.).

Wie gezeigt, ist *Sinn* also ein zentraler Begriff in der Pädagogik und insbesondere in der Bildungsgangforschung. Da es bisher an einem einheitlichen Sinnverständnis der verschiedenen Fachdisziplinen mangelt, werden im folgenden Abschnitt zentrale Auffassungen von Sinn dargestellt, die in der Mathematikdidaktik vertreten sind.

3   Sinn im Kontext von Mathematiklernen

Der Sinnbegriff ist nicht nur in der allgemeinen Pädagogik von zentraler Bedeutung (vgl. z.B. Combe/Gebhard 2007), sondern wird auch in den verschiedenen Fachdidaktiken thematisiert (siehe verschiedene Beiträge in diesem Band). So begründen beispielsweise Kilpatrick/Hoyles/Skovsmose in der Mathematikdidaktik die Notwendigkeit der Beschäftigung mit diesem Thema sowie die Auswirkungen, die Sinn auf das Lernen haben kann. Ihrer Meinung nach ist die Thematisierung von Sinn notwendig, wenn Schülerinnen und Schüler Mathematik lernen und kompetent anwenden sollen (vgl. Kilpatrick/Hoyles/Skovsmose 2005c, S. 7).

Kilpatrick/Hoyles/Skovsmose gehen offenbar davon aus, dass das Erkennen eines Sinns im Lerngegenstand bzw. in der Auseinandersetzung mit diesem Auswirkungen auf das Lernen hat (s.o.). Umso erstaunlicher erscheint es daher, dass es in der Pädagogik kein einheitliches Sinnverständnis gibt. So fragt auch Skovsmose (2005, S. 83): „But what could the meaning[1] of meaningful be?" Grund für dieses Defizit scheint die Vielfalt an Bedeutungen des Sinnbegriffs in der Alltagssprache sowie die Tatsache zu sein, dass der Sinnbegriff nicht nur ein Grundbegriff der Pädagogik, sondern auch beispielsweise der Philosophie (vgl. Rehfus 2003), der Soziologie (vgl. Kor-

---

1   Die Übersetzung von *meaning* ins Deutsche ist nicht eindeutig, da es sowohl *Sinn* als auch *Bedeutung* umfasst. Zur begrifflichen Abgrenzung von *Sinn* und *Bedeutung* vgl. Kapitel 4.

te/Schäfers 2000) und nicht zuletzt der Theologie (vgl. Mette/Rickers 2001) ist.

Zusätzlich zu der Uneinheitlichkeit der Begriffsdefinition von *Sinn* stellen Kilpatrick/Hoyles/Skovsmose (2005a, S. 2) fest, dass in der Mathematikdidaktik philosophische und nicht-philosophische Bedeutungen des Sinnbegriffs vermischt werden). Sie bringen außerdem zum Ausdruck, dass Lehrende einen anderen Sinn in einem Lerngegenstand sehen können als Lernende:

„on the one hand, we may claim that an activity has meaning as part of the curriculum, while students might feel that the same activity is totally devoid of meaning." (ebd.)

Doch auch unterschiedliche Schülerinnen und Schüler[2] scheinen unterschiedliche Sinnverständnisse im Kontext von Mathematiklernen zu haben.

„Some students find it pointless to do their mathematics homework; some like to do trigonometry, or enjoy discussions about mathematics in their classrooms; some students' families think that mathematics is useless outside school; other students are told that because of their weakness in mathematics they cannot join the academic stream". (Kilpatrick/Hoyles/Skovsmose 2005b, S. 9)

Augenscheinlich existieren unterschiedliche Verständnisse von *Sinn* im Kontext schulischen Mathematiklernens. Ein essentieller Unterschied scheint zwischen einer persönlichen Ebene auf der einen Seite und einer gemeinsamen oder auch öffentlichen Ebene auf der anderen Seite zu bestehen (vgl. ebd.; Howson 2005, S. 18). Eine weitere Differenzierung nehmen Kilpatrick/ Hoyles/Skovsmose jedoch nicht vor. Sie sind der Überzeugung, dass verschiedene Dimensionen des Sinnbegriffs existieren, die jedoch nicht isoliert voneinander betrachtet werden dürfen. Sie müssten als Ganzes gesehen werden, wenn es das Ziel ist, Sinnzuschreibungen von Schülerinnen und Schülern zu analysieren (vgl. Kilpatrick/Hoyles/Skovsmose 2005b, S. 14f.). In unseren Augen muss eine solche Ausdifferenzierung jedoch nicht per se negativ sein. Im Gegenteil, hilft sie doch, verschiedene Arten von Sinn voneinander unterscheiden zu können, um damit den Facettenreichtum des Sinnbegriffs abbilden zu können.

4 Darlegung des eigenen Sinnbegriffs

Wie soeben gezeigt, ist das Sinnverständnis von Schülerinnen und Schülern im Kontext von Mathematiklernen facettenreich. Um dieser Vielschichtigkeit

---

2   Kilpatrick u.a. nehmen neben Schülerinnen und Schülern auch andere Personengruppen in den Blick. Da in diesem Artikel der Schwerpunkt jedoch auf der Perspektive der Schülerinnen und Schüler liegt, werden die anderen Personengruppen vernachlässigt.

gerecht zu werden, muss daher ein Sinnbegriff verwendet werden, der all diese Aspekte umfasst. Um die Stärke des Sinnbegriffs jedoch nicht zu verlieren, muss also ein Kriterium gefunden werden, welches den Sinnbegriff nicht einengt und gleichzeitig seine Vielschichtigkeit erhält. Hier bietet sich das Kriterium der persönlichen Relevanz an. Wenn also jemand einen Sinn in einem Gegenstand oder der Auseinandersetzung mit diesem sieht, besagt dies, dass diese Person erkennt, inwiefern dieser Gegenstand für sie in ihrem Leben relevant ist bzw. sein könnte. Dasselbe gilt für eine Handlung, die von einem Individuum als sinnvoll erachtet wird. Daher verstehen wir unter dem *Sinn eines Gegenstandes oder einer Handlung* die *persönliche Relevanz*, die dieser Gegenstand oder diese Handlung für ein Individuum hat.

Wie erwähnt ist dieses Verständnis des Sinnbegriffs vielschichtig. Je nach Individuum und Kontext kann die Relevanz eines Gegenstandes oder einer Handlung in der Bedeutung, dem Nutzen, dem Ziel, dem Zweck oder dem Wert liegen, die der Gegenstand bzw. die Handlung für das Individuum besitzt. Da diese Wörter häufig auch synonym zu *Sinn* verwendet werden (vgl. Brockhaus 2006, S. 303-305), ist es für die Analyse verschiedener Arten von Sinn notwendig, die spezifischen Inhalte der genannten Begriffe deutlich zu machen:

- *Die Bedeutung eines Gegenstandes oder einer Handlung:* Unter der Bedeutung eines Gegenstands oder einer Handlung verstehen wir seine bzw. ihre kulturelle oder gesellschaftliche Relevanz im Gegensatz zu der persönlichen Relevanz, die konstitutiv für unseren Sinnbegriff ist. Diese Differenzierung impliziert jedoch nicht, dass Sinn und Bedeutung sich gegenseitig ausschließen. Die gesellschaftliche bzw. kulturelle Relevanz eines Gegenstandes oder einer Handlung kann auch für ein Individuum persönlich relevant werden. Bedeutung kann also auch zu Sinn werden. Die Differenzierung von Bedeutung und Sinn ist insofern wichtig, als dass die anderen Aspekte, die im Folgenden ausgeführt werden, sowohl eine gesellschaftlich-kulturelle als auch eine persönliche Relevanz besitzen können. Im Folgenden beziehen wir uns jeweils lediglich auf den persönlichen Aspekt der Begriffe.

- *Der Nutzen eines Gegenstands oder einer Handlung:* Unter dem Nutzen, den ein Gegenstand für jemanden hat, wird der Vorteil verstanden, den sich eine Person durch den Besitz des Gegenstands verspricht. Die Person beurteilt einen Gegenstand demnach dahingehend, welche Hilfe sie durch den Gegenstand für die Anforderungen bekommt, die sich ihr stellen. Gleiches gilt für den Nutzen einer Handlung. Ein auf Nutzen basierter Sinnbegriff hat damit einen stark funktionalen Charakter.

- *Das Ziel einer Handlung*: Auch das Ziel einer Handlung ist eine mögliche Art von Sinn. Lauth behauptet sogar, dass für das Zustandekommen von Sinn die Hinordnung auf ein vom Menschen intendiertes Ziel als wichtigstes Moment für das Zustandekommen von Sinn betrachtet werden muss (vgl. 2002, S. 49). Menschen können somit eine Handlung als sinnvoll erachten, da sie ein bestimmtes Ziel mit dieser Handlung verfolgen, welches sie mit der Ausübung der Handlung erreichen oder dem sie dadurch näher kommen. Ein solcher Sinnbegriff ist intentional.

- *Der Zweck eines Gegenstands oder einer Handlung*: Der Begriff *Zweck* lässt sich in zwei Aspekte unterteilen: Zum einen wird unter dem Zweck einer Handlung das Ziel verstanden, was mit der Handlung verfolgt wird. Zum anderen beinhaltet dieser Begriff bezogen auf einen Gegenstand den Nutzen, der mit dem Gegenstand verbunden wird. (vgl. Baier 2004). Dem Zweck kann damit sowohl ein intentionaler als auch ein funktionaler Sinnbegriff zugrunde liegen.

- *Der Wert eines Gegenstands oder einer Handlung*: Wenn ein Mensch einem Gegenstand oder einer Handlung einen Wert zuspricht, so hält er diese Handlung bzw. den Gegenstand für erstrebenswert. Hierbei kann es sich sowohl um materielle, als auch um religiöse oder sittliche Werte handeln.

Neben einem Sinn in Form von Bedeutung, Nutzen, Ziel, Zweck oder Wert kann ein Mensch auch einen Gegenstand oder eine Handlung als sinnvoll empfinden, da er durch den Gegenstand oder die Handlung ein positives Gefühl bekommt. Sei es, dass ihm die Handlung einfach Spaß macht oder er sich glücklich fühlt, wenn er im Besitz des Gegenstandes ist bzw. die Handlung ausführt (vgl. hierzu insbesondere Gebhard 2003; Combe/Gebhard 2007). Daher schließen wir uns folgender Erklärung Weissmahrs an:

„Wenn wir also sagen, etwas hat (einen) Sinn, so ist damit gemeint, daß dies gut und wertvoll ist, daß es befriedigt, daß es Ziel des Strebens ist bzw. sein kann. Sinn ist, so betrachtet, das nicht nur den Verstand, sondern den ganzen Menschen ‚engagierende‘ Moment der Wirklichkeit, in ihm kommt die existentielle, die ganzheitliche Übereinstimmung von Subjekt und Objekt zum Ausdruck." (Weissmahr 1983, S. 47)

Durch diese Aussage Weissmahrs wird nochmals deutlich, dass zur Rekonstruktion von Sinn in empirischer Forschung ein Sinnbegriff zweckmäßig ist, der sich allein durch die persönliche Relevanz definiert.

5 Konstruktion von Sinn

In Texten zu Sinn in Lehr-Lern-Kontexten werden neben dem Begriff der *Sinnkonstruktion* auch die Begriffe *Sinnstiftung*, *Sinngebung* und *Sinnerleben* gebraucht. Doch auch wenn diese Begriffe ähnlich klingen und oft Ähnliches oder sogar Gleiches bezeichnen, wird durch sie eine unterschiedliche Sichtweise auf den Sinnbildungsprozess ausgedrückt. Diese Sichtweise hängt von dem Verständnis ab, das die jeweilige Person vom Sinnbegriff hat. Der Begriff der *Sinnkonstruktion* ist nicht generell besser oder schlechter als andere Begriffe. Je nachdem welche Lerntheorie und welcher Sinnbegriff zugrunde gelegt werden, ist jedoch möglicherweise ein Begriff adäquater als andere. Im Folgenden werden daher die oben genannten Begriffe diskutiert.

5.1 Sinnstiftung

Jahnke-Klein benutzt den Begriff des *sinnstiftenden Mathematikunterrichts* (vgl. Jahnke-Klein 2001). Der Begriff der *Stiftung* legt nahe, dass Sinn von außen verabreicht werden kann. Ein Mensch, dem Sinn gestiftet wird, kann diesen wie ein Geschenk entgegennehmen. Oft wird der Begriff der *Sinnstiftung* in Zusammenhang mit Religionen verwendet. Sie geben den Menschen eine Antwort auf die Frage nach dem Sinn des Lebens und gläubigen Menschen helfen diese Erklärungen, um selbst tragischen Ereignissen in ihrem Leben einen Sinn zu geben und über Verluste hinweg zu kommen. Sinn ist in diesen Fällen nicht abhängig vom jeweiligen Menschen, sondern kann von einem zum anderen weitergegeben werden. Die Konsequenz hieraus ist, dass in der Schule lediglich ein Kontext geschaffen werden muss, aus dem sich die Lernenden ihren Sinn nehmen können, oder dass der Lehrende ihnen einfach den Sinn des Lerngegenstandes mitteilt. Dies widerspricht jedoch der Realität in vielen Klassenräumen, denn wäre der Sinn eines Lerngegenstandes so einfach zu vermitteln, würden nicht so viele Schülerinnen und Schüler den Mathematikunterricht als sinnlos wahrnehmen (vgl. Mitchell 1993, S. 427). Was allenfalls vermittelt werden kann, ist die Bedeutung, die ein gewisser Lerngegenstand in einer bestimmten Kultur hat, welchen Nutzen er bringt oder welche Funktion er erfüllt.

5.2 Sinngebung

Ein weiterer in diesem Zusammenhang verwendeter Begriff ist der der *Sinngebung*. So schreibt Winter, dass „Aufklärung im Kantschen Sinne [...] als eine Sinngebung des Mathematikbetreibens überhaupt angesehen werden" (Winter 1990, S. 131) kann. Der Begriff der *Sinngebung* beschreibt hierbei eine gesellschaftliche Legitimation des Mathematikunterrichts: die Gesellschaft schreibt dem Mathematikunterricht damit also eine bestimmte Bedeutung zu.[3]

---

3   Zur Differenzierung zwischen *Sinn* und *Bedeutung* siehe Kapitel 4.

Eine weitere mit dem Begriff *geben* verbundene Vorstellungen ist, dass Sinn von einem Menschen zum anderen übergeben werden kann. In dieser Bedeutung entspricht der Begriff der *Sinngebung* dem der *Sinnstiftung*. Weiterhin kann mit dem Begriff der *Sinngebung* auch der Sinnerwerbsprozess eines Menschen beschrieben werden; in diesem Fall gibt das Individuum einem Gegenstand oder Ereignis einen Sinn. In welcher Form auch immer der Begriff der *Sinngebung* benutzt wird: Es wird nicht deutlich, *wie* Sinn gegeben wird, d.h. auf welcher Grundlage Sinn zugeschrieben wird und was diesen Prozess beeinflusst. Daher scheint auch dieser Begriff inadäquat für die Beschäftigung mit Sinnerwerb in Lehr-Lern-Kontexten.

5.3 Sinnerleben

Ein weiterer oft verwendeter Begriff ist der des *Sinnerlebens*. Für Heymann geht das Erleben von Sinn mit dem Verstehen eines (mathematischen) Sachverhalts einher (vgl. Heymann 1996). Er unterstellt, dass Menschen Zeit ihres Lebens auf der Sinnsuche sind (vgl. dazu auch Blumenberg 1999, S. 9–16) und postuliert, dass das Bemühen um Verstehen durch die Suche nach dem Sinn aufrechterhalten wird. Erlebt ein Mensch nach einer solchen Suche schließlich Sinn, so geht das laut Heymann mit einem Aha-Erlebnis einher und er empfindet das Verstehen als Belohnung für seine vorangegangenen Bemühungen (vgl. Heymann 1996, S. 212–217). Für Heymann ist Verstehen und damit auch Sinnerleben folglich „ein emotional positiv getöntes Erleben eines kognitiven Prozesses" (ebd., S. 217).

Durch diese Auffassung wird, anders als bei den bisher erläuterten Begriffen, eine Subjektgebundenheit von Sinn ausgedrückt, da nur das Subjekt selbst Sinn erleben kann. Je nach Auffassung können sowohl das Individuum als auch andere Personen unterschiedlich viel Einfluss auf das Sinnerleben nehmen. So existiert einerseits die Auffassung, dass das Erleben von Sinn durch entsprechende Angebote initiiert werden kann. Dies umfasst gleichzeitig, dass auch das Subjekt selbst sich auf die Suche nach Sinn begeben kann und diesen irgendwann erlebt. Andererseits existiert die Auffassung, dass Sinnerleben nicht planbar ist und zufällig geschieht; diese Auffassung macht diesen Begriff für schulische Lehr-Lern-Prozesse unbrauchbar. Doch egal welche dieser beiden Auffassungen mit dem Begriff verbunden ist, problematisch bleibt, dass nicht deutlich wird, wie Sinnerleben stattfindet.

5.4 Sinnkonstruktion

Hinter dem Begriff der *Sinnkonstruktion* schließlich steht eine konstruktivistische Auffassung vom Sinnerwerbsprozess. Nach dieser Auffassung hat

„Wissen oder Lernstoff [...] nicht eine Bedeutung ‚an sich', sondern der Lernende konstruiert konstruktiv eine Bedeutung, gewissermaßen eine Interpretation der Wirklichkeit, die es gestattet, diese (konstruktiv- und theoriegeleitet) zu verstehen und sich in ihr zurechtzufinden." (Gebhard 2003, S. 211)

Weiter schreibt Gebhard:

„Sinn kann nicht als fertiger von außen verabreicht werden (das wäre die Haltung einer dogmatischen Heilslehre), sondern muss – und zwar immer wieder neu – subjektiv erzeugt werden. Sinn gibt es nicht als fertiges System, das – einmal gefunden bzw. konstruiert – das Sinnbedürfnis gewissermaßen endgültig befriedigt." (ebd.)

Sinn ist demnach etwas, was nicht einfach von Mensch zu Mensch übergeben oder gestiftet werden kann. Vielmehr muss ein Mensch selbst Sinn konstruieren. Dieser Auffassung ist auch Thom, wenn er schreibt:

„‚meaning' in mathematics is the fruit of constructive activity, of an apprenticeship, and there have never been two mathematicians (or even two students) who have had the same history of mathematical experiences." (Thom 1973, S. 204)

Thom macht in dieser Aussage darauf aufmerksam, dass die Art von Sinn, die ein Mensch konstruiert, entscheidend mit seinem mathematischen (Vor-)Wissen zusammenhängt. Doch ist dies nicht der einzige Einflussfaktor auf die Art von Sinn, die ein Mensch konstruiert. Diese hängt in gleicher Weise von den Hintergrundmerkmalen und den persönlichen Merkmalen einer Person ab (s.u. sowie vgl. Kilpatrick/Hoyles/Skovsmose 2005b; Hennings/Mielke 2005).

Damit ein Ereignis oder ein Objekt für einen Menschen sinnvoll ist, muss es sich in die Erfahrungen des Menschen integrieren lassen und mit seinen Wünschen und Zielen in Verbindung gebracht werden können. Aus dieser Auffassung resultiert als weitere Annahme, dass zu demselben Ereignis oder Objekt von verschiedenen Menschen zum selben Zeitpunkt unterschiedliche Sinnkonstruktionen konstruiert werden können. Auch kann ein Mensch zu einem Zeitpunkt unterschiedliche Sinnarten konstruieren (vgl. dazu Kapitel 6), wobei jedoch eine gewisse Sinnkonstruktion zu einem Zeitpunkt dominant ist. Zu einem anderen Zeitpunkt kann dann eine andere Sinnkonstruktion bestimmend werden, oder es können weitere Sinnkonstruktionen mit dem Objekt oder Ereignis verknüpft werden (vgl. Biller 1991, S. 103).

Obwohl der Mensch selbst Sinn konstruieren muss, kann er bei der Sinnkonstruktion unterstützt werden, indem ihm verschiedene Sinnangebote gemacht werden oder ihm die Bedeutung eines Ereignisses oder Gegenstandes dargelegt wird. Sinnkonstruktion ist also ein dialogischer Prozess. So schreibt Gebhard:

„Wir müssen also auch Lernsituationen so inszenieren, dass subjektive Interpretationen, die als sinnhaft erlebt werden bzw. zum Aufbau von Sinn beitragen, möglich sind." (2003, S. 211)

Für den Schulkontext bedeutet dies, dass die Lehrperson den Schülerinnen und Schülern die Bedeutung des jeweiligen Lerngegenstandes für den Alltag oder die Wissenschaft aufzeigen kann. Den Sinn dieses Ereignisses bzw. Gegenstandes muss das Individuum jedoch dann für sich selbst konstruieren (vgl. Hennings/Mielke 2005, S. 240f.). Dabei besteht die Möglichkeit, dass es die Bedeutung des Ereignisses bzw. Gegenstandes als Sinn für sich übernimmt, erweitert oder verändert.

Nicht immer können Menschen einen Sinn zu Ereignissen und Objekten konstruieren. Oft haben Schülerinnen und Schüler Probleme, einen Sinn in bestimmten Unterrichtsfächern oder Unterrichtsinhalten zu sehen. Nur wenigen gelingt es, einen Bezug zwischen dem in der Schule zu Lernenden und ihrem Alltag außerhalb der Schule zu finden. Da die Existenz und Legitimität der Schule aber nicht in Frage gestellt werden (vgl. Hurrelmann 1983, S. 34), bleibt für viele nur das Vertrauen, dass sie in der Schule Sinnvolles lernen. In diesem Zusammenhang erscheint es zweckmäßig, zwischen tragfähigen und nicht tragfähigen Sinnkonstruktionen zu unterscheiden. Unter tragfähigen Sinnkonstruktionen werden solche verstanden, die – wie oben angenommen – mit dem Leben der Menschen in Zusammenhang stehen und Handlungen und Objekte miteinander verbinden. Mit nicht tragfähigen Sinnkonstruktionen werden dagegen solche bezeichnet, die ausschließlich von anderen übernommen wurden, ohne sich mit der eigenen Biographie zu verbinden, oder die rein aus der Hoffnung resultieren, dass alles einen Sinn hat.

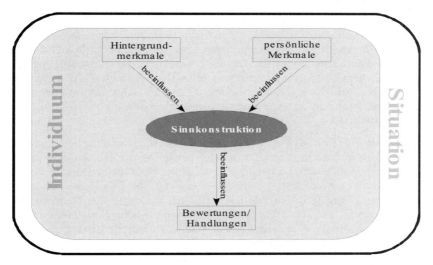

Abbildung 1: Sinnkonstruktion

In der Regel verbalisieren Menschen ihre Sinnkonstruktionen nicht, und oft
sind sie ihnen selbst gar nicht bewusst, sondern nur als latente Struktur vorhanden. Häufig sind Menschen jedoch in der Lage, sich diese durch Reflek-
tion selbst bewusst zu machen. Doch auch wenn dies nicht der Fall ist, können Forschende die Sinnkonstruktionen aus Äußerungen der Betroffenen
rekonstruieren, da die Sinnkonstruktionen mit den Hintergrundmerkmalen
einer Person (wie ihrem Migrationshintergrund, sozioökonomischen Status,
Alter, Geschlecht) sowie den persönlichen Merkmalen einer Person (wie
ihren Überzeugungen und Zielen) zusammenhängen (vgl. Abb. 1).

Bei der Rekonstruktion von Sinnkonstruktionen können Forschende daher auf schon elaborierte Konzepte aus der Lehr-Lernforschung zurückgreifen.[4]

6   Eine mögliche Systematisierung von Sinn

Eine erste Analyse von Interviews mit Schülerinnen und Schülern hat gezeigt, dass sie verschiedene Arten von Sinn in Zusammenhang mit Mathematik konstruieren. Diese Arten unterscheiden sich dabei durch unterschiedliche
Perspektiven auf die Mathematik als solche, den Mathematikunterricht, das
Lernen und Betreiben von Mathematik etc. Die folgende Systematisierung
von Sinn scheint daher notwendig, um die jeweiligen Sinnperspektiven der
Schülerinnen und Schüler angemessen zu beschreiben:

- *Der Sinn der Mathematik:* Unter dem Sinn der Mathematik wird der
  Sinn verstanden, den Schülerinnen und Schüler in der Mathematik als
  Wissenschaft sehen. Ein zentraler Aspekt bei der Beschäftigung mit
  Mathematik ist möglicherweise für viele Schülerinnen und Schüler
  die Anwendung von Mathematik im Leben. Daher fällt in diese Per-
  spektive auch die Anwendung von Mathematik im außerschulischen
  Kontext.

- *Der Sinn des Mathematikunterrichts:* Hierunter wird der Sinn gefasst,
  den die Schülerinnen und Schüler bezüglich des momentan erfahre-
  nen Mathematikunterrichts konstruieren. Besonders bedeutsam sind
  hierbei die konkrete Unterrichtsgestaltung, die Beziehung zur Lehrperson sowie das soziale Klassenklima. Eine sensible Trennung der
  Begriffe Sinn der *Mathematik* vs. *Sinn* des Mathematikunterrichts ist
  auf Seiten der Schülerinnen und Schüler selten. Sie ist aber meist aus
  den Daten rekonstruierbar.

---

4   Ausführlichere Darstellungen des Einflusses vorhandener Konzepte auf die Sinnkon-
    struktion finden sich in Vollstedt (2007b) sowie Vorhölter (2007b).

- *Der Sinn des Lernens von Mathematik in der Schule:* Diese Art von Sinn bezieht sich auf das Lernen von Mathematik in der Schule. Es handelt sich dabei um eine zeitlich weiter gefasste Perspektive als beim Sinn des Mathematikunterrichts, da die gesamte Schullaufbahn im Fokus ist. Das momentan erfahrene Stundensetting bleibt dabei außerhalb der Betrachtung.

- *Der Sinn des Lernens von Mathematik:* Hierunter wird der Sinn gefasst, den Schülerinnen und Schüler dem Lernen von Mathematik allgemein zuschreiben. Ob das Lernen von Mathematik im schulischen oder außerschulischen Kontext stattfindet, ist dabei irrelevant, es geht lediglich um das Erlernen mathematischen Fachwissens. Eine Differenzierung zum Lernen von Mathematik in der Schule ist sinnvoll, da Schülerinnen und Schüler, die sich nicht nur in der Schule, sondern auch außerhalb der Schule mit Mathematik beschäftigen, oft einen anderen Zugang und eine andere Einstellung zur Mathematik haben als solche, für die Mathematik lediglich im schulischen Kontext eine Rolle spielt.

- *Der Sinn des Betreibens von Mathematik:* Diese Sinnperspektive ist anders als die vorangegangenen ausschließlich handlungsbezogen. Es ist also die Tätigkeit des Mathematiktreibens im Fokus, wobei der jeweils behandelte Gegenstand an sich nicht zentral ist.

Die Differenzierung des Sinnbegriffs in die aufgeführten Facetten erscheint notwendig, da jede Schülerin und jeder Schüler ein eigenes Verständnis von Sinn im Kontext des Mathematiklernens hat. Daher nehmen sie je eigene Sinnkonstruktionen vor. Durch die zentrale Position der Schülerinnen und Schüler in der Bildungsgangforschung müssen also die oben aufgeführten Perspektiven bei der Rekonstruktion von Sinnkonstruktionen berücksichtigt werden.

7 Beispiele von Sinnkonstruktionen aus der Mathematikdidaktik

Im Folgenden werden die Sinnkonstruktionen von einer Schülerin und drei Schülern vorgestellt. In jedem Fall konnten mehrere Sinnkonstruktionen rekonstruiert werden, die sich jeweils auf die verschiedenen Perspektiven beziehen (vgl. Kapitel 6). Alle vorgestellten Lernenden sind zum Zeitpunkt ihrer Befragung 15 bis 16 Jahre alt. Zwei von ihnen (Larissa und Robin) besuchen deutsche Gymnasien, wohingegen die anderen beiden (William und Vincent) Schüler einer hoch selektiven Privatschule in Hongkong sind.

Nachfolgend werden jeweils nicht nur die Sinnkonstruktionen der einzelnen Lernenden dargestellt, sondern auch die rekonstruierten Voraussetzungen, die zu den Sinnkonstruktionen führen (für weitere Informationen zu den Studien vgl. Vollstedt 2007a und 2007b bzw. Vorhölter 2007a und 2007b).

7.1 Larissa

Larissa ist eine sehr leistungsschwache Schülerin, die weiß, dass ihre Probleme in Mathematik auch in ihrem fehlenden Engagement und ihrer Faulheit begründet sind. Zusätzlich ist sie der Ansicht, dass zumindest für die höhere Mathematik ein gewisses Talent vorhanden sein müsse. Ihr fehlt das Selbstvertrauen, dass auch sie gute Leistungen in Mathematik zeigen kann, obwohl dies in der Vergangenheit der Fall gewesen zu sein scheint. Durch die Enttäuschungen und die immer wiederkehrenden Erlebnisse, die ihr zeigen, dass sie (momentan) das Erwartete nicht leisten kann, fühlt sie sich regelmäßig überfordert. Sie hat Angst, dass der Lehrer bemerkt, wenn sie etwas nicht versteht und täuscht daher Mitarbeit vor. Larissa sieht den Grund für ihre schlechten Leistungen jedoch nicht nur bei sich. Auch der Lehrer ist ihrer Meinung nach sowohl durch seine Unterrichtsgestaltung als auch durch seine Person mitschuldig an ihren geringen Leistungen: Zum einen gestaltet er für Larissa sowohl den Unterricht als auch die Tafelbilder nicht strukturiert genug, zum anderen empfindet Larissa den Lehrer nicht als Unterstützer, sondern fast schon als Widersacher. In ihren Augen unterstützt der Lehrer nur die leistungsstarken und beachtet die schwächeren Schülerinnen und Schüler nicht. Außerdem fühlt Larissa sich persönlich von ihm schlecht behandelt, was sie anhand mehrerer Beispiele eindrucksvoll schildert. Doch trotz ihrer schlechten Erfahrungen und ihrer schwachen Leistungen hat sie sich selbst und die Hoffnung auf das Erreichen guter Noten noch nicht gänzlich aufgegeben. Dies wird deutlich an den Schilderungen der Nachhilfestunden, die ihr manchmal sogar Spaß brächten. Dennoch muss sie immer wieder erleben, dass ihre Bemühungen nicht anerkannt würden, dass der Lehrer sie nicht lobte. Diese Faktoren bilden die Voraussetzungen für Larissas Sinnkonstruktionen.

Larissa befindet sich momentan auf der Suche nach dem Sinn der Mathematik und dem des Mathematikunterrichts. Das Ziel, die gewünschte Sinnkonstruktion, ist dabei klar: Sie möchte den Nutzen der Mathematik für Alltag und Beruf kennen, da sie der Überzeugung ist, dass die Schule auf beides vorbereitet. Der derzeitige Mathematikunterricht unterstützt sie jedoch nicht bei der Sinnkonstruktion, sondern behindert sie eher: Durch das schlechte Verhältnis zum Lehrer tritt bei Larissa der Inhalt der Mathematikstunden in den Hintergrund. Ihr grundlegendes Bedürfnis nach einem guten Verhältnis zum Lehrer und zu den Mitschülern wird nicht befriedigt, weshalb sie sich gar nicht aktiv mit der Sinnsuche beschäftigen kann.

Da Larissa den Sinn, den sie im Lernen von Mathematik vermutet, nicht finden kann, konstruiert sie temporär einen anderen. Ihr Ziel ist es, zunächst die Versetzung und später das Abitur zu schaffen. Dieser Wunsch, der sich ihrer Einschätzung nach nicht direkt erfüllen wird, bildet für sie momentan den einzigen Grund, warum sie überhaupt in die Schule geht; er ist daher Larissas Sinn von Schule. Diese Sinnkonstruktion scheint nicht auf den Mathematikunterricht beschränkt zu sein, sondern bezieht sich auf die gesamten Unterrichtsstunden in allen Fächern. Bei Larissa ist somit das Bedürfnis nach Sinn augenscheinlich. Da sie den von ihr gewünschten Sinn nicht findet, behilft sie sich mit einer Hilfssinnkonstruktion, dem Wunsch nach Versetzung bzw. Abitur. Dass sich diese jedoch als wenig tragfähig erweist, belegt die Tatsache, dass sich Larissa noch immer auf der Sinnsuche befindet.

7.2 Robin

Robin ist ein sehr leistungsstarker Schüler der 10. Klasse. Im Gegensatz zu vielen seiner Mitschülerinnen und Mitschüler differenziert er konsequent zwischen der Schulmathematik und der Mathematik als Wissenschaft. Erstere bildet für ihn nur einen Teil der Mathematik.

Mathematik ist für Robin eines der Werkzeuge, mit dem er die Welt verstehen und erklären kann. Er hat die Erfahrung gemacht, dass er die meisten Phänomene um ihn herum mithilfe der Mathematik erklären kann bzw. dass er Mathematik benötigt, um diese Phänomene oder Gegenstände zu verstehen. Diese Sinnkonstruktion zur Mathematik hat Auswirkungen darauf, welchen Sinn Robin darin sieht, Mathematik in der Schule zu lernen. Denn der Wunsch, die Welt erklären zu können, zusammen mit der Überzeugung, dass dies mithilfe der Mathematik möglich ist, führt dazu, dass er den Mathematikunterricht als den Ort wahrnimmt, an dem er die dazu erforderlichen mathematischen Fachkenntnisse vermittelt bekommt. Die Konsequenzen aus dieser Sinnkonstruktion sind, dass es für Robin zweitrangig ist, ob er sofort erkennt, inwiefern der Inhalt einer Unterrichtssequenz ihn der Erfüllung seines Wunsches, die Welt zu erklären, näher bringt. Weiterhin bevorzugt er schwierige Themen im Unterricht, da er lediglich für schwierige Themen die Unterstützung seines Mathematiklehrers benötigt. Eine weitere Sinnkonstruktion, im Mathematikunterricht Neues zu lernen, ist somit auch bedeutsam dafür, wie Robin seinen Lehrer wahrnimmt. Während Robins Mitschülerinnen und Mitschüler den Mathematiklehrer nicht ernst nehmen und ihn als verwirrt darstellen, schätzt Robin die fachliche Kompetenz des Lehrers.

Weiterhin möchte Robin die Kompetenz erwerben, selbst mathematisches Wissen anzuwenden und zu erweitern. Daher bevorzugt er Situationen, in denen er überprüfen kann, ob er etwas wirklich verstanden hat. So kritisiert er den Wunsch einiger Mitschülerinnen und Mitschüler, Aufgaben im Klassenverband zu lösen; er selbst möchte zunächst lieber alleine versuchen zu einer Lösung zu kommen. Gerne versucht Robin, alleine neues Wissen zu erarbeiten, und nimmt die Hilfe des Lehrers nur in Anspruch, wenn er sie wirklich benötigt. Er ist der Überzeugung, dass er sich Neues besser einprägen kann, wenn er es selbst erarbeitet hat.

Insgesamt kann festgehalten werden, dass sich für Robin die Sinnfrage nicht stellt, sondern dass er einen bestimmten Sinn sowohl in der Mathematik als auch im Lernen von Mathematik in der Schule sieht. Diese Sinnkonstruktionen wiederum haben Auswirkungen auf seine Sichtweise auf den Unterricht und die Bewertung des Unterrichts, was bei Robin insbesondere in der Einstellung zum Lehrer prägnant zum Ausdruck kommt.

7.3 William

Nachdem zwei Beispiele aus Deutschland präsentiert wurden, wenden wir uns nun William aus Hongkong zu. William ist ein sehr leistungsstarker Schüler im Fach Mathematik und sehr eifrig, wenn es um Mathematik und Mathematikunterricht geht. In seinen Augen könnte die Lehrerin schneller zum Klassenzimmer kommen, damit der Unterricht eher beginnen kann. Sein Eifer zeigt sich auch in der Eigenschaft, dass er schon beginnt, Mathematikaufgaben zu lösen bzw. sich weitere Beispiele im Buch anzuschauen, wenn die Lehrerin noch erklärt, wie das Bearbeitungsverfahren für den jeweiligen Aufgabentyp funktioniert. Auch möchte er den Zusammenhang zwischen Mathematik und Realität selbst herausarbeiten. Er sucht sich also eigene Herausforderungen, die über das im Unterricht Geforderte hinausgehen. Dies zeigt sich auch an seiner Teilnahme an der hongkongweiten Mathematikolympiade.

William dominante Sinnkonstruktion, die sich aus diesen Voraussetzungen ergibt, ist das Erleben der eigenen Kompetenz, eine Sinnkonstruktion, die sich auf den Sinn der Tätigkeit des Mathematiktreibens sowie des Mathematikunterrichts bezieht. William möchte Erfolgserlebnisse erleben, besonders dann, wenn er sich selbst Herausforderungen gestellt hat. Daher lehnt er beispielsweise generell die Benutzung des Taschenrechners ab, da er sonst nicht das Gefühl habe, selbst etwas geleistet zu haben.

Beim Kompetenzerleben geht es ihm dabei primär um das Erleben der eigenen Leistung, nicht darum, besser als andere zu sein. Dies wird z.B. darin offenbar, dass er ein gutes Gefühl empfindet, nachdem er einem Mitschüler erklärt hat, wie eine bestimmte Aufgabenart zu bearbeiten ist, und dieses Gefühl daraus zieht, dass er für sich bestätigen konnte, dass er wirklich weiß, wie es geht. Für William steht also das Erleben der eigenen Kompetenz in engem Zusammenhang mit dem Verständnis von mathematischen Zusammenhängen – eine Sinnkonstruktion, die auf den Sinn der Mathematik zielt.

Interessant – und vielleicht etwas unerwartet – ist Williams Einstellung zur Rolle von Fehlern. Obwohl er ein sehr guter Schüler ist und es vielleicht zu erwarten gewesen wäre, dass er Fehlern eine negative Rolle beimesse, sind sie für ihn nicht negativ belegt. Im Gegenteil: William ist der Auffassung, dass man aus Fehlern lernen könne und so die Chance habe, besser zu werden. Außerdem eröffneten ihm Fehler so die Möglichkeit, das Verfahren zum Lösen dieser Art mathematischer Probleme beim nächsten Mal schneller anwenden zu können.

Weiterhin fällt die relativ geringe Rolle von Wettbewerb (*competition*) in Williams Schilderungen auf. Wettbewerb nimmt in Hongkong generell eine sehr wichtige Position in der Wahrnehmung der Schülerinnen und Schüler ein. Dass William nur in sehr geringem Ausmaß von Wettbewerb spricht, mag vielleicht darin begründet sein, dass sich die Positionierungsfrage für ihn als sehr leistungsstarken Schüler nicht stellt.

7.4 Vincent

Vincent ist ein Klassenkamerad von William und wie dieser leistungsstark. Im Gegensatz zu William ist die Rolle von Wettbewerb bei Vincent sehr stark. So beschreibt er Wettbewerb als die treibende Kraft für das Lernen der Schülerinnen und Schüler. Wettbewerb sei allgegenwärtig und habe großen Einfluss auf das Verhalten der Schülerinnen und Schüler im Unterricht. In engem Zusammenhang mit der bedeutenden Rolle von Wettbewerb steht bei Vincent auch die wichtige Rolle von Mathematikzensuren. Hongkonger Schülerinnen und Schüler versuchten immer, so seine Schilderungen, besser als die anderen zu sein. Sollte dies nicht klappen, arbeite man eben härter.

Die wichtige Rolle von Wettbewerb wie auch die Wichtigkeit von Zensuren liegt in Vincents Überzeugung begründet, dass Mathematikleistung und Intelligenz in einem kausalen Zusammenhang mit einander stehen. Wer gut in Mathematik ist, ist in seiner Einschätzung auch intelligent. Dies liegt seiner Einschätzung nach daran, dass Mathematik das logische Denken fördere, so dass man dadurch dann ein guter Denker werde. Gute Leistungen in Fächern wie Chinesische Geschichte oder den Sprachen zeigten auf der anderen Seite lediglich, dass man eine emotionale Person sei.

Die wichtigste Sinnkonstruktion, die Vincent aus seinen Überzeugungen ableitet, ist, dass er eine gute Außenwirkung erzielen will. Diese Sinnkonstruktion bezieht sich allgemein auf das Lernen von Mathematik. Durch den Zusammenhang zwischen Mathematikleistung und Intelligenz möchte Vincent also über gute Zensuren als möglichst intelligent erscheinen. Auch ergäben sich in seiner Einschätzung aus diesem Zusammenhang Vorteile in der Zukunft für ihn. So ermöglichten gute Zensuren in Mathematik einen leichteren Zugang zum College oder eine höhere Bezahlung im Job.

Wie für William ist auch für Vincent das Erleben der eigenen Kompetenz wichtig – eine Sinnkonstruktion, die sich auf das Betreiben von Mathematik richtet. Wenn er sich mit herausfordernden Aufgaben auseinander

setzt, nimmt er nichts mehr um sich herum wahr und ist ganz mit der Mathematik beschäftigt. Auch engagiert er sich in einem heimlichen Wettbewerb
mit der Lehrerin, indem er versucht, eine bessere Lösung (im Sinne von
schneller bzw. mit kürzerem Lösungsweg) als die ihre zu finden. Generell sei
ihm dies auch möglich, behauptet er.

Eine weitere Voraussetzung für Vincents Sinnkonstruktionen ist seine
Überzeugung, dass Gruppenarbeit die Freundschaft stärke. Dies sei besonders dann der Fall, wenn man gemeinsam an schwierigen Problemen arbeite
und in einem kommunikativen Prozess die Lösung ertüftele. Daraus ergibt
sich eine Sinnkonstruktion, die auf den Mathematikunterricht gerichtet ist:
das Erleben von sozialer Eingebundenheit.

7.5 Zusammenschau der vorgestellten Fälle

Die dargestellten Fallbeispiele haben gezeigt, dass Sinn ein relevanter Aspekt
für alle diese Lernenden ist. Kann kein Sinn konstruiert werden, so wird –
wie bei Larissa – ein alternativer, nicht unbedingt tragfähiger Sinn konstruiert. Weiterhin hat sich gezeigt, dass Schülerinnen und Schüler sehr unterschiedliche Sinnkonstruktionen vornehmen, auch wenn sie wie William
und Vincent in derselben Klasse sind. Dies unterstreicht die Vermutung, dass
es neben dem konkreten Mathematikunterricht ausschlaggebende Einfluss-
faktoren für die Sinnkonstruktion gibt. Außerdem können Sinnkonstruktionen zu ähnlichen Bereichen einander beeinflussen. Dies zeigte sich bei Robin, dessen Sinnkonstruktionen zum Mathematikunterricht sowie zum
Betreiben von Mathematik in seiner Sinnkonstruktion zur Mathematik resultieren. Darüber hinaus wurde offenbar, dass die Sinnkonstruktionen einen
entscheidenden Einfluss auf die Bewertung des Mathematikunterrichts aus-
üben.

8   Resümee und Ausblick

Dass Lernende einen Sinn in der Beschäftigung und der Auseinandersetzung
mit einem Lerngegenstand erkennen, ist – wie eingangs gezeigt wurde – ein
Eckpfeiler für nachhaltiges Lernen. Als problematisch für die Rekonstruktion
von Sinn in Lehr-Lern-Kontexten erweist sich die Bedeutungsvielfalt des
Sinnbegriffs. Daher ist in unseren Augen eine dezidierte Betrachtung des
Sinnbegriffs zwingend notwendig. Wie aufgezeigt, ist der von uns verwende-
te Sinnbegriff facettenreich, lässt sich jedoch als die persönliche Relevanz,
die ein Gegenstand oder eine Handlung für eine Person hat, bestimmen. Eine
Präzisierung des Sinnbegriffs allein reicht jedoch nicht aus, wenn untersucht

werden soll, inwiefern dieser für das Lernen relevant ist. In Anlehnung an die konstruktivistische Lerntheorie gehen wir davon aus, dass Sinn konstruiert wird. Dies impliziert, dass Sinn nicht unabhängig von der Person entsteht, sondern dass die Hintergrundmerkmale der Person sowie persönliche Merkmale Einfluss auf die Sinnkonstruktion nehmen. Hieraus resultiert, dass aus demselben Sinnangebot unterschiedliche Sinnkonstruktionen konstruiert werden können. Sinnkonstruktionen sind somit individuell, was an den unterschiedlichen Sinnkonstruktionen von William und Vincent gezeigt werden konnte.

Weiterhin hat sich die Systematisierung der mit Mathematikunterricht verbundenen Sinnarten als hilfreich bei der Rekonstruktion von Sinnkonstruktionen erwiesen. Anhand dieser Systematisierung können verschiedene Sinnkonstruktionen einer Person in Zusammenhang gebracht werden, die zunächst als unverbunden nebeneinander stehende Sinnkonstruktionen erschienen. So konnte beispielsweise bei Larissa analysiert werden, dass die vorgenommene Sinnkonstruktion zum Mathematikunterricht, die Versetzung und das Abitur zu schaffen, lediglich eine Hilfssinnkonstruktion ist, da der von ihr gesuchte Sinn, der Nutzen von Mathematik, im momentanen Unterrichtssetting von ihr nicht konstruierbar ist. Ebenfalls wurde deutlich, dass der Sinn, den Robin der Mathematik zuspricht, Auswirkungen auf weitere Sinnkonstruktionen zum Lernen und Betreiben von Mathematik hat.

Weiterhin haben sich in der Analyse die von Deci/Ryan (1993) als *basic needs* benannten Grundbedürfnisse nach sozialer Eingebundenheit, Kompetenz und Autonomie als relevant für die Sinnkonstruktion erwiesen. Es wurde gezeigt, dass insbesondere das Erleben von Kompetenz eine zentrale Rolle für die vier dargestellten Lernenden ist. Für William und Vincent ist dieses sogar so fundamental, dass es als eigenständige Sinnkonstruktion analysiert werden kann. Für Larissa und Robin dagegen spielt die Kompetenz zwar ebenfalls eine große Rolle, jedoch stellt sie bei ihnen ein Bedürfnis dar, das befriedigt werden muss, damit tragfähiger Sinn konstruiert werden kann. Dasselbe gilt für das Erleben sozialer Eingebundenheit. Auch das Bedürfnis nach Autonomie konnte identifiziert werden: Für Robin ist es sehr wichtig, eigenständig Dinge erarbeiten zu können, da er nur so lernen kann, selbstständig Mathematik anzuwenden. Vincent und William suchen sich eigene Herausforderungen und erleben auf diese Weise Autonomie. Zusammenfassend haben sich diese Grundbedürfnisse bei einigen Lernenden als so zentral erwiesen, dass sie als Sinnkonstruktionen wirksam wurden; bei anderen Lernenden bildeten sie zentrale Bedürfnisse, deren Befriedigung die Voraussetzung für tragfähige Sinnkonstruktionen darstellt.

Schließlich hat sich gezeigt, dass der Sinn, den die dargestellten vier Lernenden konstruieren, funktionalen und intentionalen Charakter hat. Emotional positiv gefärbter Sinn, wie ihn z.B. Combe/Gebhard (2007) oder Gebhard (2003) beschreiben, kommt in den bisher analysierten Daten beider

Studien erst in einem Fall (Larissa) vor. Er geht dort einher mit einer gravierenden Umstrukturierung persönlicher Merkmale: Eine Änderung des mathematischen Weltbildes sowie die Befriedigung der Grundbedürfnisse werden durch eine massive Änderung der Unterrichtsstruktur (vgl. Vorhölter 2007a) hervorgerufen. Da solche Momente im alltäglichen Unterricht zwar vorkommen, in dieser Intensität jedoch selten sind (vgl. dazu auch Ziehe 1996, S. 940), ist die Betrachtung von funktionalem bzw. intentionalem Sinn als Ergänzung zum emotional positiv gefärbten Sinn in unseren Augen nicht nur sinnvoll, sondern auch notwendig, um Sinnkonstruktionen aus der Perspektive der Schülerinnen und Schüler zu untersuchen.

Literatur

Baier, K. (2004): Zweck und Sinn. In: Fehige, C./Meggle, G./Wessels, U. (Hrsg.): Der Sinn des Lebens. 5. Aufl. München, S. 195–207.

Biller, K. (1991): Habe Sinn und wisse Sinn zu wecken! Sinntheoretische Grundlagen der Pädagogik. Hohengehren.

Blum, W. (2006): Die Bildungsstandards Mathematik: Einführung. In: Blum, W./Drüke-Noe, C./Hartung, R./Köller, O. (Hrsg.): Bildungsstandards Mathematik: konkret: Sekundarstufe I: Aufgabenbeispiele, Unterrichtsanregungen, Fortbildungsideen. Berlin.

Blumenberg, H. (1999): Die Lesbarkeit der Welt. 4. Aufl. Frankfurt am Main.

Brockhaus (2006): Enzyklopädie in 30 Bänden. 21. Aufl. Band 25: Sele-Spos. Leipzig.

Combe, A./Gebhard, U. (2007): Sinn und Erfahrung: Zum Verständnis fachlicher Lernprozesse in der Schule. Opladen.

Deci, E. L./Ryan, R. M. (1993): Die Selbstbestimmungstheorie der Motivation und ihre Bedeutung für die Pädagogik. In: Zeitschrift für Pädagogik, Bd. 39, H. 2, S. 223–238.

Frankl, V. E. (1975): Der Mensch auf der Suche nach Sinn: Zur Rehumanisierung der Psychotherapie. 4. Aufl. Freiburg i. Br.

Frankl, V. E. (1978): Der Wille zum Sinn. In: Frankl, V. E./Lukas, E. S. (Hrsg.): Der Wille zum Sinn: Ausgewählte Vorträge über Logotherapie. 2. Auflage. Bern, S. 9–36.

Gebhard, U. (2003): Die Sinndimension im schulischen Lernen: Die Lesbarkeit der Welt – Grundsätzliche Überlegungen zum Lernen und Lehren im Anschluss an PISA. In: Moschner, B./Kiper, H./Kattmann, U. (Hrsg.): PISA 2000 als Herausforderung: Perspektiven für Lehren und Lernen. Hohengehren, S. 205–223.

Graduiertenkolleg Bildungsgangforschung (2005): Zweiter Arbeits- und Ergebnisbericht des Graduiertenkollegs 821: „Bildungsgangforschung". Hamburg (unveröffentlichtes Typoskript).

Graduiertenkolleg Bildungsgangforschung (2006): Folgeantrag auf Förderung des Graduiertenkollegs 821: „Bildungsgangforschung". Hamburg (unveröffentlichtes Typoskript).

Hennings, M./Mielke, R. (2005): Intuitive Vorstellungen und explizite Reflexion – Bewusste und unbewusste Prozesse des Denkens. In: Schenk, B. (Hrsg.): Bausteine einer Bildungsgangtheorie. Opladen, S. 239–254.

Hericks, U./Spörlein, E. (2001): Entwicklungsaufgaben in Fachunterricht und Lehrerbildung – Eine Auseinandersetzung mit einem Zentralbegriff der Bildungsgangdidaktik. In: Hericks, U./Keuffer, J./Kräft, H. C./Kunze, I. (Hrsg.): Bildungsgangdidaktik: Perspektiven für Fachunterricht und Lehrerbildung. Opladen, S. 33–50.

Heymann, H. W. (1996): Allgemeinbildung und Mathematik. Weinheim.

Howson, G. (2005): "Meaning" and school mathematics. In: Kilpatrick, J./Hoyles, C./Skovsmose, O. (Eds.): Meaning in mathematics education. New York, pp. 17–38.

Hurrelmann, K. (1983): Schule als alltägliche Lebenswelt im Jugendalter. In: Schweitzer, F./Thiersch, H. (Hrsg.): Jugendzeit – Schulzeit: Von den Schwierigkeiten, die Jugendliche und Schule miteinander haben. Weinheim, S. 30–56.

Jahnke-Klein, S. (2001): Sinnstiftender Mathematikunterricht für Mädchen und Jungen. Baltmannsweiler.

Kilpatrick, J./Hoyles, C./Skovsmose, O. (2005a): Introduction. In: Kilpatrick, J./Hoyles, C./Skovsmose, O. (Eds.): Meaning in mathematics education. New York, pp. 1–8.

Kilpatrick, J./Hoyles, C./Skovsmose, O. (2005b): Meanings of Meaning of Mathematics. In: Kilpatrick, J./Hoyles, C./Skovsmose, O. (Eds.): Meaning in mathematics education. New York, pp. 9–16.

Kilpatrick, J./Hoyles, C./Skovsmose, O. (2005c): Preface. In: Kilpatrick, J./Hoyles, C./Skovsmose, O. (Eds.): Meaning in mathematics education. New York, pp. 7–8.

Koller, H.-C. (2005): Bildung und Biographie: Zur Bedeutung der bildungstheoretisch fundierten Biographieforschung für die Bildungsgangforschung. In: Schenk, B. (Hrsg.): Bausteine einer Bildungsgangtheorie. Opladen, S. 47–66.

Korte, H./Schäfers, B. (Hrsg.) (2000): Einführung in Hauptbegriffe der Soziologie. 5. Aufl. Opladen.

Lauth, R. (2002): Die Frage nach dem Sinn des Daseins. München.

Mette, N./Rickers, F. (2001): Lexikon der Religionspädagogik. Neukirchen-Vluyn.

Mitchell, M. (1993): Situational Interest: Its Multifaceted Structure in the Secondary School Mathematics Classroom. In: Journal of Educational Psychology, vol. 85 (3), pp. 424–436.

Rehfus, W. D. (2003): Handwörterbuch Philosophie. Göttingen.

Skovsmose, O. (2005): Meaning in mathematics education. In: Kilpatrick, J./Hoyles, C./Skovsmose, O. (Eds.): Meaning in mathematics education. New York, pp. 83–100.

Thom, R. (1973): Modern mathematics: does it exist? In: Howson, A. G. (Eds.): Developments in mathematical education: Proceedings of the second International Congress on Mathematical Education. Cambridge, pp. 194–209.

Vollstedt, M. (2007a): Sinnkonstruktionen von Schülerinnen und Schülern im Mathematikunterricht in Deutschland und Hongkong. In: Gesellschaft für Didaktik der Mathematik (Hrsg.): Beiträge zum Mathematikunterricht 2007. Hildesheim, S. 961–964.

Vollstedt, M. (2007b): The construction of personal meaning – A comparative case study in Hong Kong and Germany. In: Pitta-Pantazi, D./Philippou, G. (Eds.): European Research in Mathematics Education: Proceedings of the Fifth Congress of the European Society for Research in Mathematics Education. Larnaca, pp. 2473–2482.

Vorhölter, K. (2007a): Auswirkungen von Modellierungsaufgaben auf die Sinnkonstruktion von Lernenden. In: Gesellschaft für Didaktik der Mathematik (Hrsg.): Beiträge zum Mathematikunterricht 2007. Hildesheim, S. 316–319.

Vorhölter, K. (2007b): Personal Meaning in Relation to Modelling Problems. In: Pitta-Pantazi, D./Philippou, G. (Eds.): European Research in Mathematics Education: Proceedings of the Fifth Congress of the European Society for Research in Mathematics Education. Larnaca, pp. 2190–2199.

Weissmahr, B. (1983): Philosophische Gotteslehre. Stuttgart.

Winter, H. (1990): Bürger und Mathematik. In: Zentralblatt für Didaktik der Mathematik, Bd. 22, H. 4, S. 131–147.

Ziehe, T. (1996): Vom Preis des selbstbezüglichen Wissens. In: Combe, A./Helsper, W. (Hrsg.): Pädagogische Professionalität. Untersuchungen zum Typus pädagogischen Handelns. Frankfurt am Main, S. 924–942.

Sinnerfahrung und -konstruktion im Physikunterricht

Andreas Gedaschko und Mari-Annukka Lechte

Betrachtet man die geringe Physik-Interessenbekundung von Schülerinnen und Schülern und die hohe Zahl derjenigen, die nach der Pflichtzeit Physik abwählen, stellt sich die Frage, inwiefern Lernenden der Physikunterricht sinnvoll erscheint. Im Verständnis des Menschen als sinnbedürftiges Wesen (vgl. Bruner 1997; Gebhard 2000) und in Anbetracht der Diskussion um die Notwendigkeit von Sinnkonstruktionen für Lernprozesse (Combe/Gebhard 2007), ist gleichsam die Frage aufgeworfen, ob ein gelingender Physikunterricht ohne die Erfahrung von Sinn denkbar ist. Mit dieser und anderen Fragen, die sich mit der Bedeutung des Sinns für die Bezugnahme zu Physik und für fachliche Lernprozesse beschäftigen, setzen wir uns im Folgenden auseinander.

In unterschiedlicher Schwerpunktsetzung beschäftigen wir uns in unseren Forschungsprojekten mit der Beziehung zwischen Schüler bzw. Schülerin und Physik. Mari-Annukka Lechte hat in ihrer Dissertation untersucht, welche Erfahrungen Jugendliche mit Physik machen und wie sich diese auf ihre Bezugnahme zu Physik auswirken. In erster Linie geht es um die Rekonstruktion von Bildungsgängen im Fach Physik und das Identifizieren von Bedingungsfaktoren für eine gelingende oder scheiternde Fachbezugnahme. Lechte lässt dafür Schüler und Schülerinnen selber zu Wort kommen und gewinnt anhand der biographischen Erzählungen Einblick in deren Physikverständnis und die Bedingungen, die eine Annäherung oder Abwendung vom Fach bewirken (vgl. Lechte 2008). Ziel der Dissertation von Andreas Gedaschko ist es, vorhandene Sinnstrukturen und Sinnkonstruktionsprozesse zu beschreiben und ein mögliches Sinnangebot von offenem Experimentieren zu untersuchen. Es wurden in einer 9./10. Klasse Daten zunächst mittels eines offenen Fragebogens und eines narrativen Interviews (siehe hierzu Flick 1999) erhoben. Anschließend wurde in derselben Klasse eine Unterrichtseinheit durchgeführt, in der die Schülerinnen und Schüler offen experimentierten. Im Anschluss an die erste Doppelstunde der Einheit gab es ein Nachträgliches Lautes Denken (NLD)[1] nach der Methode von Gass und Mackay (2000) mit sechs Schülerinnen und Schülern. Im Anschluss an die letzte Doppelstunde wurde mit diesen sechs Probanden jeweils ein weiteres narratives Interview durchgeführt (vgl. Gedaschko in Vorbereitung).

---

[1] Nachträgliches Lautes Denken ist auch unter dem Begriff *Stimulated Recall* bekannt.

Auf Grundlage dieser beiden Forschungsarbeiten und des empirisch gewonnenen Datenmaterials arbeiten wir im Folgenden einen Sinnbegriff und
seine Bedeutung für Lernprozesse im Physikunterricht heraus. Zunächst
werden wir mit Bezug auf Lechtes Arbeit den Fokus auf die *Erfahrung von
Sinn* legen. Es geht dabei um den Beginn eines Zugangs zu Physik, der sich
in einer bestimmten Erfahrung, einer Sinnerfahrung, widerspiegelt. Anschließend betrachten wir mit Bezug auf Gedaschkos Forschungsprojekt den
Sinnbegriff detaillierter und legen exemplarisch dar, auf welche *Sinnkonstruktionen* Schülerinnen und Schüler zurückgreifen. Der Einfluss offenen
Experimentierens auf Sinnkonstruktionen wird thematisiert. Der Artikel
schließt mit einem Fazit zur Bedeutung von Sinnerfahrung und -konstruktion
für die Interessen- und Kompetenzbildung im Fach Physik.

1   Brücken zwischen Lernsubjekt und Physik

Lechte widmet sich in ihrer Dissertation der Frage, welche Erfahrungen
Schülerinnen und Schüler mit Physik machen und wie sich diese auf die
Fachbewertung und damit einhergehend auf die Hinwendung zu oder die
Abwendung von Physik auswirken. Mit anderen Worten: In welchen Dimen-
sionen entfaltet sich die Bezugnahme zu Physik und bedingt die Entwicklung
von Physikinteresse bzw. -desinteresse? Neun Kernthemen, Bedingungen der
Schüler(in)-Physik-Beziehung, lassen sich aus dem Interviewmaterial her-
auskristallisieren. *Eine* Bedingung beschreibt die Erfahrung von Sinn und ihr
Einhergehen mit der Verbindung zur persönlichen Erfahrungswelt.

1.1 Vorbemerkung zum Sinnbegriff

Das aufnehmende Subjekt braucht zur Erkennung, Einordnung und Integration von Objekten Anknüpfflächen im Selbst. Die Wahrnehmung und Verarbeitung der äußeren Welt läuft über das Versehen mit Bedeutung (vgl. Gebhard 2000, 2003). Die Erfahrung von Sinn bildet die Brücke zwischen wahr-
nehmendem Subjekt und wahrzunehmendem Gegenstand:

> „Sinn ist eine im Bewusstsein gestiftete Bezugsgröße, nicht eine besondere Erfahrung oder
> eine der Erfahrung selbst zukommende Eigenschaft. Es geht vielmehr um die Beziehung
> zwischen einer Erfahrung und etwas anderem." (Schütz/Luckmann 1990, S. 13)

Die Zuschreibung von Sinn ist ein die Wahrnehmung begleitender Prozess,
der überwiegend ohne bewusste Reflexion vonstatten geht:

> „Denn Sinn ist nichts anderes, als eine Leistung der Intentionalität, die aber nur im reflexi-
> ven Blick sichtbar wird." (Schütz 1974, S. 69)

Das Gefühl von Sinnlosigkeit und die dadurch angestoßene Suche nach Sinn sowie die durch ein Gespräch angeregte Reflexion von Fachbezügen und Erfahrungen lässt das Sinnbedürfnis und die Sinnzuschreibungen offen zu Tage treten.

1.2 Sinn als Brücke zur individuellen Erfahrungswelt

Im Unterricht wird das Lernsubjekt überwiegend mit Neuem, also fremden Inhalten konfrontiert. Die Schülerinnen und Schüler brauchen einen Zugang, eine Brücke zu dem Fremden, um es aufnehmen und ins Selbst integrieren zu können. Das Finden von Anschlussstellen geht mit der Erfahrung von Sinn einher: Die Inhalte stehen nicht mehr „unverbunden im luftleeren Raum", sondern sie machen Sinn vor dem Hintergrund bisher gemachter Erfahrungen. Die Sinnerfahrung wird durch die Einbettung der Fachinhalte in die Lebenswelt des Subjekts unterstützt. Lernende brauchen und suchen die Erfahrung, dass das Dargebotene etwas mit ihnen und der Welt, in der sie leben, zu tun hat. Die Frage nach dem Sinn von Physik findet sich in allen Interviews in unterschiedlichen Explikationen wieder. Das Bedürfnis nach Verbindungen zur eigenen Lebenswelt zeigt sich unter anderem in der Forderung nach Alltagsbezug. An Jana, einer siebzehnjährigen Gesamtschülerin, und ihren Erfahrungen mit Physik, lässt sich die Suche nach Zugängen und Sinn im Unterricht veranschaulichen. Jana erzählt zunächst von ihrem ersten Physiklehrer:

„Aber wir wussten gar nicht, wieso wir uns das merken sollen. Ja, okay, das kann man sich bei Schule immer fragen. (lacht leicht) Aber das war halt so, ja, es war einfach so in den Raum gestellt, behauptet, und das lernt ihr jetzt. (..) Und das war so ein bisschen komisch, weil ich es auch einfach auf den Alltag nicht anwenden konnte".

Jana kann keinen Sinn in den Unterrichtsinhalten entdecken, und eine Verbindung zu ihrer Lebenswelt offenbart sich ihr nicht. Unverständnis ist das bestimmende Gefühl:

„Ich hab' ihn einfach nicht verstanden, weil ich nicht wusste, was wir da machen. [...] Ja, und immer irgendwelche Erklärungen, so, keine Ahnung. Wenn der Ball da jetzt hinfällt, dann bleibt er da liegen. Und weil er so 'ne Masse hat und so. Ich hab' den Zusammenhang aber überhaupt nicht verstanden. Wieso erklärt er uns jetzt, der Ball ist schwer."

Mit ihrem zweiten Physiklehrer macht sie eine neue Erfahrung: Er bringt die physikalischen Inhalte in einen Zusammenhang zu der ihr „bekannten allgemeinen" Welt. Der Einbezug von Versuchen bietet ihr einen visuellen Zugang, und die Verknüpfung der Unterrichtsinhalte mit dem subjektiven Erfahrungswissen gelingt:

„Und dann.. so im Laufe der Zeit, wenn wir Versuche gemacht bei dem Lehrer, war es halt immer total interessant, weil ich dann gesehen habe, was möglich ist und, ja, auf was für

Sachen die Leute so gekommen sind. [...] ja, also, klingt jetzt doof, aber alleine durch Reibung eine Lampe leuchten zu lassen, finde ich total interessant. Und, ja, dann hat es mir immer mehr Spaß gebracht und dann hab' ich auch immer mehr, wenn wir es dann zusammengefasst hast, die Hintergründe verstanden, so, die ganzen Formeln und Zahlen und so. Davor konnte ich damit gar nichts anfangen".

Die Inhalte, denen sie zuvor mit Unverständnis gegenüber stand, fügen sich nun in einen Sinnzusammenhang.

1.3 Die Erfahrung von Sinn als Beginn des Zugangs zum Gegenstand

In den biographischen Interviews lässt sich der Moment aufzeigen, indem sich ein Zugang zu Physik offenbart und eine fachliche Hinwendung stattfindet. Das Subjekt öffnet sich dem fremden Inhalt und eine Verbindung zum Selbst wird aufgebaut. Der Gegenstand wird mit subjektiv relevantem Sinn aufgeladen, und die Integration ins individuelle Welt- und Selbstverständnis nimmt ihren Anfang. Entscheidend ist, dass sich *am Gegenstand* der Sinn entfacht, also in der Auseinandersetzung und Beschäftigung mit dem Gegenstand Sinn erfahren wird. Dabei verändert sich das bisherige Selbst- und Weltverständnis bzw. wird um eine neue Komponente erweitert. Mit anderen Worten: Lernen findet statt. Die Erfahrung, einen Zugang zu Physik zu gewinnen, ist von einer positiven Emotion begleitet. Wir bezeichnen diese als *Sinnerfahrung*.

Den Wechsel von keinem Fachzugang zu einem Zugang zu Physik kann an Tims Bildungsgang in Physik verdeutlicht werden. Zu Beginn des Physikunterrichts steht Tim den Anforderungen der Schule ablehnend gegenüber und verweigert sich in allen Unterrichtsfächern. Als er seinen Widerstand gegen die Schule aufgibt und dem Unterricht mit Offenheit begegnet, gewinnt er einen Zugang zu Physik, der ihn auch in der Retrospektive mit Freude erfüllt:

„Was haben wir denn da alles gemacht? (..) Ich weiß gar nicht so genau, was wir für einzelne Themen hatten. Ich weiß nur/ weil ich freu' mich so richtig".

Tim erfährt Sinn im Physikunterricht, als die Anwendbarkeit von Physik zum Verständnis alltäglicher Phänomene ihm anschaulich dargeboten wird:

„Wir haben zum Beispiel [...] gemessen, wie hoch der ganze Raum ist. Das dann einfach mal zwei genommen, das heißt, wir haben zwei Stockwerke einfach berechnet. [...] Dann haben wir die Zeit gemessen, in der einer hoch gelaufen ist bis zum Klassenraum. Haben wir das gestoppt. Und dann haben wir berechnet, mit was für einer Kraft er aufgetrieben haben muss, um die ganze Strecke nach oben zu laufen."

Aus den Berechnungen im Unterricht schließt Tim, dass alles auf der Welt berechenbar ist und Physik ihm dafür das notwendige Wissen und Handwerkszeug zur Verfügung stellt. Mit Begeisterung lebt er die für ihn gewonnene Erkenntnis aus:

„Und Physik hat mir richtig viel Spaß gemacht, weil wenn man.. das hört sich auch vielleicht 'n bisschen komisch an, aber wenn man alleine Fahrrad fährt, und man überlegt sich/ ich hab' mir dann alles überlegt, was passiert wenn.. was passiert. Ich hab' mir überlegt, wenn ich Fahrrad fahre und in die Pedale trete, was passiert denn da. Dann hab' ich mir gedacht, das hatten wir. [...] Hm, da habe ich überlegt, was passiert denn da genau und dann mit dem Drehmoment, das habe ich mir alles überlegt, wie man das berechnet und ich hab' mir gedacht, ich könnte jetzt sofort, wenn ich ein Lineal und was zu schreiben hätte, könnte ich sofort, alles aus berechnen, wie viel Kraft ich brauch', wenn ich mir ausrechnen könnte, wie viel Newton meine Beine da in die Pedale treten. Da hab' ich mir gedacht, ich könnte alles ausrechnen. Man kann alles berechnen, was auf der Welt passiert. Das fand ich richtig interessant".

Solche tiefgehenden Sinnzuschreibungen können auch über Frustrationserfahrungen eine Verbindung zum Gegenstand aufrechterhalten, wie Tims ungebrochene Physikbegeisterung trotz mangelnder Kompetenzerfahrung im Unterricht zeigt.

Die Merkmale einer Sinnerfahrung lassen sich wie folgt zusammenfassen:

- ein Zugang zum Gegenstand wird eröffnet
- innere und äußere Welt begegnen sich
- neue Erkenntnis(se) werden gewonnen
- Veränderung findet statt: Das Lernsubjekt verändert sein Selbst- und Weltverständnis
- Lernen findet statt
- Sinnerfahrung geht mit einer positiven emotionalen Qualität einher

Sinnerfahrungen öffnen Türen und gestalten Brücken zwischen Lernsubjekt und Lehrgegenstand. Eine fachliche Hinbewegung geht mit der Erfahrung von Sinn einher.

1.4 Subjektiver Sinn versus objektiver Sinn und Stellvertreterkonstruktionen

Von „subjektivem Sinn", der auf einer Sinnerfahrung beruht, grenzen wir „objektiven Sinn" und weitere „Stellvertreter-Sinnkonstruktionen" ab. Beim Rückgriff auf gesellschaftlich anerkannte, aber nicht subjektiv nachempfundene Sinnzuschreibungen sprechen wir von objektivem Sinn (vgl. Lechte 2008). Schülerinnen und Schüler können der Physik auf kognitiv-theoretischer Ebene gesellschaftliche Bedeutung zumessen, ohne dass diese subjektiv nachvollziehbar bzw. nach*fühl*bar ist und zu Interesse am Gegenstand führt. Physik ist eine Wissenschaft, der allgemein viel Bedeutung beigemessen wird. Diese Zuschreibungen von objektivem Sinn sind den Lernenden zugänglich und werden vor allem dann, wenn kein Sinn erfahren wird, zur Stützung eines Fachbezugs herangezogen. Empirische Studien zeigen, dass bei geringem Fachinteresse die allgemeine Bewertung der Physik kontinuierlich ansteigt (vgl. Hoffmann/Lehrke 1986; Nolte-Fischer 1989; Krapp 1996; Muckenfuß 1999, S. 83–86). Zuschreibungen von objektivem Sinn können als Stellvertreter für fehlenden subjektiven Sinn dienen. Sie erweisen sich jedoch als wenig tragfähig für einen stabilen Fachbezug. Im Gegensatz zu „außenstehenden" Sinnzuschreibungen ist subjektiv nachempfundener Sinn erfahrungsgeneriert und geht mit einem Gefühl von Stimmigkeit und Befriedigung einher.

    Eine andere Art der Stellvertreter-Sinnkonstruktion ist die Zuschreibung von Sinn über Mittlerkonstrukte. Auch hier entfacht sich die Sinnerfahrung nicht am Gegenstand selbst, sondern wird durch die Knüpfung an persönliche Ziele erreicht. Darunter fällt beispielsweise der Wunsch nach einem guten Schulabschluss für die spätere Berufslaufbahn. Stellvertreter-Sinnkonstruktionen haben ihre Berechtigung und Funktion: Sie können Motive für Unterrichtsbeteiligung sein oder als Rückgriff bei mangelnder Sinnerfahrung die Offenheit für den Physikunterricht erhalten und somit eine – wenn auch instabile und nicht inhaltsbezogene – Brücke zur Physik darstellen. Diesen Zugangshilfen fehlt dennoch die positiv emotional spürbare Erfahrung, die sich in der Beschäftigung und Auseinandersetzung mit den Unterrichtsinhalten entfacht und mit dem Gewinn von Erkenntnis einhergeht.

1.5 Die Notwendigkeit von Sinn

In den erhobenen Physik-Bildungsgängen lassen sich nicht nur die Sinnerfahrungen und -zuschreibungen aufzeigen, sondern auch die Anstrengungen erkennen, die die Schülerinnen und Schüler unternehmen bzw. unternehmen müssen, um Sinn im Physikunterricht zu entdecken und zu kreieren. Der Rückgriff auf Stellvertreter-Sinnkonstruktionen ist ein Weg, der als leidvoll erlebter Sinnlosigkeit entgegen zu wirken. Wenn auch dieses nicht gelingt, bleibt längerfristig nur die Abwendung vom Fach.

    Anna erzählt beispielsweise, dass sie zu Beginn des Unterrichts über ein grundsätzliches Interesse und neugierige Offenheit der Physik gegenüber verfügt hat:

„Es hat mich immer schon ein bisschen fasziniert, muss ich schon sagen, ich fand es immer interessant".

Ihr anfängliches Interesse bleibt im Physikunterricht ohne Resonanz. Ein Sinn von Physik offenbart sich ihr nicht:

„Das war halt immer ziemlich.. so trocken so. Das habe ich so empfunden, weil das war immer nur dieses an die Tafelgemale und halt Versuche, aber die keine Bedeutung so für das Leben hatten, also, ich hab', so zu Beispiel.. ja, es ist ja interessant (ironischer Unterton), dass [...] ein Magnet Tonnadeln anzieht, aber was das jetzt für uns bedeutet?"

Mögliche Relevanzbezüge werden ihr im Physikunterricht nicht deutlich (gemacht), sondern müssen – wenn überhaupt – von ihr unterrichtsunabhängig und eigenständig konstruiert werden:

„Zum Beispiel auch mit der Erdanziehungskraft. Das ist mir erst später, so, klar geworden. Das hatte [im Unterricht] leider so nicht den Bezug zur Realität".

Anna gelingt eine Verbindung der Physikunterrichtsinhalte zu ihrer außerschulischen Erfahrungswelt kaum. Die Physik bleibt sinnlos:

„Also, es war schon interessant, so, aber.. was heißt interessant? Also, es war manchmal schon ganz nett, sagen wir so, aber es war wirklich [...] nie der Bezug zur Realität da. Und das war echt das, was ich auch SCHADE fand, aber was ich auch nicht ändern konnte und deshalb habe ich es dann auch immer gleich, so, nächste Physikstunde, und das von der vorigen war immer schon wieder halb vergessen. Das hat mich nicht fasziniert. [...] Es war nicht bedeutsam für mich".

Die Auseinandersetzung mit als sinnlos erlebten Inhalten ist nicht nur unbefriedigend, sondern wird von Anna auch als belastend erlebt. Die anstehende Abwahl von Physik als Unterrichtsfach erfüllt Anna dementsprechend mit Freude.

Die Sinnsuchprozesse der Schülerinnen und Schüler scheinen im Unterricht überwiegend unbemerkt und unaufgegriffen vonstatten zu gehen. Ohne fachliche Unterstützung können sich die Sinnzuschreibungen jedoch fernab der Fachstruktur entwickeln und bleiben in ihrem Motivationspotential für den Physikunterricht ungenutzt. Beispielsweise für Karla ist Physik in den ersten drei Jahren Unterricht ein bedeutungsloses Fach:

„Ich hab' nicht verstanden, was wir da gemacht haben, warum wir das gemacht haben, wofür wir das brauchen".

Nach der zehnten Klasse setzt sie für ein Jahr die Schule aus und beginnt eine Ausbildung zur Rettungssanitäterin. In diesem Jahr entwickelt Karla einen Zugang zu Physik über die Erfahrung, dass sich Inhalte aus dem Physikunterricht in ihrem alltäglichen Leben wieder finden. Sie gelangt zu der subjektiven Erkenntnis, dass Physikkenntnisse Alltagsrelevanz haben:

„Man kann die Theorie so klasse in Alltag umsetzen, oder man findet sie klasse im Alltag wieder. Dass ich mir sage, wenn ich die Theorie weiß, dann kann der Alltag nicht schwerer werden, er kann nur einfacher werden".

Diese Sinnzuschreibung ermöglicht ihr beim Wiedereinstieg in die Schule eine Hinwendung zum Unterrichtsfach Physik:

„Also man muss dazu sagen in diesem einem Jahr Pause, wo ich nicht in der Schule war, habe ich immer wieder gemerkt, dass ganz viele Sachen, die ich damals mal gelernt hab', Physik, Bio, Chemie, diese Naturwissenschaften, die kommen alle im Alltag wieder. Das war dann doch ganz faszinierend.. weil, wenn ich gelernt habe, was Heben und Fallen-

Lassen bedeutet, dann war das im Unterricht immer sehr theoretisch. [...] Und im Alltag habe ich dann gemerkt, naja, aber wenn man die Theorie anwendet, dann kommt man leichter durchs Leben. Das fand ich dann doch ziemlich faszinierend. Und bin von daher, jetzt in der elften Klasse, mit einem ganz anderen Bewusstsein an das Thema Physik rangegangen".

Mit der Sinnzuschreibung geht jedoch nicht zwangsläufig ein fachlicher Kompetenzzuwachs einher. Nicht das Verstehen von Physik, sondern die Erfahrung von subjektivem Sinn als Brücke zwischen Selbst und Unterrichtsgegenstand ist der Motor ihrer Suche. Das Konstrukt ist in der Weise erfolgreich, dass Karla dem Physikunterricht offen und interessiert begegnet. Die Sinnzuschreibungen bleiben ohne reflektierte Einbindung in den Unterricht leicht von privatsprachlicher Bedeutung und sind nicht kompetenzfördernd an die fachinhaltliche Struktur geknüpft.

2   Sinnkonstruktion und offenes Experimentieren

2.1 Detailliertere Betrachtung des Sinnbegriffs

In der Arbeit von Gedaschko wird das Verständnis von Sinn als eine subjektiv erlebte Bedeutsamkeit von Lechte aufgegriffen. Diese kann von einer Schülerin oder einem Schüler einem Lerngegenstand, fachlichen Lernprozessen oder Handlungen zugeschrieben werden. Sinn ist immer individuell, nur persönlich Relevantes wird mit Sinn versehen. Ein persönlicher Sinn (subjektiver Sinn) kann einer gesellschaftlich geteilten Bedeutung (objektiver Sinn) ähneln oder gleichen und hat diesen meist zur Grundlage. Oft verbleibt Sinn latent, kann jedoch beispielsweise anhand narrativer Interviews rekonstruiert werden. Man kann davon ausgehen, dass latente Sinnstrukturen zentraler Ausgangspunkt für Motive von Lernenden sind (vgl. Schütz/Luckmann 2003, S. 451).

Motive werden insbesondere in argumentativen Textpassagen deutlich, da dort oft Handlungen begründet werden. Aus den deutlich werdenden Motiven können Sinnstrukturen abgeleitet werden. Ausgangspunkt für Sinnstrukturen – bewusste wie latente – sind wiederum Erfahrungen. Erfahrungen sind Erlebnisse, denen ein Individuum besondere Aufmerksamkeit widmet. Sinn wird (bewusst) konstruiert, wenn Erfahrungen reflektiert werden. Erzählungen in narrativen Interviews liegen nah an der Erfahrung und der erlebten Handlungspraxis (vgl. Nohl 2006, S. 22). Somit wird ein Zugang zu Sinnkonstruktionen und Handlungspraxis eröffnet.

Wird in einer Erzählung deutlich, dass sich das Vorverständnis eines fachlichen Gegenstands ändert, so ist dies ein Hinweis auf eine Sinnkonstruktion. Nicht immer ist der Sinnbegriff aber auf „verstehbare Bedeutung" ausgelegt, wie Combe und Gebhard dies tun (vgl. 2007, S. 110). Ein Sinn-konstrukt, bei dem ein tatsächliches Verstehen nicht stattfindet, eine Beziehung zum Fach aber aufrechterhalten werden kann, ist vorstellbar (vgl. Lechte 2008, S. 249–254).

Die Zuschreibung von Sinn ist ein zentrales Motiv für die Lernenden (vgl. Lechte 2008). Dieses Sinnverlangen ist damit Vorantreiber von Lernen. Voraussetzung für gelingende Sinnkonstruktion ist allerdings, dass es Sinn-angebote gibt. Auch muss sich Sinnkonstruktion über einen längeren Zeit-raum hinweg bereits vorbereitet haben. Sie ist nicht plötzlich einfach so da, entsteht aber „in einem Moment besonderer Hellsichtigkeit" (Combe/Gebhard 2007, S. 110). Fehlt Sinn, so ist das eine Krise für den Lernen-den. Es kann sich dann Widerstand bilden, aber auch Resignation ist denkbar (vgl. dazu Lechte 2008).

Wird für eine Sinnkonstruktion eine gesellschaftliche Bedeutung herangezogen, die keinen Bezug zur persönlichen Erfahrungswelt des Lernenden hat und nicht subjektiv nachvollzogen werden kann, ist diese nicht dauerhaft tragfähig und bricht nach einiger Zeit zusammen (vgl. ebd.).

Nicht immer ist Sinnkonstruktion mit Sinnerfahrung und Hinwendung zum Fach verbunden. Für einige Schülerinnen und Schüler dienen bestimmte Sinnkonstruktionen als Hilfskonstrukte (Stellvertreter-Sinnkonstruktionen, siehe 1.4), um im Unterricht nicht den Anschluss zu verlieren. Diese bezeichnen wir als zweck- und nutzenorientierte Sinnkonstruktionen. Interesse scheint dabei aber nicht zu entstehen und somit wird eine Brücke zwischen dem Lernenden und seinem Physikunterricht nicht gebaut.

2.2. Ziele und Konzepte der Untersuchung von Gedaschko

In der Untersuchung von Gedaschko geht es darum, zunächst in der Breite Sinnkonstruktionen als Ergebnisse von Sinnkonstruktionsprozessen aufzu-spüren und die Sinnstrukturen zu beschreiben. In der Tiefe geht es anschlie-ßend darum, Sinnkonstruktionsprozesse zu rekonstruieren, wo dies möglich ist. Es soll den Fragen nachgegangen werden, welche Sinnkonstruktionen dazu führen, dass Schülerinnen und Schüler sich (nicht) mit Physik beschäf-tigen, welche Sinnkonstruktionen unter welchen Umständen (nicht) tragfähig sind und ob und welche Zusammenhänge es zwischen Sinnkonstruktionen und Entwicklungsaufgaben[2] gibt. In einem weiteren Teil soll untersucht wer-den, inwiefern offenes Experimentieren ein Sinnangebot für die Lernenden

---

2   Das Konzept der Entwicklungsaufgaben ist für die Bildungsgangforschung grundle-gend. Gemeint sind gesellschaftliche Anforderungen, mit denen sich Jugendliche in-dividuell auseinandersetzen. Der Kanon besteht aus zehn Aufgaben, deren Bearbei-tung für die Jugendlichen unhintergehbar ist, deren Lösungen aber offen sind (vgl. u.a. Oerter/Dreher 2002).

liefert und ob offenes Experimentieren die Bearbeitung von Entwicklungsaufgaben bei den Jugendlichen fördern kann.

   In der Unterrichtseinheit, die im Rahmen der Untersuchung mit dem
Physiklehrer der teilnehmenden Klasse durchgeführt wurde, haben Schülerinnen und Schüler in ihrem Physikunterricht offen experimentiert. Der Umfang betrug drei Doppelstunden, das Konzept wurde angelehnt an Reinhold
(1996). Experimentieren wird dabei als Entwicklungsprozess mit Resultat
aufgefasst, bei dem die Entwicklung im Zusammenhang mit der Selbsttätig-
keit der Lernenden steht. Zu Beginn der Unterrichtseinheit steht eine erklä-
rungsbedürftige Situation, die Staunen und Neugier hervorrufen soll. Die
Schülerinnen und Schüler stellen dann Ad-Hoc-Theorien auf, die sie zunächst diskutieren und anschließend systematisch überprüfen. Am Ende wird
das Vorgehen reflektiert. Damit wird das Experimentieren als Erkenntnisme-
thode zum Thema gemacht. Der Erwerb fachlichen Wissens zum physikalischen Thema ist damit nicht mehr ausschließlich Ziel des Experimentierens.
Als physikalisches Phänomen diente in der Unterrichtseinheit der Winkelhe-
ber. Im Anschluss an die erste Doppelstunde wurden Interviews in Form des
Nachträglichen Lauten Denkens (NLDs) durchgeführt. Die NLDs dienen als
Ergänzung der Auswertung der narrativen Interviews, die vor und nach der
Unterrichtseinheit geführt wurden. Als Auswertungsmethode diente die Dokumentarische Methode nach Nohl (vgl. 2006). Eine große Rolle spielen bei
dieser Methode die sogenannten Orientierungen, die aus mehreren homolo-
gen Äußerungen abgeleitet werden. Eine Orientierung ist quasi die Art und
Weise, wie ein Thema von einer Person bearbeitet wird. Die Dokumentarische Methode ist eine stark komparativ vorgehende Auswertungsmethode.
Sie teilt mit der objektiven Hermeneutik die Überzeugung, dass nicht nur
das, was wörtlich und explizit in Interviewtexten mitgeteilt wird, für die
empirische Analyse wichtig ist, sondern vor allem jener Sinngehalt zu rekonstruieren ist, der diesen Äußerungen unterliegt und ihnen implizit ist. Aus
den Orientierungen einer Person ergibt sich die Sinnstruktur, die sozusagen
hinter den Äußerungen steht. Mannheim bezeichnet diese Sinnstrukturen als
Dokumentsinn. Er schreibt:

„Bei diesem dokumentarischen Sinngehalt wird die geschilderte Erfahrung als Dokument
einer Orientierung rekonstruiert, die die geschilderte Erfahrung strukturiert" (Mannheim
1964, zit. nach Nohl 2006, S. 8).

Mit Mannheim kann man also sagen, dass es hinter der geschilderten Erfahrung eine Orientierung gibt. Diese strukturiert zum einen die *geschilderte*
Erfahrung, sie strukturiert aber *auch* die Erfahrung, wie sie *nicht* explizit
geschildert wird, also die anderen Interpretationen der Wirklichkeit, die der
Akteur latent vollzieht.

   Die Orientierungen – im Sinne der Dokumentarischen Methode – sind
individuelle Voraussetzungen für Sinnkonstruktion. Bei der Datenauswertung macht die Kenntnis der Orientierungen eines Falles eine ganzheitliche,

das meint eine umfassende und differenzierte, Sichtweise (in Bezug auf Physik und Physikunterricht) auf das Interviewmaterial möglich.

2.3 Michael und Sascha – Zwei Fallbeispiele

Erste Ergebnisse der Arbeit von Gedaschko sollen hier am Beispiel zweier Fälle vorgestellt werden. Michael ist interessiert am Fach und an der Wissenschaft Physik. Erkenntnisgewinnung unterschiedlicher Art ist für ihn von zentraler Bedeutung. Er sieht eine Spannung zwischen verschiedenen theoretischen und praktischen Elementen in seinem Physikunterricht. Michael erlebt sich selbst als sehr kompetent im Fach Physik und bevorzugt Unterricht, in dem Selbstständigkeit, eigenes Denken und Handeln der Schülerinnen und Schüler im Vordergrund stehen. Michaels Vorstellungen von Physik und Physikunterricht sind an Produkten und Anwendungen orientiert. Er stellt sich gern herausfordernden Aufgaben und ist der Meinung, dass theoretische Elemente im Physikunterricht grundsätzlich veranschaulicht werden sollten. Schließlich ist Michael noch am grundsätzlichen Nutzen physikalischer Forschung für den Alltag interessiert und sieht eine gesellschaftliche Relevanz von Physik.

In den Interviews gibt es eine Reihe von Passagen, in denen – vor dem Hintergrund der persönlichen Orientierungen – Sinnkonstruktionen Michaels mit Bezug zu Physik und Physikunterricht deutlich werden. Dabei stechen Sinnkonstruktionen zu drei Themenkomplexen besonders hervor.

Der erste Komplex betrifft die Anwendbarkeit fachlicher Themen. Michael findet die meisten Themen im Physikunterricht interessant. Er sieht eine Anwendbarkeit von Themen und behandelten fachlichen Gegenständen im Alltag und auch umgekehrt bemerkt er, dass ihm physikalische Themen im Alltag begegnen[3]

„[…] also Strom das ist ja halt auch ähm ja im Alltag also also normal, also bei – Wir brauchen heutzutage für alles eigentlich Strom. Und da sollte man sich ja schon wissen, wie man sich halt verhalten sollte ähm mit Strom und was man halt für Vorsichtsmaßnahmen, zum Beispiel treffen muss und wie's halt entsteht […]"

Das Kriterium der Anwendbarkeit ist für Michael aus seiner Sicht im Physikunterricht erfüllt. Es kommt hinzu, dass er die Behandlung zahlreicher Themen als wichtige Voraussetzung für seinen späteren Beruf bzw. sein Studium ansieht. Auch dieser Sinnkonstruktion ist sein Physikunterricht zuträglich. So hat er Gelegenheiten, seine Entwicklungsaufgabe der Berufsvorbereitung im Physikunterricht zu bearbeiten. Sein Berufswunsch ist Flugzeugingenieur.

---

3   Für eine bessere Lesbarkeit wurden die Interviewausschnitte um die Aufmerksamkeit des Interviewers signalisierende Äußerungen (z.B. *mmh*) bereinigt.

Der zweite zentrale Komplex beinhaltet die Stellung von Physik als Wissenschaft. Für Michael ist Physik *die* zentrale Wissenschaft, um die Welt zu erklären. Physik als Wissenschaft sei wichtig, um die Welt zu verstehen. Die Stellung der Physik ist für Michael dabei eine zentrale: Er spricht davon, dass andere Wissenschaften von der Physik und den Erkenntnissen, die sie bringe, lebten:

I: Und du hattest noch geschrieben, die Zukunft der Wissenschaften liegt in der Hand von Physikern.
M: Ja.
I: Ähm kannst du das noch näher erläutern, was du damit meinst?
M: Ja, weil ähm viele Sachen oder sind ja noch ungeklärt, und das ist das meiste ist halt noch Astrologie [sic!] oder so und das ist halt eher so der Bereich von Physik und deswegen denke ich, dass halt die Wissenschaften, sag' ich mal, ja also auf jeden Fall sehr von der Physik lebt. Also mehr als die Biologie, die sich ja eher den Menschen zu- oder mit dem Körper befasst, und das ist, also mit dem Leben, und das ist ja da ja dort gibt es halt auch noch ungeklärte Fragen, aber ähm ich sag' mal, ähm um die Welt zu verstehen, ist glaub' ich Physik ja wichtiger. Also ich glaub' die Menschen werden nie richtig die Welt verstehen, aber da könnte man näher rankommen."

Der dritte Komplex bezieht sich auf den Umfang des Gelernten, die Lerngeschwindigkeit und die Leistungsdifferenzierung. Michael möchte viel lernen, und das möglichst schnell. Dabei ist für ihn ein großer Stoffumfang, aber auch die Tiefe, mit der der Stoff behandelt wird, wichtig. Er nimmt den Lehrer in die Verantwortung dafür, dass im Unterricht möglichst viel geschafft wird. Michael denkt dabei aber nicht nur an sich, er denkt didaktisch. Andere Schülerinnen und Schüler seien lernschwächer als er, deshalb sei eine Leistungsdifferenzierung notwendig:

„Bloß das Problem ist dann ja immer, dass ähm die einen mit dem Thema nicht klar kommen, und die anderen sich dann langweilen. Also das ist dann ähm ja und dann vielleicht für die Stärkeren einfach ähm vielleicht es jetzt schon irgendwie Aufgaben gibt, also dass wir jetzt 'n bisschen tiefer reingehen können oder so. Also dann dass wir Versuche dazu machen können, und dass er [der Lehrer, AG] dann in der Zeit den Schwächeren das irgendwie noch mal versucht zu erklären oder so."

Das zweite Fallbeispiel ist der Schüler Sascha. Saschas Lieblingsfach ist Chemie. Anders als Michael ist er nicht an inhaltlichen Aspekten, sondern an methodischen interessiert. Er spricht nie von Chemie oder von Physik als Wissenschaft, Chemieunterricht ist für ihn *die* Chemie, Physikunterricht *die* Physik. Veranschaulichung in Form von Experimenten ist Sascha wichtig, ebenso wie eigenes Handeln beim Experimentieren und möglichst spektakuläre Effekte. Erkenntnisgewinnung tritt für Sascha hinter dem reinen Nachvollziehen physikalischer Sachverhalte zurück. Stark ist auch Saschas Orientierung an Nützlichkeit. Er möchte das im Physikunterricht Erlebte verwenden können. Die mathematischen Aspekte scheinen unbrauchbar und sind ihm zu theoretisch, genau wie das Lernen von Formeln und die abstrakte Beschäftigung mit physikalischer Materie. Wichtig ist für Sascha, dass beim

Arbeiten in Kleingruppen die Zusammensetzung nicht zu leistungshomogen ausfällt; die Schwächeren, zu denen er sich zählt, arbeiteten dann nie mit den Stärkeren zusammen und Motivation und Lernerfolg blieben auf der Strecke.

Vor dem Hintergrund der persönlichen Orientierungen zeigen sich auch bei Sascha in den Interviews drei Themenkomplexe, zu denen sich die am prägnantesten erscheinenden Sinnkonstruktionen zusammenfassen lassen: Wie bei Michael spielt auch bei Sascha die Anwendbarkeit fachlicher Themen eine wesentliche Rolle. Auch für ihn ist es zentral, dass Themen und fachliche Gegenstände im Alltag angewendet werden können. Anders als Michael fehlt Sascha dieser Sinn in seinem Physikunterricht aber größtenteils. Es gebe nur sehr wenige Dinge, die er anwenden könne, z.B. Winkelberechnungen fürs Billardspiel. An zahlreichen Stellen in den Interviews wird deutlich, dass er auf der Suche nach der Anwendbarkeit ist, aber dieser Sinn lässt sich für ihn kaum konstruieren. So stellt er fest, dass man nur wenige Dinge aus der Physik fürs Leben brauche. Ausnahmen könnten die Leute bilden, die einen speziellen, physikalisch orientierten Beruf anstreben:

„[…] es gibt nur ein ganz paar Sachen, die man jetzt fürs Leben braucht. Das ist auch viel Theorie, was man jetzt nicht unbedingt in jedem Leben braucht, sondern wenn man ´nen speziellen Job hat oder oder ja halt was noch ist, so wie mit – so wie die sich das Licht reflektiert, das ist noch, aus dem Physikunterricht. Aber sonst ist da halt viel, was man so allgemein, find ich, nicht so braucht."

Im zweiten Themenkomplex geht es darum, dass Sascha die Dinge, denen er im Physikunterricht begegnet, verstehen möchte. Dies ist für ihn von zentraler Bedeutung. Spaß und auch sein Interesse hängen davon ab. Dass er etwas versteht, erlebt er allerdings nur bei wenigen Dingen. Zum Beispiel dann, wenn etwas gut veranschaulicht werde, z.B. durch Experimente. Eine entscheidende Wende bringt deshalb für ihn das offene Experimentieren. Das Arbeiten sei frei und interessant gewesen, er habe gelernt selbständiger zu arbeiten und sich die Zeit selbst einzuteilen. Er habe sich durch diese Arbeitsform in das Thema hinein versetzt gefühlt, was das Interesse an dem für ihn eigentlich eher uninteressanten Thema dann doch geweckt habe. Auch die Reflexionsphasen hätten ihm gut gefallen, und er habe Gelegenheit gehabt, selbst neue Ideen zu entwickeln:

„I: Hat dich das Thema interessiert?
S: [3 sek Pause] Als ich das gesehen hab hatte mich das erst nicht so interessiert. Aber das ARBEITEN hat sehr viel Spaß gemacht und dann kam das Interesse auch. Also wenn man sich das selber erarbeiten muss, dann kommt halt das Interesse. Wenn wir jetzt wieder nur ´ne Vorlage bekommen hätten, wie wir es machen sollen, dann hätte es mich glaube ich nicht interessiert. Aber so versetzt man sich viel mehr in das Thema rein. Weil man nicht nur lesen muss, sondern auch Überlegungen anstellen muss. Also von daher hat mir das Thema dann doch gefallen. Nur am Anfang halt nicht."

Der dritte Komplex rankt sich um die Anschlussfähigkeit physikalischer Bildung. Bei der Beschäftigung mit physikalischen Inhalten fehlt Sascha meist der Sinn. Gehen die Themen jedoch über den Tellerrand der Physik hinaus, wie z.B. das Thema Klimawandel, sieht Sascha die Chance, im Physikunterricht „Allgemeinbildung" erlangen zu können. Er findet es wichtig, sich mit solchen Themen zu beschäftigen, und ist gleich viel mehr bei der Sache:

„[…] also mi- mich interessiert das mehr auch das Thema, was wir jetzt in Physik machen werden mit dem Klimawandel. So was finde ich interessanter als Elektrizität oder – Weil das halt was ist, ja was auch ALLGEMEIN wichtig ist, jetzt nicht nur für Physik sondern das hat ja auch viel mit Allgemeinbildung finde ich auch zu tun. Also ich finde bei Themen die – Also für mich ist das so, da mich Physik so ein Kern nicht SO interessiert, finde ich eher die allgemeinen Sachen wichtiger. Also die sind für mich lehrreicher, so wie das da mit dem Schlauch oder jetzt mit dem Unwetter. Das finde ich spannender als zu lernen, wie der Strom fließt und wieso. Also halt mehr auf die Allgemeinheit bezogen. Weil ich halt in dem Thema Physik nicht so Interesse zeige. Das ist bei anderen bestimmt auch anders, aber bei mir ist es halt das Allgemeine."

Im Folgenden sollen die genannten Sinnkonstruktionen von Michael und Sascha vergleichend betrachtet werden. Die Anwendbarkeit fachlicher Themen ist bei Michael eine zielorientierte Sinnkonstruktion, die „gefüllt" ist. Die Anwendbarkeit ist gegeben, die Themen erlebt er so, dass er das Gelernte zum Erlangen seines Wunschberufes gebrauchen kann. Die Zielorientierung ist für ihn jedoch kein notwendiges Hilfskonstrukt, der Berufswunsch scheint eher aus seiner guten Beziehung zur Physik zu resultieren. Dafür spricht auch die zweite Sinnkonstruktion, sein Verständnis von Physik als zentrale Wissenschaft. Hier wird ein Resultat deutlich, das so eindeutig nur auf eine Sinnerfahrung zurückgehen kann. Bei Michael kann von Sinnerfahrung gesprochen werden. Er erlebt die Physik als etwas, das mit ihm wirklich zu tun hat. Die Wichtigkeit der Physik sieht er in seinem Physikunterricht allerdings nicht optimal vermittelt. Er kritisiert den Unterricht und macht Vorschläge, ihn auch für seine Mitschüler attraktiver zu gestalten.

Für Sascha ist – im Gegensatz zu Michael – die Anwendbarkeit physikalischer Themen selten gegeben, obwohl er im selben Physikkurs sitzt wie Michael. Die Wichtigkeit dieses Bezugs betont er wiederholt, das einzige Beispiel, das ihm aus seinem Physikunterricht einfällt, ist aber die Regel „Einfallswinkel gleich Ausfallswinkel", die er beim Billardspielen anwenden könne. Das Bedürfnis nach dieser speziellen Sinnkonstruktion wird für ihn nicht befriedigt.

Ein weiteres Sinnbedürfnis Saschas ist das des Verstehens. Es ist festzustellen, dass auch dieses in seinem Physikunterricht für ihn kaum befriedigt wird. Im bisherigen Physikunterricht fühlt er sich als schwacher Schüler, im fehle die Kompetenz, am Unterricht angemessen teilzunehmen. Kompetenzaufbau kann jedoch erst stattfinden, wenn eine Verbindung zum fachlichen Inhalt hergestellt wird. Das offene Experimentieren leistet dies bei Sascha und befriedigt damit sein Bedürfnis nach Verstehen. Kontexte, die über die Physik hinausgehen, bieten Sascha eine weitere Möglichkeit des Zugangs zur

Physik. Die Behandlung physikalischer Sachverhalte in Zusammenhängen bietet die Chance, dass er sich mit Physik beschäftigt, ohne dies so wahrzunehmen und bereits aufgebaute Hürden und Abneigungen gegenüber der Physik überwinden zu müssen.

2.4 Rückschlüsse aus den Fallbeispielen Michael und Sascha

Beim Fall Sascha ist festzustellen, dass eine Befriedigung des Bedürfnisses nach Verstehen den Aufbau eines Bezugs zum fachlichen Inhalt ermöglicht. Das Verstehen ist für Sascha eine wichtige Komponente, die einen Zugang zur Physik eröffnet. Der bisherige Physikunterricht hat seinen Zugang zur Physik blockiert. Ein Verständnis von Physik als Wissenschaft, wie es Michael hat, konnte bei Sascha gar nicht erst aufgebaut werden, da er zur Physik kaum vorgedrungen ist. Sinnerfahrungen mit Physik hat Sascha, außer beim Billardspiel außerhalb des Physikunterrichts, noch nicht gemacht. Festzustellen ist, dass fehlender Sinn bei Sascha zu zunehmendem Desinteresse führt. Das offene Experimentieren ist ein Sinnangebot, das er ohne zu zögern annimmt. Hier erlebt er Anwendung, Verstehen, Autonomie, Selbständigkeit und Verantwortung. Interesse und Spaß sind die Folgen. Als didaktische Konsequenz für den Physikunterricht kann gefolgert werden, dass rezeptartige Vorlagen für Experimente durch offene Angebote zu ersetzen seien.

3 Zusammenführung und Fazit

In unseren Ausführungen stellen wir zwei Begriffe, die Sinnerfahrung und die Sinnkonstruktion, einander gegenüber. Beide verstehen wir als Bestandteil des gleichen Prozesses. In der Erfahrung von Sinn geht es um den Moment, der einen Zugang zum Gegenstand eröffnet und den Wechsel von keinem Zugang zu einem Zugang einläutet. In Lechtes Forschung wird die emotionale Qualität und Notwendigkeit dieser Sinnerfahrungen deutlich. Die Lernenden brauchen und suchen Sinn in der Auseinandersetzung mit den Unterrichtsinhalten, die zunächst unverbunden zu ihnen wahrgenommen werden und ins Selbst integriert werden müssen. Gedaschko greift den Gedanken des Sinns als subjektiv erlebte Bedeutsamkeit auf und führt ihn weiter. Neben dem Prozess der Sinngenerierung werden die „Produkte", die Sinnkonstruktionen, ins Erkenntnisinteresse gerückt: Welchen Sinn erkennen Schülerinnen und Schüler im Physikunterricht? Auf welchen Sinnkonstruktionen basiert ihre Bezugnahme zu Physik? Anhand von zwei Fallbeispielen kann Gedaschko erste Sinnkonstruktionen rekonstruieren, die in der Auseinandersetzung mit Physik zum Tragen kommen.

Deutlich wird: Ohne die Erfahrung und Konstruktion (Zuschreibung) von Sinn sind Lernprozesse nicht denkbar. Lernende *müssen* Sinn konstruieren und greifen gerade bei mangelnder Sinnerfahrung auf objektive Sinnzuschreibungen und/oder Mittlerkonstrukte zurück, die die Beschäftigung mit den Unterrichtsinhalten mit Sinn versehen. Sinnzuschreibungen finden, ob der Lehrperson initiiert oder nicht, im Unterricht statt. Die Erfahrung von Sinn ist das Ursprungsmoment, die Initiation eines Zugangs zum Gegenstand. Die Sinnkonstruktionen motivieren und bestimmen die fachlichen Hin- bzw. Wegbewegungen und sind somit der Ausgangspunkt für fachliche Interessen- und Kompetenzbildung. Die Sinnkonstruktionen der Schülerinnen und Schüler sollten daher nicht nur im Unterricht aufgegriffen und in Beziehung zur Fachstruktur gesetzt werden, sondern das Erfahren und Konstruieren von Sinn sollte durch das Unterrichtsangebot angeregt und unterstützt werden. Im Physikunterricht integrierte Reflexions- und Austauschphasen können zur Offenlegung der intuitiv ablaufenden Sinnzuschreibungsprozesse beitragen.

Aus dem privatsprachlichen Raum befreit können die Sinnkonstruktionen motivierend und zur Kompetenzentwicklung genutzt werden. Neben dem Aufzeigen von Bezügen der Unterrichtsinhalte zur Lebenswelt der Heranwachsenden scheint das Darbieten von Freiräumen für Problem- und Krisenerfahrungen und deren individuelle Bearbeitungswege unterstützend, um Sinnerfahrungsprozesse in Gang zu setzen. Offenes Experimentieren stellt ein konkretes Angebot dar, an dem Sinn gegenstandsbezogen erfahren werden kann.

Literatur

Bruner, J. (1997): Sinn, Kultur und Ich-Identität. Zur Kulturpsychologie des Sinns. Heidelberg.

Combe, A./Gebhard, U. (2007): Sinn und Erfahrung. Zum Verständnis fachlicher Lernprozesse in der Schule. Opladen & Farmington Hills.

Flick, U. (1999): Qualitative Forschung – Theorie, Methoden, Anwendung in Psychologie und Sozialwissenschaften. 4. Aufl. Reinbek bei Hamburg.

Gass, S. M./Mackey, A. (2000): Stimulated recall methodology in second language research. Mahwah.

Gedaschko, A. (in Vorbereitung): Sinnkonstruktion und offenes Experimentieren im Physikunterricht (Arbeitstitel). Dissertation an der Fakultät für Erziehungswissenschaft, Sport und Bewegungswissenschaft der Universität Hamburg. Hamburg.

Gebhard, U.(2000): Sinn, Bedeutung und Motivation. In: Bayrhuber, H./Unterbruner, U. (Hrsg.): Lehren und Lernen im Biologieunterricht. Innsbruck, S. 67–76.

Gebhard, U. (2003): Die Sinndimension im schulischen Lernen: Die Lesbarkeit der Welt – Grundsätzliche Überlegungen zum Lernen und Lehren im Anschluss an PISA. In: Moschner, B./Kiper, H./Kattmann, U. (Hrsg.): PISA 2000 als Herausforderung. Perspektiven für Lehren und Lernen. Hohengehren, S. 205–223.

Hoffmann, L./Lehrke, M. (1986): Eine Untersuchung über Schülerinteressen an Physik und Technik. In: Zeitschrift für Pädagogik, Bd. 32, H. 2, S. 189–204.

Krapp, A. (1996): Psychologische Bedingungen naturwissenschaftlichen Lernens: Untersuchungsansätze und Befunde zu Motivation und Interesse In: Duit, R./Rhöneck, C. von (Hrsg.): Lernen in den Naturwissenschaften. Beiträge zu einem Workshop an der Pädagogischen Hochschule Ludwigsburg. Kiel, S. 37–68.

Lechte, M.-A. (2008): Sinnbezüge, Interesse und Physik. Eine empirische Untersuchung zum Erleben von Physik aus Sicht von Schülerinnen und Schülern. Opladen.

Mannheim, K. (1964): Beiträge zur Theorie der Weltanschauungsinterpretation. In: Ders.: Wissenssoziologie. Neuwied. S. 91–154.

Muckenfuß, H. (1995): Lernen im sinnstiftenden Kontext. Entwurf einer zeitgemäßen Didaktik des Physikunterrichts. Berlin.

Nohl, A.-M. (2006): Interview und dokumentarische Methode – Anleitungen für die Forschungspraxis. Wiesbaden.

Nolte-Fischer, G. (1989): Bildung zum Laien. Zur Soziologie des schulischen Fachunterrichts. Weinheim.

Oerter, R./Dreher, E. (2002): Jugendalter. Konzepte, Theorien, Thematiken. In: Oerter, R./Montada, L. (Hrsg.): Entwicklungspsychologie. 5. vollständig überarbeitete Auflage. Weinheim, Basel, Berlin, S. 258–318.

Reinhold, P. (1996): Offenes Experimentieren und Physiklernen. Kiel.

Schütz, A. (1974): Der sinnhafte Aufbau der sozialen Welt. Eine Einleitung in die verstehende Soziologie. Frankfurt am Main.

Schütz, A./Luckmann, T. (1990): Strukturen der Lebenswelt. Band 2. 2. Aufl. Frankfurt am Main.

Schütz, A./Luckmann, T. (2003): Strukturen der Lebenswelt. Konstanz.

Alltagsphantasien, Sinn und Motivation

Sabrina Monetha und Ulrich Gebhard

1 Das Konzept der Alltagsphantasien

Der Begriff *Alltagsphantasien* wurde von Gebhard (1999, 2007a) in die (biologie-)didaktische Forschung eingebracht, um sprachlich zu markieren, dass es sich um eine besondere Art von Vorstellungen handelt. Das Konzept der Alltagsphantasien thematisiert Vorstellungen, die auf grundlegenden und im Selbstverständnis einer Person verankerten Menschen- und Weltbildern basieren. Diese Vorstellungen werden intuitiv generiert und bei Auseinandersetzungen mit z.B. biologischen Themen aktiviert (vgl. Monetha/Gebhard im Druck). Vor dem Hintergrund ihrer Vorstellungen interpretieren Lernende den Lerngegenstand.

Zentral für diesen Ansatz ist die Vermittlung von Intuition und Reflexion. Eben dies wird in dem Ansatz der Alltagsphantasien versucht. Es wird versucht, intuitive Vorstellungen zu einem Sachverhalt und rationale, wissenschaftliche Vorstellungen auf einander zu beziehen.

Das Spektrum von durch Lerngegenstände aktivierten Kognitionen umfasst sowohl explizite Vorstellungen, die im Fokus der Aufmerksamkeit liegen und die sprachlich artikuliert werden können, als auch implizite Vorstellungen, die sich in Form von Assoziationen, Intuitionen oder emotionalen Reaktionen äußern. Mit der Annahme unbewusster Verarbeitungsprozesse bezieht sich das Konzept Alltagsphantasien auf die aktuelle Diskussion zum Einfluss intuitiver und emotionaler Reaktionen auf alltägliches Denken und Handeln (vgl. Haidt 2001, Goschke/Bolte 2002).

Alltagsphantasien sind damit eine besondere Art von Schülervorstellungen, die seit geraumer Zeit in der fachdidaktischen Forschung eine Rolle spielen. Bevor Schülerinnen und Schüler nämlich am Unterricht teilnehmen, haben sie bereits eigene Vorstellungen zu Unterrichtsgegenständen entwickelt (vgl. Duit 1997). Diese Vorstellungen, die das Ergebnis von Sinnes- und Spracherfahrungen beim Umgang mit Dingen und Lebewesen sind (vgl. Duit/Häußler 1997), werden in der didaktischen Forschung als Alltagsvorstellungen bezeichnet.

Das Konzept der Alltagsphantasien zielt auf drei Ebenen, die zugleich auch die Forschungsperspektiven darstellen: Die Inhaltsebene, die Prozessebene und die Wirkebene. Im Mittelpunkt dieses Artikels steht die Wirkebene (Abb. 1). Dabei ist von besonderem Interesse, ob die explizite Reflexion intuitiv generierter Vorstellungen (Alltagsphantasien) Auswirkungen auf das Sinnerleben und die Motivation der Lernenden hat. Bevor genauer auf die Wirkebene eingegangen wird, sollen die Inhalts- und die Prozessebene kurz skizziert werden.

Abbildung 1: Forschungsperspektiven zum Konzept der Alltagsphantasien

1.1 Inhaltsebene: Alltagsphantasien und Menschen- und Weltbilder

Menschenbilder enthalten Überzeugungen, die eine hohe subjektive Gültigkeit haben, wie z.B. der Glaube an eine Existenz nach dem Tod. Sie sind persönliche Konstruktionen und Interpretationen der Welt, die kulturell erzeugt sind. Zudem werden sie subjektiv akzentuiert, indem sie auch aus individuellen Lebenserfahrungen entstehen (vgl. Oerter 1999). Aus diesem Grund ist die Selbstrelevanz dieser Vorstellungen für das Individuum sehr hoch. Nach Oerter (2002) lässt sich das Menschenbild als eine naive Theorie vom Menschen auffassen, die jeder entwickeln muss, um sich in der sozialen Welt zu orientieren und den eigenen Stellenwert innerhalb des sozialen Systems zu finden. Menschen richten ihr Leben bewusst oder unbewusst an bestimmten Werten aus (vgl. Völker 1980), suchen ihre Stellung zu und innerhalb ihrer Umwelt und ihrer Mitmenschen (vgl. Hagehülsmann 1984). Menschenbilder enthalten demnach immer auch ein Weltbild. Als Weltbild bezeichnet man die Gesamtheit der Vorstellungen, auf deren Grundlage Menschen die Welt um sich herum begreifen.

Häufig erscheinen Menschen- und Weltbilder ihren Besitzern so selbstverständlich, dass sie kaum inhaltlich darüber nachdenken. Oft erscheint auch der Gedanke fremd, dass man sich den Menschen bzw. die Welt auch anders vorstellen kann (vgl. Bleidick 1990). Trifft man auf Personen, die ein anderes Menschen- und Weltbild haben, als es der eigenen Überzeugung entspricht, wird die eigene Sichtweise häufig als richtig und die fremde als falsch angesehen. Menschen- und Weltbilder dienen somit als Maßstab zur Beurteilung von Mitmenschen und Umwelt. Die Bewertung erfolgt dann an nicht hinterfragten Normen (vgl. Bleidick 1990).

Menschen- und Weltbilder beeinflussen also ein reichhaltiges Spektrum an Vorstellungen und genau dies ist die Verbindung zum Konzept der Alltagsphantasien. Alltagsphantasien sind nämlich jene Vorstellungen, die vor dem Hintergrund subjektiv und kulturell erzeugter Menschen- und Weltbilder im Bewusstsein auftauchen bzw. diese transportieren. So teilen Alltagsphantasien und Menschen- und Weltbilder folgende Eigenschaften: Sie werden u.a. intuitiv genutzt, besitzen hohe subjektive Gültigkeit, strukturieren das Denken, vereinfachen die Realität und damit die Perspektive, unter der die Phänomene der Welt wahrgenommen und interpretiert werden. Das sei am Beispiel der Alltagsphantasie „'Natur' als sinnstiftende Idee" (Gebhard/Martens/Mielke 2004, S. 18) illustriert. Äußern sich Jugendliche ablehnend gegenüber der Gentechnik, dann wird diese Position oft wie folgt begründet: „Ja wir sollten das eigentlich nicht durcheinander bringen, sondern den Lauf so lassen. Wir haben schon viel in der Natur gestört" (Schülerin 16 Jahre, Hamburg, 07.11.2006). Die Natur mit ihren Regeln und Gesetzen wird von Jugendlichen häufig nicht nur als Orientierungsmuster gewählt, sondern zur Norm erhoben. Was die Natur hervorbringt ist sinnvoll, vernünftig und gut und daher nicht weiter zu hinterfragen. Die Natur wird zur unanfechtbaren Instanz.

Dieser inhaltliche Aspekt der Alltagsphantasien, nämlich dass sie latente Welt- und Menschenbilder transportieren, ist für didaktische Konzeptionalisierungen insofern zentral, als durch die Reflexion der Alltagsphantasien das inhaltliche Lernen eine Tiefendimension erhält, die das reine Fachwissen transzendiert und für fachübergreifende, gesellschaftlich relevante und persönlich bedeutsame Dimensionen aufschließt.

Auf welchem Weg solche Vorstellungen im alltäglichen Leben die Wahrnehmung, Deutung und Sinnzuschreibung von Phänomenen beeinflussen, wird im nächsten Abschnitt beschrieben.

1.2 Prozessebene: Alltagsphantasien und Informationsverarbeitung

Alltagsphantasien sind Vorstellungen, die intuitiv generiert und bei Auseinandersetzungen mit z.B. biologischen Themen aktiviert werden. Gemäß dem sozial-intuitionistischen Ansatz (vgl. Haidt 2001) spielt die intuitive Ebene

v.a. beim moralischen Urteilen eine herausragende Rolle. Während rationa-
listische Ansätze der Moralpsychologie (vgl. z.B. Piaget 1932/1965, Kohlberg 1969) besagen, dass moralisches Wissen und moralische Urteile primär
durch einen logischen Prozess des Nachdenkens und der Reflexion erreicht
werden, geht Haidt (2001) davon aus, dass moralische Urteile durch schnelle
moralische Intuitionen zustande kommen und ohne Anstrengung im Bewusstsein auftauchen. Moralische Intuitionen sind Kognitionen, die nicht
unmittelbar Folge des bewussten Denkens sein müssen. Erst nachdem ein
moralisches Urteil intuitiv getroffen wurde, findet moralisches Nachdenken
statt – und zwar nachträglich. In diesem Prozess des Nachdenkens sucht die
entsprechende Person nach Argumenten, die ihr bereits gefälltes Urteil stützen.

Das sozial-intuitionistische Modell ist kompatibel mit anderen aktuellen
Zwei-Prozess-Modellen der Sozialpsychologie. Die Ansätze der Zwei-
Prozess-Modelle haben im Wesentlichen Folgendes gemeinsam: Die Unterscheidung von Prozessen, die keiner bewussten Aufmerksamkeit bedürfen,
und Prozessen, die bewusste Aufmerksamkeit erfordern. Mit den ersteren
sind nahezu mühelose Prozesse gemeint, die auf Faustregeln, Schemata,
Stereotype, Erwartungen und andere Formen des Vorwissens zurückgreifen,
um aktuelle Situationen oder Objekte zu interpretieren. Mit aufmerksam-
keitserfordernden Prozessen sind aufwendige, umfassende, analytische Prozesse gemeint, die große kognitive Kapazität beanspruchen (vgl. Hen-
nings/Mielke 2005).

Nachfolgend soll exemplarisch der Ansatz von Smith und DeCoster
(1999) vorgestellt werden, der assoziative und regelbasierte Prozesse unterscheidet.

Alltagsphantasien als kognitives Werkzeug des assoziativen Modus

Täglich werden wir mit einer Fülle von Reizen unserer Umwelt konfrontiert.
Die kognitive Kapazität der Menschen ist jedoch beschränkt. Aus diesem
Grund haben wir die Tendenz entwickelt, Informationen zu vereinfachen
bzw. ihre Analyse zu verkürzen (vgl. Bohner 2002). Allport (1954) spricht in
diesem Zusammenhang vom *Prinzip des geringsten Aufwands*, Fiske und
Taylor (1991) vom *kognitiven Geizhals.*

Menschen meiden mühevolle, kognitive und verhaltensbezogene Anstrengungen, wann immer es möglich ist. Das bedeutet jedoch nicht, dass
man vereinfachende Verfahren relativ rigide, nahezu automatisch und unabhängig von der Situation oder aktuellen Zielen einsetzt. In vielen Fällen kann
der Mensch eher mit dem Bild eines *Ressourcenmanagers* oder *motivierten
Taktikers* (vgl. Fiske/Taylor 1991) beschrieben werden. Dieser verfolgt unterschiedliche Ziele mit begrenzten zeitlichen und kognitiven Ressourcen, die
koordiniert werden müssen. Um dieser Aufgabe gerecht zu werden, erfolgt
die Informationsverarbeitung in vielen Fällen schnell, automatisch und ohne

große Anstrengungen. Dieser assoziative Modus der Informationsverarbeitung greift auf Informationen zu, die wiederholt mit einem Objekt oder einem Ereignis in Verbindung gebracht, d.h. in zahlreichen Erfahrungen gesammelt wurden. Assoziative Prozesse basieren somit auf über lange Zeit erworbenem und im Gedächtnis verankertem Wissen. Das Wissen kann u.a. in Form von Einschätzungen, Schemata, Stereotypen, Erwartungen oder Heuristiken repräsentiert sein.

Das Prinzip der assoziativen Informationsverarbeitung soll an dieser Stelle mithilfe des Konzepts der Heuristiken kurz verdeutlicht werden. Heuristiken sind kognitive Werkzeuge (einfache Faustregeln, *shortcuts*), um aktuelle Situationen und Objekte spontan zu bewerten (vgl. Kahneman/Tversky 1972, 1973). Ob man sich in einer Situation einer Heuristik bedient, hängt von der zur Verfügung stehenden kognitiven Kapazität und der Situation ab. Schlagwörter müssen in der Situation signalisieren, dass das jeweilige Konstrukt relevant ist (vgl. Bohner/Moskowitz/Chaiken 1995).

In unterschiedlichen Situationen kommen unterschiedliche Heuristiken zum Einsatz. Man unterscheidet generell die Verfügbarkeitsheuristik, die Repräsentativitätsheuristik und die Ankerheuristik (vgl. Tversky/Kahneman 1973; 1974). Schwarz und Clore (1988) verstehen auch Empfindungen des Individuums als Heuristiken und bezeichnen diese als *How do I feel about it*-Heuristik. Ein Beispiel für eine Verfügbarkeitsheuristik lautet: Die Mehrheit hat gewöhnlich Recht. Hat eine Person durch vergangene Erfahrungen gelernt, dass das, was einen breiten Konsens in einer Gruppe erreicht, üblicherweise korrekt ist, dann wird sie sich in künftigen Situationen vermutlich nicht erst ein detailliertes Bild von der Sache machen und Gründe für eine Zustimmung bzw. Ablehnung durchdenken, sondern sich der mehrheitlichen Meinung anschließen (vgl. Bohner 2002, Sloman 2002, Strack/Deutsch 2002).

Wie u.a. aus dem Beispiel hervorgeht, ist die assoziative Informationsverarbeitung oft nicht erschöpfend oder an logischen Regeln orientiert. Dennoch findet sie ständig statt. Denken wir nur daran, was wir alles ohne bewusste Aufmerksamkeit tun: Bedienen der Pedale beim Autofahren, Einsteigen in einen Bus, Hinsetzen auf einen Stuhl und vieles mehr. Auf zahlreiche Situationen können wir durch die assoziative Informationsverarbeitung schnell und angemessen reagieren.

Der regelbasierte Modus

Der regelbasierte Modus läuft im Gegensatz zum assoziativen Modus langsamer ab. Es ist ein umfassender und mit großem kognitivem Aufwand verbundener, logischer Modus der Informationsverarbeitung. Während der assoziative Modus auf über lange Zeit erworbenes Wissen im Zusammenhang mit einem Lerngegenstand zugreift, kann sich der regelbasierte Modus auch auf Wissen beziehen, das kurzfristig erworben wurde, z.B. anhand einer einzigen

Erfahrung. Der Lernprozess erfordert dabei jedoch bewusste Aufmerksamkeit (vgl. Smith/DeCoster 1999).

1.3 Wirkebene: Wirkungen der expliziten Berücksichtigung von Alltagsphantasien auf das Sinnerleben und die Motivation

Nachfolgend wird dargestellt, wie die explizite Reflexion von Alltagsphantasien (zusätzliche Aktivierung der regelbasierten Informationsverarbeitung) das Sinnerleben und die Motivation der Lernenden beeinflussen könnte.

Alltagsphantasien und Sinnerleben

Etymologisch bedeutet Sinn Gang, Reise oder Weg (vgl. Duden 2007). Im Sprachgebrauch lassen sich verschiedene Bedeutungen von Sinn unterscheiden. Spricht man beispielsweise vom Sehsinn oder Tastsinn, ist die Fähigkeit gemeint, Reize der Umwelt mithilfe von Sinnesorganen wahrzunehmen. Mit Sinn kann auch das Verständnis, die Aufgeschlossenheit bzw. Empfänglichkeit für etwas gemeint sein. So kann man einen Sinn für Ordnung, Gerechtigkeit oder Schönheit haben. Beschäftigt sich jemand gedanklich mit etwas, spricht man ebenfalls von Sinn: Seither hatte er nur noch diese Frau im Sinn. Des Weiteren spricht man von Sinn, wenn jemand die Bedeutung – den geistigen Gehalt – einer Sache erfasst hat. Mit der Aussage ‚Das hat schon alles seinen Sinn' wird der Zweck, das Ziel einer Sache bezeichnet (vgl. Duden 2007). Die Bedeutungen des Sinnbegriffs werden in Tabelle 1 zusammengefasst.

Der Sinnbegriff, um den es in der vorliegenden Arbeit gehen soll, ist eine Kombination aus Bedeutung 2 und 4 der Tabelle 1. Der Fokus liegt somit auf der Bedeutung eines Lerngegenstandes in Bezug zur eigenen Person. Haben Lernende einen Bezug zum Unterrichtsgegenstand aufgebaut, dann ist dieser persönlich relevant (wichtig) und damit sinnvoll. Ein solcher Bezug kann sowohl durch die Verknüpfung des Lerngegenstandes mit eigenen Vorstellungen, Einstellungen und Werten (Subjektorientierung) als auch durch das Herstellen einer Verbindung zum lebensweltlichen Kontext der Person (Anwendungsorientierung) entstehen. Sinn muss somit weder objektiv geteilt sein noch ist er eine Eigenschaft des Gegenstandes. Der Sinn, den Lehrer in Gegenständen sehen, kann nicht direkt auf Lernende übertragen (gestiftet) werden. Einem Gegenstand Sinn zu geben, ist ein Prozess, den jeder Einzelne vor dem Hintergrund seiner Erfahrungen, Vorstellungen, Einstellungen, etc. vollziehen muss – mit obigen Worten gesprochen: Ein Weg, den jeder selbst gehen muss.

	Bedeutung	Beispiel
1	Fähigkeit der Wahrnehmung und Empfindung, die ihren Sitz in den Sinnesorganen hat	Die fünf Sinne: Hören, Sehen, Riechen, Schmecken, Tasten
2	Gefühl oder Verständnis für etwas; innere Beziehung zu etwas	Sie hat viel Sinn für Blumen
3	Gedanken, Denken	Jemand geht mir nicht aus dem Sinn
4	Sinngehalt, gedanklicher Gehalt, Bedeutung	Denn Sinn von etwas erfassen, verstehen, durchdringen
5	Ziel und Zweck, Wert, der einer Sache* innewohnt	Das hat schon alles seinen Sinn

* Unter einer Sache sollen Gegenstände und Handlungen verstanden werden

Tabelle 1: Bedeutungen des Sinnbegriffs (vgl. Duden 2007)

Lernpsychologische und fachdidaktische Auffassungen vom Lernen konvergieren in der Position, dass Lernen als eine Konstruktionsleistung des Individuums verstanden werden muss. Dieser Konstruktionsprozess wird angetrieben von einem Verlangen nach Sinn (vgl. Combe/Gebhard 2007, Gebhard 2003). Lernprozesse verlaufen dann erfolgreich, wenn sich dabei das Gefühl von subjektivem Sinn einstellt. Sinn ist allerdings nicht etwa eine Eigenschaft des Lerngegenstandes, sondern ein subjektiv erzeugtes Empfinden beim Lernprozess. Sinnvolles Lernen hat deshalb etwas mit Beziehung zu tun: Beziehung zwischen den Dingen der Welt und den subjektiven Strukturen des Lernenden. Die Lerngegenstände erhalten so eine Chance, in die Lebenswirklichkeit integriert zu werden. Auf diese Weise erwerben Schüler nicht träges Wissen, sondern ein Wissen, das kognitiv wie affektiv bedeutsam und infolge der Einbettung in die Lebenswelt Relevanz erhält und sinnstiftend ist.

Blumenberg (1980) spricht im Zusammenhang der „Lesbarkeit der Welt" geradezu von einem „Sinnverlangen an die Realität". Dieses Sinnverlangen hat gute Chancen realisiert zu werden, wenn bei der Aneignung von Naturphänomenen objektivierende und subjektivierende Perspektiven gleichermaßen kultiviert werden. Das bedeutet, neben der gewissermaßen faktischen Bedeutung auch die symbolische, oft latente Bedeutung der Phänomene zu erschließen, das heißt, diese zum Gegenstand expliziter Reflexion zu machen. Objektivierung und Subjektivierung stellen die jeweilige Art der Beziehung dar, die das Individuum (Subjekt) zu einem Gegenstand (Objekt) hat. Unter Objektivierung soll in Anlehnung an den Kulturpsychologen Boesch (1980) die „objektive", systematisierte Wahrnehmung, Beschreibung und Erklärung der Realität verstanden werden: Im Falle der Naturwissenschaften die Theorien und Wissensbestände der Physik, Chemie und Biologie. Bei der Subjektivierung dagegen handelt es sich um die symbolischen Bedeutungen der Dinge, die in subjektiven Vorstellungen, Phantasien und Konnotationen zum Ausdruck kommen.

Subjektivierung und Objektivierung sind nicht alternative Zugänge zu den Dingen der Welt, sondern gleichzeitige bzw. komplementäre Zugänge. Nur in der anerkannten und selbst gedachten Verschränkung von beiden Zugängen kann Sinn aufscheinen (Abb. 2). Indem Lehrer Lernumgebungen schaffen, die Schülerinnen und Schülern erlauben subjektivierende Interpretationen von Naturphänomenen wie z.B. Alltagsphantasien mit objektivierenden naturwissenschaftlichen Erklärungsansätzen zu verknüpfen – und das geht auch dann, wenn sich die Zugänge logisch widersprechen! –, können Lernprozesse als sinnvolle interpretiert werden (vgl. Gebhard 2003).

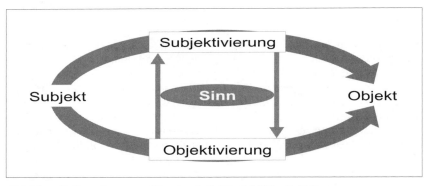

Abbildung 2: Entstehung von Sinn (nach Gebhard 2007a, S. 119)

Beide Aspekte – Subjektivierung und Objektivierung – beziehen sich zwar auf dieselben Sachen, sie sprechen jedoch in einer anderen Sprache und betonen unterschiedliche Akzente. Den Verstehenden oder Verständigen zeichnet es aus, dass er spielerisch zwischen beiden Sprachen vermitteln kann, dass er die Spannung zwischen objektivierendem und subjektivierendem Weltbild nicht nur aushält, sondern geradezu genießt. Für einen solchen Genuss ist allerdings Bedingung, dass man dieser dialektischen Spannung nicht auf irrationale Weise blind ausgeliefert und damit in Gefahr ist, sie zu verleugnen. Wichtig ist, dass die Spannung bewusst aufgenommen und zum Gegenstand von bewusster Reflexion gemacht wird. Eben dies wird in dem Ansatz der Alltagsphantasien versucht. Es wird versucht, intuitive Vorstellungen zu einem Sachverhalt und rationale, wissenschaftliche Vorstellungen auf einander zu beziehen.

Alltagsphantasien und Motivation

Den „Wunsch bzw. [die] Absicht, bestimmte Inhalte oder Fähigkeiten zu erlernen" bezeichnen Wild, Hofer und Pekrun (2001, S. 218) als Lernmotivation. Die Lernmotivation der Schülerinnen und Schüler kann sich in Abhängigkeit ihres Ursprungs qualitativ unterscheiden. Wenn eine Person aus eigenem Antrieb handelt, bezeichnet man dieses Verhalten als intrinsisch motiviert. Von einem intrinsisch motivierten Lerner wird also dann gesprochen, wenn die Auseinandersetzung mit Lerninhalten um ihrer selbst willen geschieht. Intrinsisch motivierte Handlungen erlebt man als frei gewählt (selbstbestimmt). Sie entsprechen den Zielen und Wünschen des Selbst. Sind Lernende intrinsisch motiviert, nimmt die Lernumgebung eine sekundäre Rolle für das Lernen ein. Des Weiteren haben die Lernenden mehr Freude am Lernen, initiieren Lernhandlungen schneller, erhalten sie länger gegen Widerstände (anscheinend unlösbare Probleme) aufrecht und setzen sich intensiver mit dem Lerngegenstand auseinander (vgl. Krapp/Ryan 2002). Handelt eine Person aus fremdem Antrieb – extrinsisch motiviert –, so spielt die Lernumgebung eine stärkere Rolle für den Lernprozess. Die Motivation sich mit dem Lerngegenstand zu befassen, wird dann z.B. durch eine ansprechende Lernumgebung oder durch Aufforderungen in Gang gesetzt. Solche Aufforderungen können Schulnoten und Erwartungen der Eltern und Lehrer sein, deren Befolgung eine positive Bekräftigung erwarten oder eine Bestrafung vermeiden lässt (vgl. Rheinberg 2004).

Deci und Ryan (1985) unterscheiden in ihrer Selbstbestimmungstheorie der Motivation nicht nur zwischen intrinsischer und extrinsischer Motivation. Die extrinsische Motivation wird wiederum in vier Formen unterschieden, die sich im Grad der Selbstbestimmung unterscheiden (externale, introjizierte, identifizierte, integrierte Motivation). Durch Prozesse der Internalisierung und Integration können extrinsisch motivierte Verhaltensweisen in intrinsisch motivierte Handlungen überführt werden (vgl. Deci/Ryan 1993). Diese Überführung erfordert jedoch die Befriedigung dreier psychologischer Grundbedürfnisse. Ein psychologisches Grundbedürfnis wird dabei wie folgt definiert:

„A psychological need is an energizing state that, if satisfied, conduces toward health and well-being but, if not satisfied, contributes to pathology and ill-being." (Ryan/Deci 2000, S. 74)

Deci und Ryan (1985) gehen von drei anthropologisch fundierten Grundbedürfnissen aus. Es handelt sich um das Bedürfnis nach Autonomie, sozialer Eingebundenheit und Kompetenz. Die besondere Betonung liegt dabei auf dem Autonomiebedürfnis.

Das Bedürfnis nach Autonomie oder Selbstbestimmung repräsentiert das natürliche Bestreben, sich als eigenständiges Handlungszentrum zu erleben. Bereits DeCharms (1968) wies auf die Bedeutung des Erlebens eigener Verursachung hin und bezeichnete dies als *Origin*-Erleben. Erleben Lernende im Unterricht Autonomie, können dafür sowohl interne als auch externe Gründe verantwortlich sein. Wird der Lerngegenstand durch Prozesse der Internalisierung relevanter für die eigene Person, kann die Beschäftigung mit diesem den Wünschen des Selbst entspringen. Die Ursache des Autonomieerlebens läge dann innerhalb der Person. Wird Lernenden im Unterricht mehr Entscheidungsspielraum zugestanden (z.B. freie Zeiteinteilung, Wahl der Arbeitsform, etc.), kann dies ebenfalls einen Zuwachs an Autonomieerleben bedeuten. Die Ursache wäre dann externen Ursprungs. Da Deci und Ryan (1985) von einer Theorie der Motivation auf der Basis des Selbst sprechen, ist zu vermuten, dass sie unter einer selbstbestimmten Auseinandersetzung mit einem Gegenstand die Beschäftigung verstehen, die den Wünschen des Selbst entspricht.

Das Bedürfnis nach sozialer Eingebundenheit meint, dass Menschen das Bedürfnis nach befriedigenden Sozialkontakten haben. Individuen möchten von signifikanten Anderen akzeptiert und anerkannt werden (vgl. Krapp 2005). Das Bedürfnis nach Kompetenz äußert sich im natürlichen Bestreben des Individuums, sich als handlungsfähig zu erleben (vgl. Krapp 1992).

Die zentrale Frage, der wir im Folgenden nachgehen, ist nun, ob und wie die Befriedigung der psychologischen Grundbedürfnisse (die gemäß der Selbstbestimmungstheorie der Motivation mit der intrinsischen Motivation zusammenhängt) im Unterricht durch die Berücksichtigung von Alltagsphantasien unterstützt werden kann.

Die Berücksichtigung von Alltagsphantasien könnte das Autonomieerleben der Lernenden positiv beeinflussen: Alltagsphantasien basieren nämlich auf grundlegenden Vorstellungen zum Menschen und zur Welt. Zusätzlich sind sie stark mit dem eigenen Wertesystem – einem Teil des Selbst – verknüpft. Durch die Reflexion der mit dem Selbst verbundenen Vorstellungen zum Lerngegenstand rückt der Lerngegenstand auch der eigenen Person näher. Der Prozess der Internalisierung wird angestoßen, d.h. der Lerngegenstand wird zunehmend als wertvoll erachtet. Damit steigt der erlebte Freiheitsgrad bei der Beschäftigung mit dem Lerngegenstand. Die Person hat das Gefühl, etwas zu tun, was für sie persönlich wichtig ist. Der Lernende kann einen Bezug zum Unterrichtsgegenstand aufbauen, was letztlich dazu führen kann, dass der Gegenstand dauerhaft und konsistent in die subjektive Wert- und Überzeugungsstruktur einer Person integriert ist. Die selbstbestimmte Beschäftigung mit dem Lerngegenstand wird dann subjektiv als sinnvoll interpretiert.

Zudem kann das konsequente Anerkennen und Ernstnehmen der Schülerperspektive durch die Berücksichtigung der Alltagsphantasien zum Erleben sozialer Eingebundenheit und Kompetenz beitragen. Indem durch eine entsprechende didaktische Haltung die subjektiven Impulse, eben die Alltagsphantasien willkommen geheißen und damit zum Gegenstand des Unterrichts gemacht werden, werden diese Phantasien als wesentlicher Beitrag zum gegenständlichen Lernen gewertet (Kompetenz) und zugleich wird durch den reflexiven Austausch der persönlichen Phantasien die soziale Eingebundenheit gestärkt.

Diese vor dem Hintergrund der Selbstbestimmungstheorie der Motivation plausiblen Annahmen sollen im Folgenden einer empirischen Überprüfung unterzogen werden.

2   Stichprobe und Untersuchungsdesign

Ob sich die Berücksichtigung bzw. explizite Reflexion von Alltagsphantasien auf das Sinnerleben und die Motivation auswirkt, wurde in einer Interventionsstudie (N=50) am Beispiel eines Biologieunterrichts zur Gentechnik untersucht. Es handelt sich um eine quasiexperimentelle Untersuchung, an der drei Parallelklassen der Jahrgangsstufe 10 einer Hamburger Gesamtschule teilnahmen. In zwei der drei Parallelklassen wurden die Alltagsphantasien der Lernenden berücksichtigt (Interventionsklassen), während in der dritten Klasse die Alltagsphantasien nicht berücksichtigt wurden (Kontrollklasse). Die Unterrichtseinheit umfasste 7 Biologiedoppelstunden je Klasse (Abb. 3).

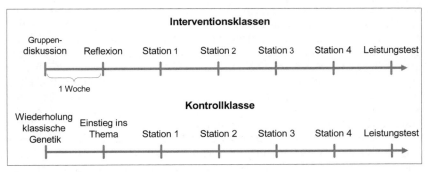

Abbildung 3: Überblick über Unterrichtseinheit

2.1 Vorerhebung

Um die interne Validität zu sichern, wurde in der Vorerhebung geprüft, ob Kontrollgruppe und Interventionsgruppen u.a. in folgenden Merkmalen vergleichbar sind: Alter und Geschlecht, dispositionales Interesse an der Gentechnik und der Biologie, Fähigkeitsselbstkonzept Biologie, Selbstwirksamkeitserwartungen, epistemologische Überzeugungen zu den Naturwissenschaften, Vorwissen zur Gentechnik, nonverbale kognitive Fähigkeiten und Leistung im Fach Biologie (für eine Übersicht der benutzten Skalen siehe Monetha 2006). Die Auswertung der Vorerhebung ergab keinen bedeutsamen Unterschied zwischen den Klassen, so dass von einer Vergleichbarkeit der Klassen ausgegangen wurde.

2.2 Intervention: Berücksichtigung der Alltagsphantasien

In den Interventionsklassen wurden mithilfe von Gruppendiskussionen (vgl. Gebhard/Billmann-Mahecha/Nevers 1997) zum Thema Gentechnik die Alltagsphantasien der Lernenden ermittelt. Als Diskussionsanreiz diente eine Dilemmageschichte. Als Hausaufgabe notierten die Lernenden die wichtigsten Aspekte aus den Diskussionen in einem Gedächtnisprotokoll. In der darauf folgenden Unterrichtsstunde werteten die Schülerinnen und Schüler die Gedächtnisprotokolle in Arbeitsgruppen (ca. 5 Personen) aus: Dabei wurde zunächst innerhalb der Gruppen geprüft, welche unterschiedlichen Aspekte die Lernenden im Gedächtnisprotokoll notiert hatten. Anschließend bildeten sie Kategorien, denen sie die Aussagen zuordneten. Diese Kategorien übertrugen sie auf Moderationskarten und hefteten sie gruppenweise an die Tafel. Im Verlauf eines Aushandlungsprozesses erstellten die Lernenden aus den einzelnen Listen einen Gesamtkategorienkatalog. Aufbauend auf den Kategorien, die die Alltagsphantasien zum jeweiligen Thema aktivieren, wurden vier selbsterklärende Lernstationen konzipiert. Die Lernstationen dienten auch dazu, den Einfluss des Lehrers im Unterricht zu minimieren. Obwohl in der Kontrollklasse kein Gruppendiskussionsverfahren mit anschließender Reflexionsphase durchgeführt wurde, bekam auch diese Klasse das gleiche Unterrichtsmaterial wie die Interventionsklassen.

Station 1 beschäftigte sich zum Beispiel mit dem Thema Klonen. Dieses Thema fiel den Lernenden der Interventionsklassen sofort zur Gentechnik ein. Klonen aktiviert bei Schülerinnen und Schülern sehr häufig die Alltagsphantasie „Individualismus" (Die Gentechnik bedeutet das Ende des Individualismus. Was ist der einzelne Mensch dann noch wert? Vgl. Gebhard/Martens/ Mielke 2004, S. 19). In den Lernstationen wurde an den Alltagsphantasien der Schüler angeknüpft, wodurch die Vorstellungen bei den Schülern erneut aktiviert wurden. Behandelt man im Unterricht das Thema

Klonen z.B. im Zusammenhang mit der DNA-Replikation, wird die Alltagsphantasie „Individualismus" erneut aktiviert. In den Interventionsklassen wirken die Alltagsphantasien jedoch nicht mehr vorbewusst. Die Lernenden sind sich ihrer Vorstellungen bewusst und denken aktiv über ihre Vorstellungen im Zusammenhang mit dem Lerngegenstand nach.

In der Kontrollklasse hingegen wurden die Alltagsphantasien nicht geäußert und reflektiert. Lernende der Kontrollklasse haben vielleicht ähnliche Alltagsphantasien wie die Lernenden der Interventionsklassen. Dieser Vorstellungen sind sich die Lernenden jedoch nicht bewusst. Sie reflektieren ihre Vorstellungen nicht in Bezug auf den Lerngegenstand.

2.3 Erhebung des Sinnerlebens

Mit unterrichtsbegleitenden Lerntagebüchern sollte ermittelt werden, ob sich die Berücksichtigung von Alltagsphantasien förderlich auf das Sinnerleben auswirkt. Die Lerntagebücher enthielten vier Fragen, die die Schülerinnen und Schüler nach jeder Biologiedoppelstunde beantworten sollten. Die Fragen des Lerntagebuches lauteten wie folgt:

1. Was hast du heute im Biologieunterricht gelernt?
Diese Frage diente zur Wiederholung. Die Lernenden sollten sich daran erinnern, womit sie sich im Unterricht beschäftigt haben.

2. Was war dir wichtig?
Mit dieser Frage sollte erfasst werden, ob der Lerngegenstand in die subjektive Bedeutungsstruktur des Individuums integriert wurde. Der Lerngegenstand wäre dann persönlich relevant und sinnvoll.

3. Hat das heute im Biologieunterricht Gelernte etwas mit dir und dem, was dich sonst beschäftigt zu tun? Wenn ja, was?
Mit dieser Frage sollte untersucht werden, ob die persönlichen Einstellungen, Vorstellungen und Erfahrungen (Subjektivierungen) mit dem im Unterricht präsentierten fachlichen Wissen (Objektivierungen) in Verbindung gebracht wurden.

4. Würdest du diese Biologiedoppelstunde deinem Freund/deiner Freundin in der Parallelklasse empfehlen. Wenn ja, weshalb? Wenn nein, weshalb?
Mit der vierten Frage sollte auf indirektem Wege herausgefunden werden, ob die Lernenden die Beschäftigung mit dem Lerngegenstand als sinnvoll wahrgenommen haben.

2.4 Erhebung der motivationalen Faktoren

Unterrichtsbegleitend wurde die Befriedigung der psychologischen Grundbedürfnisse und die Motivation mithilfe eines Fragebogens erfasst (Tab. 2).
Dieser Fragebogen wurde zu drei Messzeitpunkten (MZP, nach Bearbeitung
der Station 2, 3 und 4) zum Stundenende in die Klassen gereicht.

Skalen/Subskalen (Items) „Heute im Biologieunterricht..."	a*	Quelle
Psychologische Grundbedürfnisse		
Kompetenzerleben (3)	.85	Berger &
z.B. „... fühlte ich mich den Anforderungen gewachsen"		Hänze 2004
Autonomieerleben (3)	.70	Kramer 2002
z.B. „... hatte ich das Gefühl, Entscheidungsspielräume zu		
Erleben sozialer Eingebundenheit	.70	Prenzel et al.
z.B. „... war die Atmosphäre freundlich und entspannt"		1993
Motivation		
External (3)	.71	Kramer 2002
z.B. „... habe ich nur das getan, was ausdrücklich von mir		
Introjiziert (3)	.59	Kramer 2002
z.B. „... versuchte ich alles zu erledigen, wie es von mir		
Identifiziert (3)	.82	Kramer 2002
z.B. „... war mir klar, dass ich das für einen Test können muss"		
Intrinsisch (3)	.84	Kramer 2002
z.B. „... machte das Lernen richtig Spaß"		

* Cronbach's Alpha MZP 3, Fünfstufige Ratingskala: (1) stimmt gar nicht – (5) stimmt völlig

Tabelle 2: Skalen der Erfassung der Psychologischen Grundbedürfnisse und der
Motivation

3 Ergebnisse

3.1 Befunde zum Sinnerleben

Die Lerntagebücher wurden zum Ende der Unterrichtseinheit eingesammelt
und mit Hilfe der qualitativen Inhaltsanalyse (vgl. Mayring 1994) ausgewertet.

Frage 1: Was hast du heute im Biologieunterricht gelernt?
Zur Vorbereitung auf das Beantworten der übrigen Fragen sollten sich die
Lernenden daran erinnern, womit sie sich im Unterricht beschäftigt haben.

Dementsprechend nannten die Schülerinnen und Schüler die Unterrichtsthemen.

Frage 2: Was war dir wichtig?
Die Antworten der Lernenden auf die Frage „Was war dir wichtig?" wurden zu Kategorien (Spalte 1, Tab. 3) und Unterkategorien (Spalte 2) zusammengefasst. Die dritte Spalte der Tabelle 3 enthält die Kategorienbeschreibung. In Spalte 4 ist jeweils als Beispiel ein Schülerzitat angeführt. In Tabelle 3 sind nur die Kategorien dargestellt, in denen sich die Nennungen der Interventionsklassen von den Nennungen der Kontrollklasse unterscheiden. Es wurde zwischen absoluter Häufigkeit der Nennungen (Nennungen während der gesamten Unterrichtseinheit) und relativer Häufigkeit (Anzahl der Nennungen in %) unterschieden.

Kategorie	Unter-kategorie	Beschreibung	Beispiel	Anzahl der Nennungen (%)		
				K-Klasse	I-Klasse I	I-Klasse II
Sozialform	Sozialform	Der Schüler sagt, dass ihm die jeweilige Arbeitsform besonders wichtig war.	„Mir war wichtig, dass wir in Gruppen gearbeitet haben."	0	6 (15,00)	9 (20,45)
Arbeits-weise	Selbst-ständige Arbeit	Dem Schüler war es wichtig, den Unterrichtsstoff selbstständig zu erarbeiten.	„... dass die Lehrer uns das nicht vorbeten"	0	3 (7,50)	5 (11,36)
	Erklärung seitens des Lehrers	Dem Schüler war wichtig, dass Sachen auf Nachfrage erklärt wurden und dass keine Fragen offen blieben.	„... mir war wichtig, dass alles ausführlich erklärt wurde."	13 (27,08)	0	1 (2,27)

Tabelle 3: Antwortkategorien auf die Frage „Was war dir wichtig?"

Die ursprüngliche Vermutung, dass der Lerngegenstand durch die Berücksichtigung von Alltagsphantasien für die Schülerinnen und Schüler der Interventionsklassen persönlich bedeutsamer wird als für die der Kontrollklasse, konnte nicht bestätigt werden. Es gibt jedoch Unterschiede zwischen den Klassen hinsichtlich der Kategorien *Sozialform* und *Arbeitsweise*. So gaben mehr Lernende der Interventionsklassen an, dass ihnen die jeweilige Sozialform (egal ob Einzel- oder Gruppenarbeit) wichtig war. Des Weiteren gaben die Schülerinnen und Schüler der Interventionsklassen an, dass ihnen die selbstständige Arbeit wichtig war. Den Lernenden der Kontrollklasse war es hingegen wichtig, dass die Lehrperson den Unterrichtsinhalt ausführlich und verständlich erklärte.

Frage 3: Hat das heute im Biologieunterricht Gelernte etwas mit dir und dem, was dich sonst beschäftigt zu tun? Wenn ja, was?
Hinsichtlich der Antworten auf diese Frage unterscheiden sich die Lernenden der Interventionsklassen nicht von denen der Kontrollklasse. Anhand der Antworten kann nicht festgestellt werden, ob eine Verknüpfung von Subjektivierungen und Objektivierungen zum Lerngegenstand gelungen ist.

Frage 4: Würdest du diese Biologiedoppelstunde deinem Freund/deiner Freundin in der Parallelklasse empfehlen? Wenn ja, weshalb? Wenn nein, weshalb?
Bezüglich des ersten Teils der Frage „Würdest du diese Biologiedoppelstunde deinem Freund/deiner Freundin in der Parallelklasse empfehlen?" unterscheiden sich die Interventionsklassen nicht von der Kontrollklasse. Die Annahme, dass mehr Schülerinnen und Schüler der Interventionsklassen als der Kontrollklasse die Unterrichtsstunde weiterempfehlen würden, weil sie Sinn erlebten, wurde nicht bestätigt.

Auch hinsichtlich der Begründungen, sofern diese Frage mit *ja* beantwortet wurde, unterscheiden sich die Klassen nicht. Einen Unterschied gibt es jedoch in den Begründungen, wenn diese Frage mit *nein* beantwortet wurde. Die Lernenden der Kontrollklasse gaben an, dass sie die Stunde u.a. nicht weiterempfehlen würden, da das Klassenklima nicht so angenehm war (Tab. 4). Von den Schülerinnen und Schülern der Interventionsklassen gab niemand ein unangenehmes Klassenklima an.

Kategorie	Beschreibung	Beispiel	Anzahl der Nennungen (%)		
			K-Klasse	I-Klasse I	I-Klasse II
Nein			10 (20,83)	9 (22,50)	13 (29,55)
Klassenklima	Die Schüler empfinden das Klassenklima als unangenehm.	„... die Atmusphäre war nicht ganz so toll."	8 (16,67)	0	0

Tabelle 4: Antwortkategorien auf die Frage „Würdest du diese Biologiedoppelstunde deinem Freund/deiner Freundin in der Parallelklasse empfehlen? Wenn ja, weshalb? Wenn nein, weshalb?"

3.2 Befunde zur Motivation und den psychologischen Grundbedürfnissen

Psychologische Grundbedürfnisse: Im Erleben sozialer Eingebundenheit liegen die Mittelwerte der Interventionsgruppen zu allen drei Messzeitpunkten bedeutsam über denen der Kontrollgruppe (Abb. 4a) (Varianzanalyse mit

Messwiederholung: $F_{(2, 34)} = 7,41$; $p < .01$). Das spiegelt sich auch in den Effektgrößen (Tabelle 5). Hinsichtlich des Autonomieerlebens konnte zum ersten Messzeitpunkt kein Unterschied zwischen den Klassen festgestellt werden. Zum zweiten und dritten Messzeitpunkt liegen die Mittelwerte der Interventionsgruppen über denen der Kontrollgruppe. Dieser Effekt ist jedoch nicht signifikant. Beim Kompetenzerleben gibt es keine Effekte.

Motivation: Die größten Effekte sind bei der intrinsischen Motivation zu verzeichnen. Die Mittelwerte der Interventionsklassen liegen zu allen drei Messzeitpunkten über denen der Kontrollklasse (Abb. 4b, Tab. 5). Eine Varianzanalyse mit Messwiederholung ergab, dass dieser Unterschied zwischen den Klassen statistisch bedeutsam ist ($F_{(2, 34)} = 5,70$; $p < .01$). Des Weiteren verändert sich die Motivation signifikant über die Zeit ($F_{(2, 34)} = 9,53$; $p < .01$). In der Interventionsklasse II steigt die Motivation über die Zeit signifikant an ($F_{(2, 10)} = 12,23$; $p = <.01$). In der Interventionsklasse I steigt die intrinsische Motivation vom ersten zum zweiten Messzeitpunkt an, sinkt jedoch zum dritten Messzeitpunkt wieder ab, verbleibt aber über dem Mittelwert des ersten Messzeitpunkts. Dieser Verlauf ist nicht statistisch bedeutsam. In der Kontrollklasse steigt der Mittelwert vom ersten zum zweiten Messzeitpunkt an, sinkt jedoch zum dritten Messzeitpunkt unter den Wert des ersten Messzeitpunkts. Auch dieser Verlauf ist nicht statistisch bedeutsam.

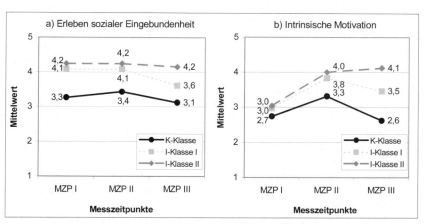

Abbildung 4: Ergebnisse zum Erleben sozialer Eingebundenheit und zur intrinsischen Motivation

Erleben sozialer Eingebundenheit	MZP I	MZP II	MZP III
Kontroll- Interventionsklasse I	0.95	0.73	0.80
Kontroll- Interventionsklasse II	0.99	0.71	1.21
Motivation			
Kontroll- Interventionsklasse I	0.36	0.76	0.84
Kontroll- Interventionsklasse II	0.40	0.66	1.50

Tabelle 5: Effektgrößen hinsichtlich des Erlebens sozialer Eingebundenheit und der Motivation

4 Zusammenfassung und Fazit

Mit Hilfe der Lerntagebücher konnte nicht festgestellt werden, ob durch die Berücksichtigung von Alltagsphantasien das Sinnerleben der Lernenden der Interventionsklassen gefördert wurde. Vermutlich sind andere Erhebungsinstrumente zur Erfassung des Sinnerlebens besser geeignet als Lerntagebücher. Möglicherweise kann man Sinnerleben auch nicht direkt erfassen. Es ist vorstellbar, dass über das Erheben von Outputvariablen darauf geschlossen werden kann, ob die Beschäftigung mit dem Lerngegenstand als sinnvoll wahrgenommen wurde. Eine solche Outputvariable könnte die intrinsische Motivation darstellen. Da die Lernenden der Interventionsklassen höher intrinsisch motiviert waren als die der Kontrollklasse, gehen wir davon aus, dass die Lernenden dem Lerngegenstand Sinn gegeben haben.

Auch wenn mit Hilfe der Lerntagebücher nicht festgestellt werden konnte, dass das Sinnerleben gefördert wurde, so deuten die Antworten auf die Unterstützung der Befriedigung der psychologischen Grundbedürfnisse nach sozialer Eingebundenheit und Autonomie (vgl. Deci/Ryan 1985) in den Interventionsklassen hin. Die Schülerinnen und Schüler der Interventionsklassen gaben zur Frage „Was war dir wichtig?" an, die jeweilige Sozialform als wichtig empfunden zu haben. Dies deutet darauf hin, dass die Lernenden sich im Unterricht anerkannt, ernst genommen und wohl gefühlt haben. Die Lernenden der Kontrollklasse scheinen sich hingegen weniger anerkannt und ernst genommen gefühlt zu haben. Sie gaben als einen Grund die Stunde nicht weiter zu empfehlen ein weniger angenehmes Klassenklima an. Des Weiteren legten die Schülerinnen und Schüler der Interventionsklassen mehr Wert auf das selbstständige Erarbeiten der Unterrichtsinhalte. Die Lernenden der Kontrollklasse hielten dagegen das Erklären des Lehrers für wichtig. Dies legt die Vermutung nahe, dass die Schüler der Interventionsklassen mehr Autonomie im Unterricht erlebten als die der Kontrollklasse. Die Ergebnisse der Fragebogenerhebung stützen die Annahme, dass die Befriedigung der Bedürfnisse nach sozialer Eingebundenheit und Autonomie in den Interventionsklassen gefördert wurde. Entsprechend der Selbstbestimmungstheorie der Motivation (vgl. Deci/Ryan 1985, 1993) sind die Lernenden der Interventionsklassen zu allen drei Messzeitpunkten höher intrinsisch motiviert als die Lernenden der Kontrollklasse. Seltene oder neue Stimuli ziehen jedoch automatisch Aufmerksamkeit auf sich (vgl. Hamilton/Gifford 1976, Taylor 1981). Wird der seltene oder neue Stimulus jedoch zur Routine, kann der Effekt verschwinden. Ob die langfristige Berücksichtigung von Alltagsphantasien ebenfalls positiv auf das Erleben sozialer Eingebundenheit und die Motivation wirkt oder ob dieser Stimulus zur Routine wird und der Effekt verschwindet, kann anhand der vorliegenden Daten nicht beantwortet werden.

Insgesamt kann allerdings resümiert werden, dass die Berücksichtigung und explizite Reflexion der Alltagsphantasien im Hinblick auf die Motivation wirksam ist. Dies wird mit dem konsequenten Willkommenheißen der subjektiven, auch latenten Vorstellungen zusammenhängen. Noch nicht berührt ist damit die Frage, ob und wie auch die inhaltliche Beschäftigung mit dem Lerngegenstand vertieft wird und damit eine explizitere Sinndimension erhält. Dazu ist in weiteren Untersuchungen die Inhaltsebene der Alltagsphantasien, nämlich deren Funktion als Mittler von impliziten Welt- und Menschenbildern, in den Blick zu nehmen.

Literatur

Allport, G. (1954): The Nature of Prejudice. Addison-Wesley.

Berger, R./Hänze, M. (2004): Das Gruppenpuzzle im Physikunterricht der Sekundarstufe II – Einfluss auf Motivation, Lernen und Leistung. In: Zeitschrift für Didaktik der Naturwissenschaften, Bd. 10, H. 3, S. 205–219.

Bleidick, U. (1990): Die Behinderung im Menschenbild und hinderliche Menschenbilder in der Erziehung von Behinderten. In: Zeitschrift für Heilpädagogik, Bd. 41 (8), S. 514–534.

Boesch, E.E. (1980): Kultur und Handlung. Bern Stuttgart Wien.

Bohner, G. (2002): Einstellungen. In: Stroebe, W./Jonas K./Hewstone, M. (Hrsg.): Sozialpsychologie. Eine Einführung. 4. Aufl. Berlin, S. 266–315.

Bohner, G./Moskowitz, G. B./Chaiken, S. (1995): The interplay of heuristic and systematic processing of social information. In: European Review of Social Psychology, vol. 6, pp. 33–68.

Combe, A./Gebhard, U. (2007): Sinn und Erfahrung. Zum Verständnis fachlicher Lernprozesse in der Schule. Opladen.

DeCharms, R. (1968). Personal causation. New York.

Deci, E. L./Ryan, R. M. (1985): Intrinsic motivation and self-determination in human behaviour. New York.

Deci, E. L./Ryan, R. M. (1993): Die Selbstbestimmungstheorien der Motivation und ihre Bedeutung für die Pädagogik. In: Zeitschrift für Pädagogik, Bd. 39, H. 2, S. 223–238.

Duden (2007): Deutsches Universalwörterbuch. Mannheim.

Duit, R. (1997): Ziele für den naturwissenschaftlichen Unterricht – Anspruch und Realität. URL: http://www.pluslucis.univie.ac.at/PlusLucis/971/duit.pdf – Download vom 26.11.2005.

Duit, R./Häußler, P. (1997): Physik und andere naturwissenschaftliche Lernbereiche. In: Weinert, F.E. (Hrsg.): Psychologie des Unterrichts und der Schule. Enzyklopädie der Psychologie, Serie I Pädagogische Psychologie. Göttingen, Bern, Toronto, Seattle, S. 427–460.

Fahrenberg, J. (2007): Menschenbilder. Psychologische, biologische, interkulturelle und religiöse Ansichten. URL: http://psydok.sulb.uni-saarland.de/volltexte/2007/981 – Download vom 01.01.2008.

Fiske, S.T./Taylor, S.E. (1991): Social Cognition. 2nd edition. New York, pp. 1–10

Gadamer, H.-G. (1972): Wahrheit und Methode. Grundzüge einer philosophischen Hermeneutik. Tübingen.

Gebhard, U. (1999): Alltagsmythen und Metaphern. Phantasien von Jugendlichen zur Gentechnik. In: Schallies, M./ Wachlin, K. D. (Hrsg.): Biotechnologie und Gentechnik. Neue Technologien verstehen und beurteilen. Berlin, S. 99–116.

Gebhard, U. (2000): Sinn, Bedeutung und Motivation. In: Bayrhuber, H./Unterbruner, U. (Hrsg.): Lehren und Lernen im Biologieunterricht. Innsbruck, S. 67–78.

Gebhard, U. (2003): Die Sinndimension im schulischen Lernen: Die Lesbarkeit der Welt – Grundsätzliche Überlegungen zum Lernen und Lehren im Anschluss an PISA. In: Moschner, B./Kiper, H./Kattmann, U. (Hrsg.): PISA 2000 als Herausforderung. Perspektiven für Lehren und Lernen. Hohengehren, Baltmannsweiler, S. 205–223.

Gebhard, U. (2007a): Intuitive Vorstellungen bei Denk- und Lernprozessen: Der Ansatz der „Alltagsphantasien". In: Vogt, H./Krüger, D.: Handbuch der Theorien in der biologiedidaktischen Forschung. Ein Handbuch für Lehramtsstudenten und Doktoranden. Berlin, Heidelberg, S. 117–128.

Gebhard, U. (2007b): Die Natur verstehen? Sinnkonstruktionsprozesse im naturwissenschaftlichen Unterricht. In: Jäkel, L./Rohrmann, S./Schallies, M./Welzel, M. (Hrsg.): Der Wert der naturwissenschaftlichen Bildung. 8. Heidelberger Dienstagsseminar. Band 48. Heidelberg.

Gebhard, U./Billmann-Mahecha, E./Nevers, P. (1997): Naturphilosophische Gespräche mit Kindern. Ein qualitativer Forschungsansatz. In: Schreier, H. (Hrsg.): Mit Kindern über Natur philosophieren. Heinsberg, S. 130–153.

Gebhard, U./Martens, E./Mielke, R. (2004): „Ist Tugend lehrbar?" Zum Zusammenspiel von Intuition und Reflexion beim moralischen Urteilen. In: Rohbeck, J. (Hrsg.): Ethisch-philosophische Basiskompetenz. Dresden, S. 131–164.

Hagehülsmann, H. (1984): Begriff und Funktion von Menschenbildern in Psychologie und Psychotherapie. Wissenschaftstheoretische Überlegungen am Beispiel der Humanistischen Psychologie. In: Petzold, H. (Hrsg.): Wege zum Menschen. Methoden und Persönlichkeiten moderner Psychotherapie. Paderborn, S. 9–44.

Haidt, J. (2001): The emotional dog and its rational tail: A social intuionist approch to moral judgement. Psychological Review, vol. 108, pp. 814–834.

Hamilton, D. L./Gifford, R. K. (1976): Illusory correlation in intergroup perception: A cognitive basis of stereotypic judgments. In: Journal of Experimental Social Psychology, vol. 12, pp. 392–407.

Hennings, M./Mielke, R. (2005): Intuitive Vorstellungen und explizite Reflexion – Bewusste und unbewusste Prozesse des Denkens. In: Schenk, B. (Hrsg.): Bausteine einer Bildungsgangtheorie. Wiesbaden, S. 239–254.

Kahneman, D./Tversky, A. (1972): Subjective probability: A judgment of representativeness. Cognitive Psychology, vol. 3, pp. 430–454.

Kahneman, D./Tversky, A. (1973): On the psychology of prediction. Psychological Review, vol. 80, pp. 237–251.

Kohlberg, L. (1969): Stage and sequence: The cognitive-developmental approach to socialization. In: Goslin, D. A.: Handbook of socialization theory and research. Chicago/IL, pp. 347–480.

Kramer, K. (2002): Die Förderung von motivationsunterstützendem Unterricht – Ansatzpunkte und Barrieren. Dissertation. Christian-Albrechts-Universität zu Kiel. URL: http://e-diss.uni-kiel.de/diss_752/d752.pdf – Download vom 22.02.2006.

Krapp, A. (1992): Das Interessenkonstrukt. Bestimmungsmerkmale der Interessenhandlung und des individuellen Interesses aus der Sicht einer Person-Gegenstands-Konzeption. In: Krapp, A./Prenzel, M. (Hrsg.): Interesse, Lernen, Leistung. Neuere Ansätze der pädagogisch-psychologischen Interessenforschung. Münster, S. 297–329.

Krapp, A. (2005): Das Konzept der grundlegenden psychologischen Bedürfnisse. Ein Erklärungsansatz für die positiven Effekte von Wohlbefinden und intrinsischer Motivation im Lehr-Lerngeschehen. In: Zeitschrift für Pädagogik, Bd. 51, H. 5, S. 626–641.

Krapp, A./Ryan, R. (2002): Selbstwirksamkeit und Lernmotivation. Eine kritische Betrachtung der Theorie von Bandura aus der Sicht der Selbstbestimmungstheorie und der pädagogisch-psychologischen Interessentheorie., In: Jerusalem, M./Hopf, D. (Hrsg.): Lernwirksame Schulen. 44. Beiheft zur Zeitschrift für Pädagogik, Weinheim, S. 54–82.

Langer, J. A. (1984): Examining background knowledge and text comprehension. Reading Research Quarterly, vol. 19, pp. 468–481.

Mayring, P. (1994): Qualitative Inhaltsanalyse. In: Böhm, A./Mengel, A./Muhr, T. (Hrsg.): Texte verstehen: Konzepte, Methoden, Werkzeuge. Konstanz, S. 159–176.

Monetha, S. (2006): Der Einfluss von Schülervorstellungen auf das Lernen – Vorstellung eines Untersuchungsdesigns. In: Vogt, H./Krüger, D./Herget, M./Bögeholz, S. (Hrsg): Erkenntnisweg Biologiedidaktik. Kassel, S. 115–128.

Oerter, R. (Hrsg.) (1999): Menschenbilder in der modernen Gesellschaft. Konzeptionen des Menschen in Wissenschaft, Bildung, Kunst, Wirtschaft und Politik. Stuttgart.

Oerter, R. (Hrsg.) (2002): Kindheit. In: Oerter, R./Montada, L. (Hrsg.): Entwicklungspsychologie, 5. Auflage. Weinheim, S. 209–242.

Piaget, J. (1932/1965): The moral judgment of the child. London.

Prenzel, M./Eitel, F./Holzbach, R./Schoenheinz, R.-J./Schweiberer, L. (1993): Lernmotivation im studentischen Unterricht in der Chirurgie. In: Zeitschrift für pädagogische Psychologie, Bd. 7, H. 2/3, S. 125–137.

Rheinberg, F. (2004): Motivation. Grundriss der Psychologie. Band 6, 5. Auflage.
Stuttgart.

Ryan, R. M./Deci, E. L. (2000): Self-determination theory and the facilitation of
intrinsic motivation, social development, and well-being. In: American Psy-
chologist, vol. 55, pp. 68–78.

Schwarz, N./Clore, G. L. (1988): How do I feel about it? Informative functions of
affective states. In: Fiedler, K./Forgas, J. P. (Eds.): Affect, cognition, and social
behavior. Toronto, pp. 44–62.

Sloman, S. A. (2002): Two Systems of Reasoning. In: Gilovich, T./Griffin,
D./Kahneman, D. (Eds.): Heuristic and Biases. The Psychology of Intuitive
Judgment. New York, pp. 379–396.

Smith, E. R./DeCoster, J. (1999): Associative and rule-based processing: A connec-
tionist interpretation of dual process models. In: Chaiken, S./Trope, Y. (Eds.):
Dual process theories in social psychology. New York, pp.. 323–336.

Strack, F./Deutsch, R. (2002): Urteilsheuristiken. In: Frey, D./Irle, M. (Hrsg.): Theorien der Sozialpsychologie. Band III: Motivations- und Informationsverarbei-
tungstheorien. Bern, S. 352–384.

Taylor, S. E. (1981): A Categorization Approach to Stereotyping. In: Hamilton, D. L.
(Eds.): Cognitive Processes in Stereotyping and Intergroup Behavior. Hills-
dale/NJ, pp. 83–114.

Tversky, A./Kahneman, D. (1973): Availability: A heuristic for judging frequency
and probability. Cognitive Psychology, vol 5, pp. 207–232.

Tversky, A./Kahneman, D. (1974): Judgment under uncertainty: Heuristics and biases. Science, vol. 185, pp. 1124–1131.

Völker, U. (1980): Grundlagen der Humanistischen Psychologie. In: Völker, U.
(Hrsg.): Humanistische Psychologie. Ansätze einer lebensnahen Wissenschaft
vom Menschen, Weinheim, Basel, S. 13–37.

Wild, E./Hofer, M./Pekrun, R. (2001): Psychologie des Lerners. In: Krapp, A./Wei-
denmann, B.: Pädagogische Psychologie. 4. Aufl. Weinheim, S. 207–270.

Sinnkonstruktion und Sprachbewusstheit

Frank-Ulrich Nädler und Meinert A. Meyer

1 Einleitung

Was ist unter „Sprachbewusstheit" zu verstehen? Selbst wenn dieser Begriff mittlerweile Eingang in den Gemeinsamen Europäischen Referenzrahmen für Fremdsprachen gefunden hat, das Konzept dort als zu fördernde Kompetenz ausgewiesen ist und Sprachbewusstheit in der DESI-Studie als sprachliche Teilkompetenz bereits getestet wird (vgl. Beck/Klieme 2007), handelt es sich doch um ein in der Fremdsprachendidaktik kontrovers diskutiertes Konzept, welches vielerlei Verstehensweisen zulässt. Es lohnt sich daher, auf den Entstehungshintergrund zurückzublicken.

Entscheidend war die Erkenntnis, dass die Zusammensetzung der Klassen der *Primary* und *Secondary Schools* im Großbritannien der ausgehenden 70er Jahre des vergangenen Jahrhunderts migrationsbedingt von überdurchschnittlich hoher Leistungsheterogenität geprägt waren. Im Bullock Report wurden einer sehr hohen Zahl von Schülerinnen und Schülern schwache bis mangelhafte Kenntnisse der Unterrichtssprache Englisch attestiert (vgl. Bullock 1975). Es wurde davon ausgegangen, dass diese Schwäche sich zusätzlich negativ auf das Fremdsprachenlernen auswirke. Ein Ausweg aus der Bildungsmisere wurde darin gesehen, sich vom starren, formfokussierten Sprachunterricht abzuwenden. Zugleich sollte alles sprachliche Lernen zueinander in Beziehung gesetzt werden, um so auch die Phase des Übergangs von der Primar- auf die Sekundarstufe zu erleichtern. Außerdem sollte bei den Lernern eine Sensibilität für Sprache als System und als Instrument der Kommunikation mit all ihren Funktionen geweckt werden:

„[The concept of ‚awareness of language'] seeks to bridge the difficult transition from primary to secondary school language work, and especially to the start of foreign language studies and the explosion of concepts and language introduced by the specialist secondary school subjects. It also bridges the ‚space between' the different aspects of language education (English/foreign language/ethnic minority mother tongues/English as second language/Latin) which at present are pursued in isolation, with no meeting place for the different teachers, no common vocabulary for discussing language." (Hawkins 1984, S. 3f.)

Es handelt sich somit bei der Forderung, die Sprachbewusstheit zu fördern, um einen Lehr-Lern-Ansatz, der den Schülerinnen und Schülern Sprache als etwas nahe bringen möchte, das sie durchaus zu begreifen in der Lage sind und dessen sie sich zu ihren Zwecken bedienen können. Der Ansatz unterstreicht dabei, dass es sich bei Sprache insgesamt um ein dem menschlichen Wesen eigenes Phänomen handelt. Dies schließt nicht aus, dass es viele unterschiedliche Gestaltungsformen auch innerhalb einer Sprachgemeinschaft gibt, die unter anderem auf sozialen Differenzen beruhen. Das Verständnis für das System Sprache und für die Möglichkeit seines Gebrauchs sollte jedoch nicht von der sozialen oder familiären Herkunft abhängen müssen, was eine Öffnung sowohl des muttersprachlichen als auch des fremdsprachlichen Unterrichts für Mehrsprachigkeit impliziert.

Die hier beschriebene Auffassung von Sprache und der damit verbundene Bezug von Sprachbewusstheit und Sinnkonstruktion, den wir in der Folge herstellen wollen, verweisen auf die Position Wilhelm von Humboldts, die später als „neuhumanistisch" bezeichnet worden ist.

2   Fremdsprachenlernen aus neuhumanistischer Sicht

Humboldt stellt heraus, dass Verstehen und Nicht-Verstehen immer gleichzeitig auftreten und dass durch das Erlernen fremder Sprachen die eigene „Weltansicht" mit bildender Kraft überschritten und so zumindest teilweise bewusst gemacht werden kann. Humboldt vollzieht damit den Übergang vom Diskurs über einzelne sprachliche Besonderheiten zum Diskurs über die bildende, sinnkonstitutive Dimension des Fremdsprachenerwerbs. Er schreibt:

„Eine Nation hat freilich im Ganzen dieselbe Sprache, allein schon nicht alle Einzelnen in ihr [...] ganz dieselbe, und geht man noch weiter in das Feinste über, so besitzt wirklich jeder Mensch seine eigne. Keiner denkt bei dem Wort gerade das, was der andre, und die noch so kleine Verschiedenheit zittert, wenn man die Sprache mit dem beweglichsten aller Elemente vergleichen will, durch die ganze Sprache fort. Bei jedem Denken und Empfinden kehrt, vermöge der Einerleiheit der Individualitaet, dieselbe Verschiedenheit zurück, und bildet eine Masse aus einzeln Unbemerkbarem. Alles Verstehen ist darüber immer zugleich ein Nicht-Verstehen, eine Wahrheit, die man auch im praktischen Leben trefflich benutzen kann, alle Übereinstimmung in Gedanken und Gefühlen zugleich ein Auseinandergehen. Dies wird da nicht sichtbar, wo es sich unter der Allgemeinheit des Begriffs und der Empfindung verbirgt; wo aber die erhöhete Kraft die Allgemeinheit durchbricht, und auch für das Bewußtseyn schärfer individualisirt, da tritt es deutlich ans Licht." (Humboldt 1827-29/1963, S. 228f.)

Es wird deutlich, welchen Wert Humboldt Sprache beimisst – in ihr drückt sich die Individualität eines jeden einzelnen Menschen aus. Sie kennzeichnet das Verhältnis des „Ich" zur „Welt". Deshalb kann das Individuum durch sie die anderen verstehen, und das heißt, es kann andere Weltansichten kennen lernen. Dieses Verstehen ist aber unvermeidbar mit Nicht-Verstehen verknüpft.

Auch in Übertragung auf den Bereich des Lernens von Fremdsprachen stellt Humboldt dementsprechend den bildenden Wert von Sprache heraus. Das Lernen einer Fremdsprache ist der Entwicklung von Individualität besonders zuträglich, weil dadurch die Subjektivität der je eigenen Weltansicht erkennbar wird: In der durch das Studium einer Fremdsprache ermöglichten Auseinandersetzung des Ich mit der Welt kann der Fremdsprachenlerner die Position, die er in der Welt einnimmt, wahrnehmen, er kann sich ihrer bewusst werden. Damit es zu dieser Erkenntnis kommt, bedarf es aber der geistigen Durchdringung von Sprache, der sprachspezifischen Reflexion.

Humboldt fordert deshalb dazu auf, sich beim fremdsprachlichen Lernen bewusst zu machen, wie Sprache funktioniert. Sie ist vor allem Sprachkraft (*energeia*) und erst dann Werk (*ergon*). Humboldt kommt damit der sich aus dem Ansatz der Sprachbewusstheit ableitenden Forderung nach reflexiver Auseinandersetzung mit Sprache als Phänomen sehr nahe:

„Der Mensch lebt mit Gegenständen hauptsächlich, ja, da Empfinden und Handeln in ihm von seinen Vorstellungen abhängen, sogar ausschliesslich so, wie die Sprache sie ihm zuführt. Durch denselben Act, vermöge dessen er die Sprache aus sich herausspinnt, spinnt er sich in dieselbe ein, und jede zieht um das Volk, welchem sie angehört, einen Kreis, aus dem es nur insofern hinauszugehen möglich ist, als man zugleich in den Kreis einer anderen hinübertritt. Die Erlernung einer fremden Sprache sollte daher die Gewinnung eines neuen Standpunktes in der bisherigen Weltansicht seyn und es ist in der That bis auf einen gewissen Grad, da jede Sprache das ganze Gewebe der Begriffe und die Vorstellungsweise eines Theils der Menschheit enthält. Nur weil man in eine fremde Sprache immer, mehr oder weniger, seine eigene Welt, ja seine eigne Sprachansicht hinüberträgt, so wird dieser Erfolg nicht rein und vollständig empfunden." (Humboldt 1830-35/1963, S. 434)

Das Zitat zeigt, wie sich Humboldt die bildende Wirkung der Sprache vorstellt. Man kann denkend seine eigene Sprache nur aufgeben, indem man zugleich in eine andere Sprache hinübergeht. Bildung wird dann möglich, wenn dies reflektiert geschieht. In diesem Verständnis von fremdsprachlichem Lernen und dadurch ermöglichter fremdsprachlicher Bildung findet sich, wie wir meinen, die Verknüpfung von sprachbewusstheitsorientiertem Lernen und Sinnkonstruktion, die wir nachfolgend ins Zentrum unserer Darlegung stellen. Dabei ist Humboldt, wenn er auf die Sprachform im Bildungsprozess abhebt, sehr didaktisch und zugleich sehr modern. Während man in seine Muttersprache hineinwächst und ihre kategoriale „Form" eigentlich gar nicht wahrnimmt, zwingt einen das Fremdsprachenlernen, auf die Form zu achten, sie sich bewusst zu machen. Dass dies eine schwierige, nie abschließbare Aufgabe ist, lässt sich gleichfalls aus Humboldts sprachphilosophischer Position ableiten: Sprache ist Weltansicht, aber wir neigen dazu, auch in der fremden Sprache im System der Muttersprache zu denken. Modern formuliert: Unsere Sinnkonstruktionen werden von der Muttersprache getragen. Nur gelegentlich und nur nach langer Gewöhnung gelingt uns der automatische Wechsel in das andere Sprach- und Denksystem.

Die These, dass Sprachbewusstheit nur reflexiv denkbar ist, verbindet Humboldts Ansatz deshalb nicht nur mit unserem Schlüsselkonzept der Sinnkonstruktion, sondern auch mit gegenwärtigen Diskussionen in der Fremdsprachendidaktik.

3 Sprachbewusstheit

Im deutschsprachigen Raum wird das Konzept der Sprachbewusstheit vor allem auch mit Bezug auf das schulische Fremdsprachenlernen diskutiert. Man findet heute zum Beispiel im Hamburger Rahmenplan für die neueren Fremdsprachen (vgl. Freie und Hansestadt Hamburg 2004) und in den Bildungsstandards für die erste Fremdsprache (vgl. Ständige Konferenz 2004) zahlreiche Zielsetzungen, die sich unter dem Begriff der Sprachbewusstheit fassen lassen. So soll der Fremdsprachenlerner dazu angeregt werden, vor dem Hintergrund der Konfrontation mit einer Fremdsprache über Gemeinsamkeiten und Unterschiede zwischen „Eigenem" und „Fremdem" nachzudenken, sich Ähnlichkeiten und Gegensätze zwischen Erst- und Fremdsprache zu verdeutlichen und sich des persönlichen Nutzens der Fremdsprache bewusst zu werden. Die Schülerinnen und Schüler sollen sich über die Bedingungen für das Zustandekommen von Kommunikation verständigen. Sie sollen dazu befähigt werden, Lern- und Kommunikationsstrategien, die sie im Unterricht in *einer* Sprache erworben haben, auf das Lernen einer *anderen* Sprache zu übertragen, die eigenen Spracherwerbsprozesse zu reflektieren, sprachliche Fehler zu erkennen und diese Erkenntnisse für den eigenen Lernprozess zu nutzen. Weiter sollen die Fähigkeiten des Klassifizierens, des Generalisierens und der Abstraktion gefördert werden. Die Herausbildung einer Reflexions- und Urteilsfähigkeit soll unterstützt werden. Sprache soll schließlich als Gegenstand der Sprachreflexion und als bewusst gestaltetes Ausdrucksmittel verstanden werden.

Diese Forderungen und Förderungsziele für den fremdsprachlichen Unterricht lassen sich auf die in der Fremdsprachendidaktik diskutierten Domänen von Sprachbewusstheit (vgl. James/Garrett 1992) beziehen. Das Modell von James und Garrett veranschaulicht, welche Bereiche von Sprache Gebiete der im Unterricht angeleiteten und praktizierten Reflexion darstellen sollten:

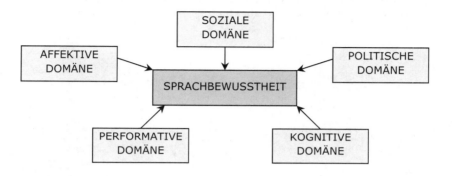

Abbildung 1: Domänen von Sprachbewusstheit nach James/Garrett (1992)

Die Abbildung zeigt auf, wie umfassend die Kopplung von Sprache und Welt zu denken ist. In einem bewusstheitsorientierten Fremdsprachunterricht soll bei den Lernern die Herausbildung von Einstellungen gegenüber der fremden Sprache und ihrer Kultur gefördert werden; Aufmerksamkeit, Sensibilität, Neugier und Interesse sollen stimuliert werden (*affektive Domäne*). Gleichzeitig ist es Ziel, ein Bewusstsein für Mehrsprachigkeit zu schaffen, Toleranz zu fördern sowie die Entwicklung eines kritischen Bewusstseins gegenüber Sprache als (Macht-)Instrument zu unterstützen (*soziale* und *politische Domäne*) – zugrunde liegt bei letztgenannten Domänen damit eine Sensibilisierung für Sprache im sozialen Kontext, mit anderen Worten eine elementare *pragmatische* Ebene. Weiterhin sollen die Sensibilität für Sprache und analytische Fähigkeiten geschult werden (*kognitive Domäne*). Und schließlich soll den Lernern auch explizites Wissen zur Erweiterung ihrer Sprachkontrolle vermittelt werden (*performative Domäne*).

Für alle diese Domänen stellt sich die für die fremdsprachendidaktische und -erwerbstheoretische Diskussion charakteristische Frage nach der Rolle expliziten Wissens im fremdsprachlichen Lernprozess: Lernt man besser bewusst (*learning*) oder läuft der Erwerbsprozess automatisch ab (*acquisition*)?

Diese Frage greift den durch Stephen Krashen (1982) angeregten Disput der Fremdsprachendidaktik und der Sprachlehrforschung um die Unterscheidung zwischen *Lernen* und *Erwerben* von Fremdsprachen auf. Die These Krashens, dass der *comprehensible input* den ausschlaggebenden Faktor beim erfolgreichen Fremdsprachenaneignungsprozess darstelle, unreflektierte

language acquisition besser als bewusstes *language learning* sei und die
Aufgabe der Lerner wesentlich im Rezipieren von *input* bestehe, muss bezüglich des schulischen Settings allerdings kritisch betrachtet werden:

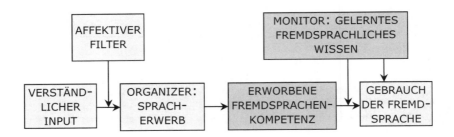

Abbildung 2: Fremdsprachenerwerbsmodell nach Krashen (1982)

Krashen geht davon aus, dass zwei Mechanismen für das Verarbeiten von
Sprache verantwortlich sind, der *organizer* und der *monitor*. Ersterer ermöglicht den Erwerb einer Fremdsprache, wenn ausreichender und dem Sprach-
stand angemessener fremdsprachlicher *input* zur Verfügung steht. Der *monitor* hat demgegenüber die Rolle einer Kontrollinstanz insbesondere bei der
Sprachproduktion, dies aber nur unter der Voraussetzung, dass die Konzentration auf die *accuracy* gerichtet ist. Lernen wird als ein im *monitor* gestalte-
ter Prozess verstanden; es ist eine Reaktion des Fremdsprachenlerners auf
formfokussierende Beschreibungen. Dem *monitor* wird keinerlei Bedeutung
für den Prozess des Erwerbs fremdsprachlicher Kompetenz beigemessen.
Entscheidend ist also, dass *organizer* und *monitor* im Modell Krashens keinerlei Schnittschnelle besitzen, „bewusstes" Lernen und „natürliches" Erwerben einer Sprache also keinerlei wechselseitige Beziehung eingehen.
Diese Fremdsprachenlernhypothese ist unter dem Begriff der *non-interface*-
Hypothese bekannt (vgl. Krashen 1982, 1985; Krashen/Terrell 1983).
    Es ist nicht zu bestreiten, dass eine Fremdsprache im Sinne Krashens
über angemessenen *input* ohne Formfokussierung erworben werden kann,
etwa bei einem Auslandsaufenthalt. Außer Acht gelassen wird dabei aber,
dass auch in der *input*-Kommunikationssituation auf verschiedene Art und
Weise sprachliche Strukturen betrachtet und zur Sprache gebracht werden
können. Außerdem lässt Krashen unberücksichtigt, dass Lernen „ganzheitliche" Qualität hat, wenn er darauf hinweist, dass die persönlichen Einstellungen zum Lernen einer Fremdsprache den Lernprozess in Form eines *affective
filter* behindern; die kognitive Dimension des Lernprozesses wird *immer*
durch eine emotionale Dimension ergänzt, was heute in der Fremdsprachendidaktik zunehmend intensiver herausgestellt und erforscht wird. Auf Kra-

shen rückblickend ist also kritisch festzustellen, dass *comprehensible input* allein für das Sprachenlernen nicht ausreicht.

Wir gehen weiter davon aus, dass in der unterrichtlichen Realität ein Zusammenspiel von explizitem und implizitem Wissen, von Über-die-Sprache-Nachdenken und gleichzeitigem Die-Sprache-Benutzen stattfindet, so wie es im Fremdsprachenlernmodell nach Bialystok (1978) skizziert ist – einem Lernmodell, welches eine wechselseitige Beziehung zwischen explizitem und implizitem fremdsprachlichen Wissen, das heißt mit den Worten Krashens zwischen Lernen und Erwerben, ausdrücklich nicht ausschließt:

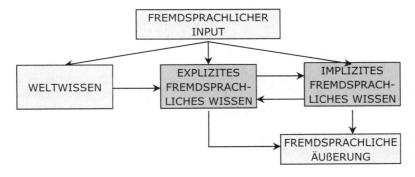

Abbildung 3: Fremdsprachenlernmodell nach Bialystok (1978)

Auch wenn die Ergebnisse der empirischen Spracherwerbsforschung es nicht ermöglichen, sich eindeutig für oder gegen eines der beiden Modelle auszusprechen, so stützen doch einige Untersuchungen sowohl aus der Erst- als auch aus der Zweitspracherwerbsforschung unsere These, dass Sprache zu einem großen Teil über Reflexion gelernt wird. Während im frühkindlichen Spracherwerb bewusste Lernprozesse eine unbedeutende Rolle spielen (vgl. Weinert 2000), fangen auch Muttersprachler in der mittleren Kindheit damit an, über Sprache als Objekt nachzudenken; sie werden sich der Strukturen und Funktionen ihrer Sprache bewusst. Im Erstspracherwerb spielt also Bewusstheit eine wichtige Rolle, etwa wenn es um die Beherrschung spezifischer sprachlicher Regelungen wie zum Beispiel den Gebrauch des Konjunktivs oder des Genitivs und Registerfragen geht (vgl. dazu für das Beispiel des Deutschen als Muttersprache Eichler 2003, 2004).

Wir können demgegenüber davon ausgehen, dass beim Fremdsprachenlernen schon in der Anfangsphase des Lernprozesses Bewusstheit, also explizites Sprachwissen, eine bedeutsame Rolle spielt. Rod Ellis (2004) verweist darauf, dass sich ein „Sprachgefühl" (im Sinne impliziten Wissens) parallel zum expliziten Wissen entwickelt und dass explizites und implizites Wissen im Sprachlernprozess entgegen Krashens Annahme zusammenwirken. Ein fremdsprachlicher Unterricht, der beide Wissensformen aktiviert, erscheint daher vielversprechend im Sinne einer Förderung der Ausbildung von Sprachkompetenz bei Fremdsprachenlernern. Wie Fremdsprachenlerner im Grundschulalter über Sprache und Sprachenlernen, das heißt über das, was sie im Unterricht tun, reflektieren, zeigt Kolb (2007) in ihrer Arbeit zum Portfolioeinsatz im frühen Englischunterricht.

4   Sinnkonstruktion

Was ist nun unter „Sinnkonstruktion" zu verstehen? Und wie kann man das Lehr-Lern-Konzept Sprachbewusstheit und diesen Begriff zueinander in Beziehung setzen?

Anschließend an die Diskussion um den Sinnbegriff im Rahmen des Graduiertenkollegs „Bildungsgangforschung" beziehen wir uns auf Gebhard (2003) sowie Combe/Gebhard (2007). Unter Sinn verstehen wir die Bedeutung des Lerngegenstands, hier des Gegenstands „zu erlernende Fremdsprache" für den Lerner. Persönlich relevant und damit sinnvoll wird ein Lerngegenstand dann, wenn ein Sinnbezug zum Lerngegenstand aufgebaut wird. Dieses Sich-in-Beziehung-Setzen des Lerners zum Lerngegenstand kann sich dann vollziehen, wenn der Lerngegenstand mit eigenen Vorstellungen, Erfahrungen, Einstellungen und Werten verknüpft oder mit dem lebensweltlichen Kontext des Lerners verbunden wird. Wenn der Lerner etwas als sinnvoll empfindet, argumentiert er aus seiner biographischen Situation heraus, im Blick auf seine antizipierte Zukunft. Sinnkonstruktion ist also die Herstellung von Bedeutung des Lerngegenstands in Bezug zur eigenen Person. Wenn der Lerner aber das, was von ihm im Unterricht verlangt wird, nicht auf sich und seine Situation beziehen kann, wird es für ihn sinnlos.

Das folgende Schaubild verdeutlicht, wie wir uns lernfördernde Sinnkonstruktion im Fremdsprachenunterricht vorstellen. Sie wird möglich – das ist die Botschaft der Abbildung –, wenn vier Bedingungen positiv besetzt sind: Das Lehren findet in Fachkulturen statt, das Lernen besteht auf der Basis sozialer und interkultureller Pluralität darin, sich in die Fachkulturen und in die Denk- und Verhaltensweisen der anderen Lerner hineinzudenken. Möglich wird diese Interaktion der Lehrenden mit den Lernenden nur, wenn die Lernenden dabei ihre Lernerbiographie und ihren bisher absolvierten Bildungsgang einbringen und zugleich die von ihnen antizipierten Entwicklungsaufgaben bearbeiten können. Lehren und Lernen identifiziert also nur die *eine* Achse, die für die Unterrichtsgestaltung berücksichtigt werden muss. Lernerbiographie und Entwicklungsaufgaben identifizieren die *andere* Achse. In der unterrichtlichen Bedeutungsaushandlung wird so Sinnkonstruktion befördert, was wiederum Kompetenzentwicklung und Identitätsbildung erleichtert:

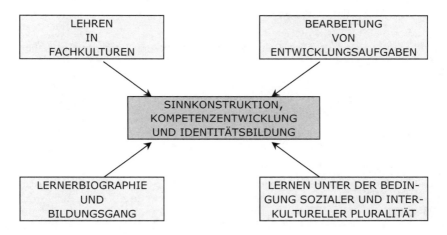

Abbildung 4: Sinnkonstruktion nach Meyer (2008)

Unsere Fragestellung ist also, wie fremdsprachliche Lernumgebungen derart gestaltet werden können, dass die Sinnkonstruktion auf Seiten der Lerner gefördert wird. Entscheidend ist, dass den Lernern Möglichkeiten eröffnet werden, sich selbst in Beziehung zu den fremdsprachlichen Lerngegenständen zu setzen und sie so als sinnvoll erscheinen zu lassen. Diese Sinnkonstruktionen können von Lehrerseite durch Sinnangebote gefördert werden. Die Lerner sollten die Möglichkeit erhalten, individuelle Vorstellungen, Konnotationen, Phantasien und Vorstellungen bezüglich des Lerngegenstandes einerseits und objektive Beschreibungen und Erklärungen der im Unterricht thematisierten sprachlichen Phänomene andererseits aufeinander zu beziehen.

Das Konzept der Sprachbewusstheit kann deshalb auch einen Hinweis für eine sinnvolle Erweiterung unseres Verständnisses von fremdsprachenunterrichtstypischen Methoden geben. Dabei können unterschiedliche, in der Fremdsprachendidaktik, der Allgemeinen Didaktik und der psychologischen Lehr-Lern-Forschung über die Jahre hervorgebrachte Positionen, Forderungen und Ratschläge für die methodische Gestaltung von Fremdsprachenunterricht miteinander verbunden und die Lerner in ihren Lernprozessen dadurch unterstützt werden, dass die Herausbildung einer Bewusstheit für Sprachform, Sprachgebrauch und Sprachenlernen gefördert wird. Das Konzept der Sprachbewusstheit impliziert dabei sowohl eine stärkere Lernerorientierung als auch eine methodisch-inhaltliche Akzentverschiebung (vgl. Gnutzmann 2003, S. 338):

- Im fremdsprachlichen Klassenzimmer werden Mehrsprachigkeit und Multikulturalität sowie individuelle Bedürfnisse und Interessen berücksichtigt.

- Es findet im Unterricht mehr Kommunikation über das Geschehen selbst statt.

- Sprachbetrachtung und Sprachvergleich, vor allem im Hinblick auf interkulturelles Lernen, sowie eine modifizierte Einsprachigkeit erlangen einen höheren Stellenwert.

- Der Zusammenhang zwischen sprachlichem Wissen und sprachlichem Können wird positiv betrachtet, Fehleranalyse und -reflexion erfahren eine neue Legitimation.

Die Förderung von Sprachbewusstheit – das ist unsere entscheidende Aussage – sollte im fremdsprachlichen Unterricht vor allem auf einer Ebene des Metadiskurses geschehen, der für die Lerner erkennbar von dem auf die jeweiligen Unterrichtsinhalte bezogenen Primärdiskurs getrennt ist. Unsere hierauf bezogene didaktische Hypothese ist deshalb, dass sich die Förderung von Sprachbewusstheit durch die Unterscheidung der verschiedenen diskursiven Ebenen im Unterrichtsprozess konkretisieren und operationalisieren lässt. Dies heißt zugleich, dass es aus unserer Sicht lernförderlich ist, den Fremdsprachenlernern durch die Möglichkeit zum Verhandeln und Reflektieren über Sprache auf einer diskursiven Metaebene – als *negotiation of meaning* – Angebote zur Sinnkonstruktion zu unterbreiten. Wir nehmen also an, dass ein fremdsprachlicher Unterricht, der sich am Konzept der Sprachbewusstheit orientiert, dadurch gekennzeichnet ist, dass im Verlaufe des Unterrichtsgesprächs zwischen zwei diskursiven Ebenen – der Ebene des Primärdiskurses und der Ebene des Metadiskurses – gewechselt wird (siehe Abbildung 5). Die Fähigkeit zur Reflexion über den Unterrichtsprozess ist natürlich nicht auf das Erlernen fremder Sprachen beschränkt. Ergebnisse aus der amerikanischen Lernforschung (Bransford et al. 2000, S. 18) gehen in die gleiche Richtung:

„[A] metacognitive approach to instruction can help students to take control of their own learning by defining learning goals and achieving them".

Weiterhin vermuten wir, dass Angebote zur Sinnkonstruktion gerade auf der Ebene des Metadiskurses von den Lernern ausgemacht werden können. Dadurch, dass den Lernern die Möglichkeit gegeben wird, über Sprache und darüber, was man mit ihr „machen" kann, nachzudenken und zu diskutieren, ergibt sich eine Vielzahl an Momenten, in denen die Lerner ihre subjektiven Vorstellungen von und ihre Annahmen über Sprache mit den subjektiven

Ansichten anderer und mit den objektiven, im Unterricht verhandelten Beschreibungen von Sprache in Beziehung setzen können. Wir gehen davon aus, dass die *Sinnangebote* und dadurch geförderten Sinnkonstruktionen sich auf die oben genannten Domänen von Sprachbewusstheit, den affektiven, sozialen, politischen, kognitiven und performativen Bereich, beziehen.

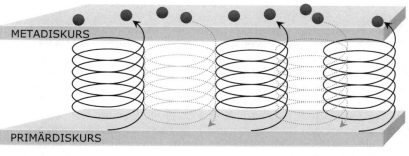

METADISKURS

PRIMÄRDISKURS

● Sinnangebot

Abbildung 5: Diskursebenen im bewusstheitsorientierten Fremdsprachenunterricht

Wir wollen damit keinesfalls ausschließen, dass Sinnangebote auch auf der Ebene des Primärdiskurses aufzufinden sind. Doch erscheint gerade die Ebene des Metadiskurses dafür prädestiniert, den Fremdsprachenlernern Angebote des Sich-in-Beziehung-Setzens zum Lerngegenstand und der reflexiven Auseinandersetzung mit demselben zu unterbreiten, so dass die Lernenden die Möglichkeit erhalten, Sinn zu konstruieren.

Die Berücksichtigung beider Ebenen in der Unterrichtskommunikation stellt eine anspruchsvolle Anforderung an die Unterrichtsgestaltung dar. Im nun folgenden Abschnitt soll deshalb anhand kürzerer Transkriptpassagen aus einer Unterrichtseinheit Spanisch als dritte Fremdsprache zunächst einmal gezeigt werden, wie der Wechsel auf eine diskursive Metaebene misslingen kann – und das, obgleich durch die Lehrkraft durchaus das reflexive Potential der Lerner angesprochen wird und diese somit eigentlich zur individuellen Auseinandersetzung mit den thematisierten sprachlichen Phänomenen angeregt werden.

5   Ein Beispiel aus dem Unterricht

Wir reproduzieren ein Transkript einer Unterrichtstunde Spanisch, die im ersten Halbjahr des 12. Jahrgangs an einer schottischen *Grammar School* erteilt wird. Es soll in den Modus *subjuntivo* und dessen Gebrauch eingeführt werden. Inhaltlich wird zu diesem Zweck der Schwerpunkt auf die Beschreibung von Freunden und auf den Ausdruck von Wünschen und Vorstellungen gelegt.

Die zweistündige Unterrichtseinheit ist in fünf Phasen unterteilt. Zunächst steht die Besprechung der Hausaufgaben im Vordergrund. Dabei wird insbesondere auf den Gebrauch der Verben *ser* und *estar* eingegangen. In einer zweiten Phase wird ein Rückbezug zu den den Schülern schon bekannten Konjugationsschemata aller drei Verbgruppen (*-ar*, *-er*, *-ir*) sowie der unregelmäßigen Verben im Indikativ (insbesondere 1. Person Singular) hergestellt. In der darauf folgenden dritten Phase wird auf die Konjugationsformen des *imperativo* (hier insbesondere 2. Person Singular) ebenfalls aller Verbgruppen und der unregelmäßigen Verben eingegangen. Hinter der Aktualisierung des sprachlichen Wissens der Lerner steht für die Lehrkraft die bewusste Nutzbarmachung schon bekannter sprachlicher Formen für neue sprachliche Strukturen und für neue kommunikative Ziele. Es schließt sich deshalb eine vierte Phase an, in der über den Umweg der Hilfskonstruktionen *deber + infinitivo, tener que + infinitivo* und *es necesario + infinitivo*, die alle eine Notwendigkeit ausdrücken, zum *subjuntivo* hingeführt wird. In einer abschließenden Phase wird der Gebrauch dieses Modus in einem Gespräch der Lehrkraft mit der aus Spanien stammenden Fremdsprachenassistentin veranschaulicht.

Die Lehrkraft geht zu Beginn der Stunde auf Probleme in den Hausaufgaben hinsichtlich des Gebrauchs der Verben *ser* und *estar* ein, appelliert an das Erinnerungsvermögen der Lerner und fordert eine kurze Beschreibung der wesentlichen Unterschiede beider Verben ein.[1]

---

1   Transkriptionskonventionen:
     L   LehrerIn
     S   SchülerIn
     [?]   Frage
     [!]   Aufforderung
     [↑]   steigende Intonation / als Frage gemeinte Äußerung
     [↓]   fallende Intonation / als Aufforderung gemeinte Äußerung
                    besondere Betonung
     [→x]   Hinweis auf *x* / Deuten auf *x* / Ansprechen von *x*
     [LACHT]   die Situation begleitende Handlung
     [...]   Auslassung

L: hola chicas [↓] [...] bueno, vamos a ver, tengo deberes, deberes que llegaron tarde [↓]
   muchas gracias [...] hay algunas correcciones, oh yes [↓] [...] y la otra cosa, para todas
   [↓], esto, pero también **vimos verbos, ser y estar. you remember that** [↑]
S: yeah
L: you do. **now you're going to tell me their basic features** [↓] **their basic caracteris-
   tics** [↓] soy guapa. soy alta. soy inteligente. soy actriz... dream on [↓] [...]

Die Lerner erhalten jedoch kaum Gelegenheit, ihr Verständnis zu äußern
oder es zu diskutieren. Man kann feststellen, dass die Lehrkraft dies auch
nicht fordert und dass die Lerner nur mit „gespieltem" Interesse reagieren.
Das von der Lehrkraft gebrauchte Vokabular macht aber schon in der Anfangsphase deutlich, dass hintergründig immer eine Art Sprachbewusstheit
auf Lernerseite angesprochen werden soll. Die Lehrkraft ermuntert zum
Beispiel dazu, ein wenig über die Fehler nachzudenken.

Die zweite Phase wird mit der Aufforderung eingeleitet, nun über Verben nachzudenken und die Aufmerksamkeit zunächst auf die Konjugation in
der 1. Person Singular zu richten. Die durchgängig wiederholte Aufforderung
zum Nachdenken sticht dabei besonders ins Auge.

L: [...] hoy quiero hacer algo diferente. hoy necesito hacer algo diferente. vamos a
   escuchar un poco [↓] listen to me [!] [...] hoy vamos a hacer algo diferente, algo
   interesante con los verbos [→KARTEIKARTEN MIT VERBEN], muchos verbos. [L
   PFEIFT] escucháis [↑] **vamos a pensar primero en la primera persona,** la persona
   más importante del mundo, no [↑]
S: sí
L: sí, **pensarla** [!] **vamos a pensar un poco. vamos a pensar en verbos** [↓] bueno, un
   verbo [→KARTEIKARTEN] un verbo fácil [...] yo [→S1] [↓]
S: ehm, cenar
L: lo siento, yo [↓]
S: oh, ceno
L: ceno. muy bien. there's another one... eh... abrir... [S2] [↑] [...]

Mit Hilfe von vorbereiteten Verbkärtchen werden Verben der verschiedenen
Gruppen herausgegriffen und von einzelnen Lernern in der 1. Person Singu-
lar konjugiert. Es fällt dabei auf, dass den Lernern lediglich die korrekte
Formenbildung, nicht jedoch eine Kontextualisierung im Sinne des
Gebrauchs der Verbformen in einem wenn auch nur imaginären sozialen
Zusammenhang angetragen wird. Dies übernimmt die Lehrkraft *en passant*.

L: [...] qué más [?] otros verbos fáciles... [→VERB]
S: como
L: como, como mucho, como mucho chocolate, como muchas galletas y también como
   muchos tomates. no comes tomates [→S] [↑] a mí me gustan mucho... tomar [→S5] [↑]

Überraschend ist hier auch, dass bei der Situierung eines konjugierten Verbs
in einen Kontext, in dem von der Lehrkraft an die Lerner gerichtete Fragen
formuliert werden, fast keine Gelegenheit zur Reaktion gegeben wird. Dialo-
ge kommen nicht zustande. Mit einem kritischen Blick kann bis hierher festgestellt werden, dass sowohl die pragmatische Ebene als auch die performa-

tive Domäne von Sprachbewusstheit vernachlässigt worden sind – trotz des auffällig *awareness*-markierten Vokabulars der Lehrkraft.

Nachdem beispielhaft Verben aller Klassen behandelt worden sind, leitet die Lehrkraft in die dritte Phase über, in der es nun um die Bildung der Imperativ-Formen geht. Dazu wird wieder versucht, vorhandenes Wissen bei den Lernern in Erinnerung zu rufen.

L: [...] right, now **do you remember** what we did with these verbs at the end of the last term [?]
S: oh, that horrible thing [↓] no, no, no [...]
L: i was starting to do something new, was that really horrible [?]
S: yeah, yeah [↓]
L: i think that **might be useful** [↓] [...] el español es difícil, verdad [↑] los verbos son difíciles. es necesario trabajar mucho, estudiar mucho, poner mucha atención [↓] but i'll **show you some shortcuts**...
S: yes, yes
L: because i know that deep down inside you're really lazy. todos los seres humanos son perezosos. es natural, verdad [↑] y vosotras sois normales. sois animales perezosos, verdad [↑] [...] **what we discovered, is** [...] **how to make use of something we already know.** we discovered that **it's really useful to know the** *yo*-**bits of a verb, not only to speak about ourselves** [↓] **it's also really useful for making commands,** for usted, señorita [→S] [↓] *usted*, to make commands for *usted*.

Zugleich versucht die Lehrkraft, den Lernern bewusst zu machen, dass sie bereits Gelerntes für das Meistern neuer sprachlicher Phänomene nutzbar machen und sich so den Lernprozess erleichtern können. Hier wird also indirekt ein lernstrategisches Verhalten angesprochen. Auffällig ist aber, dass die Lerner in der Folge wiederum keine Möglichkeit erhalten, sich mit den angesprochenen Strategien auseinanderzusetzen. Auch der kommunikative Nutzen der nun zu besprechenden Formen wird ausschließlich durch Kontextualisierung der Imperativformen durch die Lehrkraft illustriert. Eine Einbettung in Dialogsituationen, die der Lebenswelt der Lerner nahe stehen müssten, kommt nicht vor. Die Lerner sind weiterhin in der Situation, sprachformbezogenes Wissen abrufen zu müssen, ohne sich dabei eigenständig mit der Bedeutung sprachlicher Äußerungen auseinandersetzen zu können.

L: [...] now [→TAFEL], these are *ar*-verbs. **what happens to the bit of** *ar*-**verbs, who remembers** [?] nadie [↓] [...] i'm asking mucho, mucho, mucho, verdad [↑] **it wasn't that hard** [↑]
S: do you to take off the infinitive ending [?]
L: we take off the o of the *yo*-bit...
S: and than add e.
L: that's right [↓] *usted*, commands for *usted*, señorita [→S] cene en un restaurante elegante [!] tome las vacaciones en el caraíbe y fume menos [!] commands for *usted*. fume menos, tome las vacaciones en el caraíbe y cene en un restaurante elegante gratis [!] [...] esto es commands for *usted*. [we took the *yo*-bit of a verb, ...] **y qué pasó con los otros verbos** [?] *er*-**verbs** [↑] [...] coma menos carne [!] y beba menos cerveza [!] y... lea una novela [!] no todas las noches, pero... una novela cada dos meses... para

relajarse, no [↑] **so that's for the** *er*-**verbs for** *usted*, a bit funny, isn't it [↑] **so what happens now to** *ir*-**verbs** [?]

S: is it... like the *er*-verbs [?]

L: **they do the same thing** [↓] abra la ventana para tener más aire puro [!] escriba cartas a los amigos para mantener contacto [!] en general, viva mejor [!] es un buen consejo, no [↑] [...] **y descubrimos también a algunos verbos irregulares** [↓] [...] **do you remember that** [?]

S: m hm [↓]

L: **you see, they are not totally brainfree, they do remember that** [↓] [...] usted, señorita, haga más ejercicios [!] haga más ejercicios [!] conozca la ciudad caminando [!] haga ejercicios [!] conozca las calles caminando [!] es bueno para la salud, no [↑] y en clase, [→S] ponga atención [!] **that's good for your health too** [↓] [...] es importante salir a caminar, salga a caminar [!] [...] **we did the commands for** *usted* **where all the** *ar***-verbs got an** *e* **and all the** *er***- and** *ir***-verbs got an** *a* **at the and of the** *yo***-bits of the verb, está importante** [↓] [...] **it's really important to know the** *yo***-bits of a verb** [↓] **so let's make use of something new you know already.** [...] **let's forget all about commands** [!] **but let's remember this** [→TAFEL] [!] vamos a recordar esto [↓] **we'll use it for something totally totally different,** totalmente distinto. [...]

Nachdem nun auch die Bildung der Imperativ-Formen der verschiedenen Verbgruppen wiederholt worden ist, indem auf die Form fokussiert und das Erinnerungsvermögen der Lerner hinsichtlich dieser Formen angesprochen worden ist, findet eine Überleitung zum eigentlichen Thema der Einheit statt, dem Gebrauch des *subjuntivo*. Den Lernern sollte bis hierhin bewusst geworden sein, dass es nützlich ist, die behandelten Sprachformen, das heißt die Bildung der Imperativ-Formen, zu beherrschen. Das „Warum" oder „Wozu", das heißt auch hier die pragmatische Ebene, wird allerdings durch die Lehrkraft gesetzt:

L: [...] ok, vamos a pensar en describir a los amigos [↓] now, i know you can describe your friends already. what's his name [?] mi amigo... cómo se llama [?]

S: jorge

L: jorge... cómo es [?]

S: ehm... guapo

L: ... es guapo. qué más [?]

Natürlich gibt die Lehrkraft die inhaltliche Rahmung der Unterrichtsphase, die Beschreibung von Freunden, vor. Doch dass in diesem Kontext der Modus *subjuntivo* zum Ausdruck von Vorstellungen und Wünschen hinsichtlich der Wesensarten von Freunden eingesetzt werden kann, und dass sein Gebrauch bei der gestellten Aufgabe gerade zu notwendig wird – dies wird den Schülern als etwas einfach zu Lernendes dargeboten. Bei allen Appellen an das Bewusstsein der Lerner werden, unserer Ansicht nach, Gelegenheiten des Sich-Bewusst-Werdens vertan – Chancen des Entdeckens, des Sich-Herantastens an neue Sprachformen, des Sich-Hineinspinnens in die Sprache und ihre neuartige Bedeutung im Sinne Humboldts. Und dies heißt zugleich, dass die Möglichkeit der gemeinsamen, reflektierenden Diskussion über die entdeckten Strukturen nicht genutzt wird.

L: [...] un hombre debe ser más alto que yo [↓] yo mido un metro sesenta, that's five feet three, it's not very much. [...] **now, you're wondering what that's got to do with that** [→VERBTABELLEN AN DER TAFEL], aren't you [?] well, this [→TAFEL] is too easy for you, girls [↓]

S: nooo [↓]

L: you mean this is quite difficult [↑] mi amigo jorge es guapo. los chicos deben ser guapos. el chico ideal tiene que ser guapo. esto es muy fácil. [↓] **vamos a pensar en una cosa más difícil. well, i don't want to make life too difficult for you, but you have to learn something new. i just thought in recycle something you already know for a different purpose, yes** [↑] **look, these commands, we will recycle that** [...] **es importante que... you can't just go around just saying he is... he ought to be better, you will have to make evaluations in life... you know** [↑] **vamos a pensar en lo que es importante en un chico. what's important** [?] [...] **es importante que un chico... and this is where you'll use this special bit of a verb, reycling something difficult to learn, so difficult, and what we worked so hard for. and we will recycle this here to get to something totally different. ok, well,** es importante que un chico... beba mucho. you reckon [↑] es importante que un chico beba en moderación. no [↑] verdad que es importante que un chico beba en moderación [↑] [...] es importante que no fume. yo no tolero a los hombres que fuman. es importante que no fumen [↑]

S: no [↓]

Zum Abschluss der Unterrichtseinheit, nachdem die Lerner auf weitere bei-spielhafte Fragen der Lehrkraft nur mit *sí* oder *no* reagieren konnten, findet ein Gespräch zwischen der Lehrkraft und einer spanischen Fremdsprachenas-sistentin statt, in dem diese gefragt wird, wie sie ihre Freunde, ihre Wünsche und Erwartungen beschreiben würde. Dabei werden auch in dieser Phase die Lerner kaum oder gar nicht in das Gespräch einbezogen.

Der Unterrichtsmitschnitt zeigt auf, wie die Lehrkraft versucht, den Spa-nisch-Lernern auf einer bewussten Ebene das Lernen zu erleichtern. Deutlich ist der Bezug auf Fremdsprachenlernstrategien. Zugleich steht die Sprach-form im grammatischen Sinne im Fokus der Bewusstheitslenkung. Es wird also vor allem die kognitive Domäne von Sprachbewusstheit angesprochen. Außen vor bleiben aber insbesondere die affektive, die soziale und die per-formative Domäne von Sprachbewusstheit. Gerade diese Domänen könnten aber einen am Konzept der Sprachbewusstheit orientierten Fremdsprachen-unterricht auszeichnen und so unserer Ansicht nach im Hinblick auf das Unterbreiten von Sinnangeboten einen „Mehrwert" für das fremdsprachliche Lernen erbringen. Das Thema *subjuntivo* stellt schließlich auch im Sinne Humboldts einen sehr geeigneten Bereich für solcherlei unterrichtliches Arbeiten dar. Es ist hervorragend dazu geeignet, die Fremdsprachenlerner mit anderen sprachlichen „Weltansichten" zu konfrontieren, sie diese entde-cken zu lassen, sie sich in sie hineinfühlen zu lassen und sie diese auch be-schreiben und verarbeiten zu lassen, handelt es sich doch um einen Modus, dessen Gebrauch von affektiven und wertschätzenden Äußerungsabsichten des Sprechers abhängt und der in dieser Form in der Muttersprache der Ler-ner nicht vorkommt. Unsere evaluative These ist also, dass in diesem Unter-

richtsbeispiel der Versuch, die Sprachbewusstheit der Lerner im fremdsprachlichen Unterricht anzusprechen und produktiv zu nutzen, fehlschlägt.

6 Abschließende Bemerkungen und Ausblick

Ziel unserer Überlegungen war es, den sich allgemein auf Lernprozesse be-
ziehenden Begriff der Sinnkonstruktion gewinnbringend mit dem auf das
Lernen von Fremdsprachen bezogenen Konzept der Sprachbewusstheit in
Verbindung zu bringen. Auf die Tatsache, dass Reflexion über fremde
Sprachformen und über den hierauf bezogenen Lernprozess dem Erwerb
fremdsprachlicher Kompetenz dienlich sein kann, deuten einige Ergebnisse
der jüngeren Spracherwerbsforschung hin – auch wenn dies häufig noch
Anlass zu fachwissenschaftlichen Auseinandersetzungen gibt. Unter Annahme des positiven Einflusses von Nachdenken über Sprache und Sprachenlernen auf den Fremdsprachenerwerb stellt sich deshalb die Frage, wie man im
Fremdsprachenunterricht den Sprachgebrauch und Reflexionsmomente miteinander verknüpfen kann.

Der Fokus auf Sinnkonstruktionen ist dabei insofern interessant, als er
den „Mehrwert" identifizieren kann, den wir für einen sich am Ansatz der
Sprachbewusstheit orientierenden Unterricht postulieren. Ein solcher Unterricht müsste sich durch explizite Unterscheidung der beiden oben beschriebenen diskursiven Ebenen auszeichnen, der des Sprachgebrauchs und der der
Reflexion über Sprache. Wir stellen uns vor, dass im Unterricht zwischen
den beiden Ebenen auf flexible Art und Weise gewechselt werden kann.
Insbesondere auf der Ebene des Metadiskurses vermuten wir eine Vielzahl
von Sinnangeboten, die die Fremdsprachenlerner nutzen können, um sich
und ihre Lebenswelt mit den Lerngegenständen in Beziehung zu setzen und
so in einem weiteren Schritt der fremden Sprache und ihrem Gebrauch einen
Sinn zuzuschreiben. Der spanische Modus *subjuntivo* hat dafür exemplari-
sche Bedeutung, weil seine Verwendung in der englischen wie auch der
deutschen Sprache kein Äquivalent hat. Er stellt also besondere Anforderung
an die Schüler, Bedeutungen zu konstruieren.

Ob die These stimmt, dass den Fremdsprachenlernern durch die Möglichkeit der Bedeutungsaushandlung auf einer diskursiven Metaebene – als
negotiation of meaning – Angebote zur Sinnkonstruktion unterbreitet werden
und ob in einer offen und kontrolliert praktizierten Trennung von Primär-
und Metadiskurs, ein Mehrwert für das fremdsprachliche Lernen liegt, bleibt
empirisch zu überprüfen.

Literatur

Beck, B./Klieme, E. (2007): Sprachliche Kompetenzen: Konzepte und Messung. DESI-Studie (Deutsch Englisch Schülerleistungen International). Weinheim.

Bialystok, E. (1978): A theoretical model of second language learning. In: *Language Learning*, vol. 28, pp. 69–83.

Bransford, J. D. et al. (2000): How people learn. Brain, mind, experience, and school. Expanded edition. Washington D.C.

Bullock, Sir A. (1975): A language for life. Report of the Committee of Enquiry apported by the Secretary of State for Education and Science. London.

Combe, A./Gebhard, U. (2007): Sinn und Erfahrung. Zum Verständnis fachlicher Lernprozesse in der Schule. Opladen.

Eichler, W. (2003): Die Pisa-Nachfolgestudie DESI, Deutsch-Englische Sprachkompetenz bei SchülerInnen des 9. Schuljahres international. In: Moschner, B. u.a. (Hrsg.): PISA 2000 als Herausforderung. Baltmannsweiler, S. 157–172.

Eichler, W. (2004): Sprachbewusstheit und Orthographieerwerb. In: Bremerich-Vos, A. u.a. (Hrsg.): Neue Beiträge zur Rechtschreibtheorie und -didaktik. Freiburg, S. 179–189.

Ellis, R. (2004): The definition and measurement of L2 explicit knowledge. In: *Language Learning*, vol. 54, pp. 227–275.

Freie und Hansestadt Hamburg, Behörde für Bildung und Sport (2003): Rahmenplan Neuere Fremdsprachen – Französisch, Italienisch, Russisch, Spanisch. Bildungsplan neunstufiges Gymnasium Sekundarstufe I.

Freie und Hansestadt Hamburg, Behörde für Bildung und Sport (2004): Rahmenplan Neuere Fremdsprachen weitergeführt – Französisch, Italienisch, Russisch, Spanisch. Bildungsplan gymnasiale Oberstufe.

Gebhard, U. (2003): Die Sinndimension im schulischen Lernen: Die Lesbarkeit der Welt – Grundsätzliche Überlegungen zum Lernen und Lehren im Anschluss an PISA. In: Moschner, B. u.a. (Hrsg.): PISA 2000 als Herausforderung. Perspektiven für Lehren und Lernen. Baltmannsweiler, S. 205–223.

Gnutzmann, C. (2003): Language Awareness, Sprachbewusstheit, Sprachbewusstsein. In: Bausch, K.-R. u.a. (Hrsg.): Handbuch Fremdsprachenunterricht. Tübingen, S. 335–339.

Hawkins, E. (1984): Awareness of Language. An Introduction. Cambridge.

Humboldt, W. v. (1827-1829): Ueber die Verschiedenheiten des menschlichen Sprachbaues. In: Humboldt, W. v.: Schriften zur Sprachphilosophie. Werke in 5 Bänden. Hrsg. von A. Flitner und K. Giel. 3. durchges. Aufl., Bd. III. Darmstadt, S. 144–367.

Humboldt, W. v. (1830-1835/1963): Ueber die Verschiedenheit des menschlichen Sprachbaues und ihren Einfluss auf die geistige Entwicklung des Menschengeschlechts. In: Humboldt, W. v.: Schriften zur Sprachphilosophie. Werke in 5 Bänden. Hrsg. von A. Flitner und K. Giel. 3. durchges. Aufl., Bd. III. Darmstadt, S. 368–756.

James, C./Garrett, P. (Eds.) (1992): Language Awareness in the Classroom. London, New York.

Kolb, A. (2007): Portfolioarbeit. Wie Grundschulkinder ihr Sprachenlernen reflektieren. Tübingen.

Krashen, S. D. (1982): Principles and Practice in Second Language Acquisition. Oxford.

Krashen, S. D. (1985): The Input Hypothesis: Issues and Implications. London.

Krashen, S. D./Terrell, T. D. (1983): The natural approach: language acquisition in the classroom. Oxford.

Meyer, M. A. (2008): Unterrichtsplanung aus der Perspektive der Bildungsgangforschung. In: Meyer, M. A. u.a. (Hrsg.): Perspektiven der Didaktik. Sonderheft 9 der Zeitschrift für Erziehungswissenschaft (im Druck).

Ständige Konferenz der Kultusminister der Länder (Hrsg.) (2004): Bildungsstandards für die erste Fremdsprache (Englisch/Französisch) für den Mittleren Schulabschluss. München.

Weinert, S. (2000): Beziehungen zwischen Sprach- und Denkentwicklung. In: Grimm, H. (Hrsg.): Sprachentwicklung. Göttingen, Bern, S. 311–361.

„Sinnbildung über Zeiterfahrung"? Geschichtslernen im Spannungsfeld von Subjekt- und Institutionsperspektive

Johannes Meyer-Hamme und Bodo von Borries

1 Theorie

Kern der Bildungsgangforschung ist die Erforschung der subjektiven Auseinandersetzung mit fachlichen Lerngegenständen in der Schule und auch in der Geschichtsdidaktik als Wissenschaftsdisziplin im Anschluss an Jeismann und Rüsen ist die Subjektperspektive zentral, so dass es sich um parallele Zugriffe handelt, wenn auch unterschiedliche Terminologien verwendet werden („Strukturgleichheit"). Die Seite der Bildungsgangtheorie kann hier als bekannt vorausgesetzt werden (vgl. Trautmann 2004; Schenk 2005), nicht aber die geschichtsdidaktische. Sie ist zunächst sehr knapp zu entfalten.

Es geht seit der Wende zum Konzept „Geschichtsbewusstsein" (vgl. Jeismann 1977; Rüsen 1977) immer schon um die subjektive Auseinandersetzung mit Geschichte, mithin die Perspektive und Biographie der Lernenden. Freilich ist die Sache leider so eindeutig und einfach nicht. Denn Jeismann (1977) erklärt nicht das individuelle „Geschichtsbewusstsein", sondern das „Geschichtsbewusstsein in der Gesellschaft" zum Inhalt und Ziel der Geschichtsdidaktik – und damit später auch des Geschichtslernens. Das ist natürlich insofern vernünftig, als es den – durchaus gemäßigten – „Konstruktivismus" der Geschichtswissenschaft wie des Geschichtsunterrichts zwar bewusst macht, ihn aber – richtig verstanden und sachlich korrekt – an Sozialkonstruktivismus und – anzueignende und zu prüfende – Gesellschafts-Konvention zurückbindet.

Die schlichte Tatsache, dass – nach Entdeckung des „Geschichtsbewusstseins" als Thema – nun unbeschadet der gesellschaftlichen Vermitteltheit die individuelle Perspektive und individuelle Unterschiedlichkeit hätte zentral werden müssen (übrigens auch ein empirischer Zugang), wurde aber meist übersehen. Geschichtsbewusstsein – zunächst auch noch von rechts und links als Konzept in Zweifel gezogen – verkam nicht selten zur Worthülse, hinter der eine aufgeklärte, aber auch ziemlich herkömmliche „Wissenschaftsorientierung" weiterverfolgt wurde. Nur in einer Minderheit, die sich zugleich für die triebdynamisch-unterbewussten Zugänge und die Subjektivität der Lernenden interessierte, wurde die Schülersicht theoretisch ernst genommen (vgl. Schulz-Hageleit 1989, 2002; Knoch/Pöschko 1983; Knigge 1988; v. Borries 1988, 1996) und auch empirisch erforscht (vgl. v. Borries 1988, 1996).[1]

Aber was bedeutet die Definition von „Geschichte" als „Sinnbildung über Zeiterfahrung" überhaupt im Detail? Vermutlich wird die Formel nicht allen bekannt sein. Deshalb ein etwas ausführlicheres Zitat vom Erfinder dieses Konzepts, Jörn Rüsen:

„Was ist historisches Lernen? Es ist ein Vorgang des menschlichen Bewußtseins, in dem bestimmte Zeiterfahrungen deutend angeeignet werden und dabei zugleich die Kompetenz zu dieser Deutung entsteht und sich weiterentwickelt. Diese Definition ist sehr allgemein; sie deckt den weiten Bereich des für die Tätigkeit des Geschichtsbewußtseins maßgeblichen Umgangs mit der Zeit ab. Alle drei Zeitdimensionen werden vom Geschichtsbewußtsein thematisiert: Die Vergangenheit wird erinnernd so vergegenwärtigt, daß gegenwärtige Lebensverhältnisse verstanden und Zukunftsperspektiven der Lebenspraxis entworfen werfen können. Natürlich dominiert der Bezug auf die Vergangenheit - Geschichtsbewußtsein ist Erinnerungsarbeit -, aber er wird maßgeblich dadurch bestimmt, daß die Erinnerung untrennbar mit Zukunftserwartungen zusammenhängt. In diesem Zusammenhang von Erinnerung der Vergangenheit und Erwartung der Zukunft wird die eigene Gegenwart als zeitlicher Prozeß wahrgenommen, interpretiert und handelnd bewältigt.

Zusammenfassend kann man die Erinnerungsarbeit des Geschichtsbewußtseins als Sinnbildung über Zeiterfahrung charakterisieren. Sie erfolgt im Medium der Erinnerung, bringt die drei Zeitdimensionen in einen inneren Sinnzusammenhang und erfüllt eine praktische Orientierungsfunktion. Geschichtsbewußtsein vollzieht sich im Erzählen von Geschichten, und das geschieht in einem Kommunikationszusammenhang, in dem es um das Selbstverständnis der Beteiligten in zeitlicher Hinsicht, um ihre historische Identität, geht. Geschichten sind geistige Gebilde, mit deren Hilfe sich Subjekte im Zeitverlauf einordnen, in ihm sich selbst behaupten können." (Rüsen 1994, S. 64f.)

Geschichte ist also nicht das Wichtigste aus der Vergangenheit und auch nicht ein fotorealistisches, maßstabsgetreues, wenn auch verkleinertes Modell (Abbild) der Vergangenheit. Auch das Sprachspiel von der „Re-Konstruktion" ist dabei noch zu ungenau. Geschichte ist ein mentaler Prozess, sie besteht in sprachlicher (oder bildlicher) Erzählung über noch relevante Gegebenheiten und Begebenheiten in der Vergangenheit, die Veränderungen „erklären" und Gegenwart „aufklären"; z.B. „Papa, warum sind die Österreicher eigentlich keine Deutschen, obwohl sie doch deutsch sprechen?" Diese Frage kann man nur historisch klären bzw. beantworten, und

---

1   Die Ausklammerung von Empirie gilt anfangs fast uneingeschränkt (bis etwa 2000). Mit dem Erwerb narrativer Kompetenz hat sich besonders Barricelli (2003, 2004, 2005 u.ö.) beschäftigt, die Entstehung von Geschichtsbewusstsein haben z.B. Klose (2004), Kölbl (2004) und Straub/Kölbl (2001) untersucht. Freilich steht dabei der Begriff „Sinnbildung über Zeiterfahrung" nicht im Zentrum. Die Ansprüche an „Historizität" sind daher eher reduziert; aber umgekehrt wird dadurch der Blick – und das ist ein Vorteil – mehr auf die schon erreichten Fähigkeiten als – wie oft bei klassischen Fachdidaktikern – auf die noch bestehenden Defizite gerichtet (vgl. Günther-Arndt/Sauer 2006; Hodel/Ziegler 2008).

zwar mit einer Erzählung, einer Geschichtsgeschichte verschiedener Typen, in der z.b. Napoleon, Bismarck, Hitler und Renner oder „vormoderner Universalismus", *„nation building"*, „Kulturnation versus Staatsnation" und „Europäische Union" vorkommen müssen.

Geschichte hat also immer eine „narrative" Struktur (das bedeutet nur: sie beschreibt Zeitverläufe) und orientiert Menschen in ihrer Gegenwart für die Zukunft. Sie hilft – und das in ganz verschiedenen Formen – in Fällen von Verunsicherung, sie bietet Schlussfolgerungen und Verhaltens-Konsequenzen aus Wandlungen und Erfahrungen der Vergangenheit an. Eben das ist *„Sinnbildung über Zeiterfahrung"* (vgl. Rüsen 1983), die in Krisenfällen besonders wichtig ist. Geschichte dient insofern zur Verarbeitung von „Kontingenz", also von überzufälligen, aber unternotwendigen Vorgängen. Sie liefert Voraussetzungen und Parallelen, Verlaufskonstruktionen und Reaktionsmodelle. Diese alle aber sind nicht eindeutig und undiskutierbar fixiert, sondern hypothetische Konstruktionen; und sie werden nicht nur in einer einzigen dogmatischen Form vorgefunden und erst recht nicht direkt angewendet. Sie bildet ein Set von diskussionswürdigen und kontroversen Angeboten (auf der Basis einer nur schwer reflektierbaren und revidierbaren „Prägung").

Zu den Zentraltheorien gehört deshalb das „Geschichtsbewusstsein in der Gesellschaft" (Jeismann 1977). Später wurden – gerade auch in der „Kulturwissenschaft" (so bei Jan und Aleida Assmann) zahlreiche Füllungen vorgenommen, aber auch alternative Konzepte diskutiert wie „Geschichtskultur", „Erinnerungsorte", „Geschichtspolitik", „Historische Kompetenz", „Identitätsstiftung". Mit seinem Sieg auf breiter Front hat das Konzept „Geschichtsbewusstsein" auch an Konkretion verloren, vielleicht sogar die Lufthoheit über den Theorie-Stammtischen eingebüßt. Deshalb haben wir in Hamburg eine Reformulierung versucht, die von drei Dimensionen des „Geschichtsbewusstseins" ausgeht:

1. *„Geschichtskultur"* als gesellschaftliche wie individuelle Praxis (der Präsentation, Rezeption und Kommunikation)

2. *„Historische Identität"* als Lebensfunktion (der gesellschaftlichen wie privaten Selbstdefinitionen und Einordnungen)

3. *„Historische Kompetenz"* als Denk- und Handlungsvermögen (des affirmativen wie kritischen Umgangs mit Vergangenheit und Geschichte)

Konkret bedeutet das Bild der Dimensionen, dass man zwar jeweils eine Betrachtungsweise in den Vordergrund stellen kann, dass aber – genauer besehen – jeweils alle drei Dimensionen im Spiel sind. Bei jedem Einzelphänomen sind also alle drei Theorieansätze möglich und kombinierbar.

- Bei einem historischen Spielfilm „Kinder der Flucht" oder historischen Dokumentarfilm „Flucht und Vertreibung" ist eine Analyse
als „Geschichtskultur" nahe liegend, ja zwingend; es darf aber nicht
unterlassen werden, auf Rezeptionsweisen und Diskursformen ebenso zu achten wie auf die mediale Produktion (Herstellung), Machart
(Gestaltung) und Vermarktung.

- Unter der Hand aber geht es um „Identitätspolitik", und das ist eine
zweite Ebene der Analyse. Für die Identität – genauer Identitätsbe-
dürfnisse wie Identitätsangebote – ist es durchaus nicht gleichgültig,
dass die Deutschen sich bei „Flucht und Vertreibung" endlich als
„Opfer" fühlen dürfen und sollen („Viktimisierungsfalle"). Wenn
sich dann das *alter ego* der Gräfin Döhnhoff auch noch in einen
französischen Zwangsarbeiter verliebt und ein mögliches künftiges
Glück mit diesem am Horizont erscheint, dann spielt das auf Ver-
westlichung, auf die Perspektive der deutsch-französischen Versöh-
nung und Freundschaft, damit eine elementare Neu-Orientierung der
Selbstdefinition an.

- Und wie gehen die Zuschauer damit um? Tragen Filme – solche
Filme? – zu „Historischer Kompetenz" bei, setzen sie sie immer
schon voraus? Vieles spricht dafür, dass (im Gegensatz dazu) solche
Filmgestaltung – und ihr absichts-konformer Konsum – gerade auf
fehlende Kompetenz und Kompetenzvermeidung setzt.

„Geschichtsbewusstsein" – das dürfte klar geworden sein – ist kein Vorrat
kanonischer oder auch individual-spezifischer Kenntnisbestände, sondern
eine übertragbare Haltung und Qualifikation, ein erschließender Weltzugang.
Es ist insoweit von spezifischen Inhalten unabhängig, aber – bei relativ freier
Inhaltswahl – auf Operationen und Kategorien verpflichtet. Ohne Wolle kann
man nicht stricken (wohl aber mit dicker oder dünner, roter oder grüner),
doch ohne Muster und Plan (Handschuhe oder Pullover?) erst recht nicht.

Wenn die bisherige theoretische Fassung elegant und fruchtbar sein sollte, müsste man auch formulieren können, dass Geschichtsbewusstsein oder
„Sinnbildung über Zeiterfahrung" sich an der Erreichung dreier wesentlicher
– und graduierbarer – Zielsetzungen festmachen lässt, die eigentlich so eng
zusammenhängen, dass sie als Aspekte des gleichen Phänomens verstanden
werden können:

- Produktive und kritische Teilhabe an der „Geschichtskultur" in der
Gesellschaft und ihren diversen Unterformen (Sektoren) bei verschiedenen Teilgruppen (Subkulturen): Dabei kommt die ganze
Breite der Medien, der Kommunikationsformen und der Beeinflus-
sungschancen ins Spiel.

- Individuelle wie gruppenspezifische Selbstreflexion, Selbstverortung und Selbstdarstellung im Prozess kulturellen und sozialen Wandels („Woher kommen wir? Wer sind wir? Wohin gehen wir?"): Dabei ist es gerade nicht bloß die Aufgabe, sich selbst bespiegelnd immer nur Nabelschau des „Eigenen" zu betreiben („Narzissmus"), sondern sich „Alteritätserfahrungen" und „Fremdeinschätzungen" auszusetzen, wobei auch die Relativität und Interferenz von „fremd" und „eigen" deutlich werden kann und soll.

- Fähigkeit, Fertigkeit und Bereitschaft, mit Vergangenheit und Geschichte in verschiedenen (auch neuen und krisenhaften) Situationen selbstständig umzugehen: Hier geht es um Urteilskraft, genauer um Fragen, Methoden der Re- und De-Konstruktion, Orientierungen und Verfügung über Begriffe und Strukturierungen.

Es ist offenkundig, dass hier genau solche Prozesse eine Rolle spielen, wie sie die Bildungsgangforschung untersucht („Strukturgleichheit"). Die Lernenden müssen selbst Sinn bilden, sonst läuft gar nichts. Sie kriegen Sinnbildungszumutungen von der Gesellschaft über Schule, Lehrer und Unterricht (wie natürlich mit vermutlich größerem Gewicht auch über Eltern und Medien) – und sie haben eigene Bedürfnisse und Vorlieben (Entwürfe und Projekte ihres Lebens). In diesem oft konflikthaften Wechselspiel prägen sie ihre Persönlichkeit und ihre Biographie aus, ohne dass man allerdings ohne weiteres von einer besonderen Entwicklungsaufgabe „Geschichtsbewusstsein" zu einem einigermaßen konkreten Zeitpunkt im Bildungsgang ausgehen könnte (vgl. Körber 2004).

Andererseits reicht die Aufgabe, da sie einen ganz eigenen „Weltzugang" erschließt, natürlich weit über das Fach Geschichte hinaus: „Historisches Denken" – als „Sinnbildung über Zeiterfahrung" in narrativer Struktur zur Erklärung von Veränderung und zur Orientierung für Zukunft – wird in der Literatur wie in der Politik, in den Fremdsprachen wie in der Biologie gebraucht – und im allerdings eher seltenen Glücksfalle sogar in anderen Schulfächern „beigebracht", bzw. „erworben", gelegentlich besser als in Geschichte.

In diesem zweiten Schritt geht es also um weitere Theoriefragen: Historische Bildung steht, wie bereits eben erwähnt wurde, zwischen:

- erstens der Gesellschaft mit ihren institutionellen Anforderungen (z.B. in der Schule),

- zweitens dem Individuum mit seinen persönlichen Vorlieben und Abneigungen (auch triebdynamischer Herkunft)

- und drittens auch normativer, aufklärerischer Wissenschaft (Theoriebildung) als regulativer Idee und rationalem wie humanem Kriterium.

Das ist natürlich genau unser Thema in diesem Aufsatz und genau das Refle-
xionsfeld der Bildungsgangforschung insgesamt. Es geht allerdings nicht nur
um die „gesellschaftlichen Ansprüche" (hier konventionelle historische
Kenntnisse, Deutungen und Wertungen) und „individuelle Zugänge" (hier
persönliche Motivationen, Auswahlentscheidungen und Umgangspraktiken
für Geschichte), sondern – unumgänglich – auch um Urteilsmaßstäbe und
-kriterien, wie sie besonders die Fachdidaktik, aber auch die Geschichtstheorie entwickelt hat. Jedenfalls kennen wir keine wissenschaftlichen Arbeiten,
die einfach nur die vorfindlichen Bestände der Objektseite („Anforderungen") und der Subjektseite („Vorlieben") beschreibend auflisten. In den
Strukturierungen und Graduierungen stecken massive normative Voraussetzungen.

Natürlich ist es vernünftig, nicht die theoretischen Modelle, die didaktischen Ideale, die ausgesprochen hohe Standards setzen, zu verabsolutieren
und an ihnen die Defizite von Richtliniengebern und Schulbüchern, Lehrenden und Lernenden aufzuzeigen. Wir müssen durchaus zur Kultur einer
freundlich verstehenden und ermutigenden Diagnose statt bloßen „Fehler-
Anstreichens" kommen. Aber der Vergleich mit dem Möglichen und
Wünschbaren ist auch logisch unvermeidlich und unerlässlich. Fachdidaktiken sind stets auch – nicht nur! – normativ; das ist kein Mangel, es muss
ihnen nur bewusst sein.

Da es sich beim „Geschichtsbewusstsein" u.a. um eine Kompetenz handelt, die man nicht einfach hat oder nicht hat, sondern die man anthropologisch stets hat (wenn auch in verschiedener Komplexität und Perfektion),
muss Geschichtsbewusstsein notwendig graduiert, diagnostiziert und gefördert (nicht gestiftet, geschaffen oder vermittelt) werden. Im ganzen folgenden
Beitrag wollen wir einfach zeigen, wie man das erforschen kann und welche
Rolle dabei das Spannungsverhältnis von „gesellschaftlichen Ansprü-
chen/Zumutungen" und „persönlichen Bedürfnissen/Vorlieben" – unter einer
Betrachtung auch von „erkenntnislogischen Idealen/Modellen" aus – immer
schon spielt.

2   Empirie I: Ältere qualitative und quantitative Studien

Auch die bisher entfaltete Theorie (vgl. 1) ist natürlich erst während und
neben der Empirie (vgl. 2 und 3) weiterentwickelt worden, so dass hier Dinge systematisiert nebeneinander stehen, die tatsächlich schrittweise und eng
miteinander verzahnt entstanden sind. Wo am Anfang nur „Geschichtsbewusstsein in der Gesellschaft" (und in Schulklassen) stand, ging es in Hamburg bald nicht mehr nur um explorative Erkundungen und später um quanti-
fizierende Messungen im Sinne einer statischen Zustandsbeschreibung (das

nannten wir „Geronnenheit"), sondern – auf lange Sicht – um eine Differenzierung nach drei theoretischen Dimensionen einerseits (siehe oben), um eine detaillierte Analyse von Geschichtsdenken und Geschichtslernen als individuellen und kommunikativen Prozessen andererseits (vgl. z.B. Hasberg/Körber 2003) und schließlich drittens um eine (Wieder-)Anknüpfung an die langfristig-biographische und lebensweltliche Perspektive der Lernenden (mithin an „Bildungsgangforschung").

Doch zum Ausgangspunkt zurück: Jeismanns berühmter programmatischer Aufsatz zum „Geschichtsbewusstsein" und Rüsens Parallele dazu erschienen 1977, ein Sammelband „Ansätze empirischer Forschung im Bereich der Geschichtsdidaktik" schon 1976 (Fürnrohr/Kirchhoff). Es folgte ein Kurs über „Das Gespräch im historisch-politischen Unterricht" (Fina 1978). Ein paar Bände über „Geschichte mangelhaft" (in der Hauptschule) (Filser 1973), „Zur Effektivität des Geschichtsunterrichts" (Müller 1972) und „Unbewältigte Vergangenheit – überwältigende Gegenwart" (Wiesemüller 1972) waren schon vorausgegangen. In der Empirie geschah dann aber lange nichts. Wie schon gesagt, nahm nur eine winzige Minderheit die doppelte Aufgabe ernst, zugleich die Schülerperspektive ins Zentrum zu stellen und empirische Studien vorzulegen. Neben dem schon erwähnten Fina, der vereinzelte qualitative wie quantitative Zugriffe anstellte (1973, 1974, 1975, 1976), habe wohl nur ich (B.v.B.) konsequent dieses „harte dicke Brett" gebohrt. Die Abarbeitung verlief in einem Dreischritt.

- Begonnen wurde seit 1980 mit qualitativen Studien, besonders der Interpretation von Autobiographien (vgl. v. Borries 1987, 1990, 1996, S. 7–37, S. 79–103, S. 168–174), Stundenprotokollen (vgl. v. Borries 1984, 1985), Niederschriften (nachträgliches stilles Schreiben) und Intensivinterviews mit Jugendlichen und Erwachsenen (vgl. v. Borries 1980, 1982, 1988). Weitere entsprechende Studien wurden in einer Monographie gedruckt (v. Borries 1988).

- Es folgten seit 1988 drei große quantitative Befragungsrunden, die letzten beiden ein repräsentativer Survey über 6., 9. und 12. Klassenstufen in Ost- und Westdeutschland und ein repräsentativer Survey über 9. Klassen in Ost- und Westeuropa (zusammen mit rund 40.000 Befragten) (publiziert als v. Borries u.a. 1992, 1995, 1999).

- Erst seit 2002 wurde ein zwei- bzw. dreistufiges Verfahren mit qualitativen und quantitativen Daten (und Nachbefragung) eingesetzt (vgl. v. Borries u.a. 2005).[2] Nur diese letzte Studie ist bereits im Rahmen der „Bildungsgangsforschung" entstanden, und Johannes Meyer-Hamme war schon daran beteiligt. Die Zugriffe davor waren nicht explizit auf Operationalisierung des Individualitäts-Institu-

---

2 Zur möglichen methodischen „Triangulierung" vgl. auch Hericks/Körber 2007.

tions-Spannungsfeldes (auch Zumutungs-Autonomie-Dilemmas) angelegt und können nur punkthaft nachträglich in diesem Sinne analysiert werden.[3]

2.1 Hermeneutische Fallrekonstruktionen (Autobiographien und Intensivinterviews)

Autobiographien sind eine wunderbare Quelle zum Geschichtsbewusstsein, leider allerdings eine, die meist erst Jahrzehnte später verfügbar wird, also immer schon historisch ist. Es kommt hinzu, dass die institutionelle Seite, der Geschichtsunterricht, meist ausgeklammert wird, es sei denn, die besondere Langeweile (z.b. des Jahreszahlenpaukens) oder die besondere Faszination (z.b. durch die Lehrererzählungen) würden angeführt, was meist nur bei später historisch Tätigen der Fall ist ("Signifikanz", "kritischer Charakter", "Biographierelevanz" des Berichteten).

Von sucht- und rauschhafter Lektüre ist sehr oft die Rede (z.b. Canetti 1979, 1982, 1985), gelegentlich auch von entsprechender Theater- oder Kino-Leidenschaft mit historischem Schwerpunkt. Ebenso häufig aber findet sich auch in ganzen und umfangreichen "Selbsterlebensgeschichten" keine einzige auf Historie bezogene Szene (z.b. Gremel 1983). Schule und Außerschulisches können – trotz Spannungen – miteinander gehen, aber auch in der einen oder anderen Weise auseinander laufen. Es gibt eben – tief in der *"Persönlichkeitsstruktur"*, d.h. *"Identitätsformation"* – *"geschichtsaneignende"* und *"geschichtsresistente"* Figuren (dass beide gleichermaßen *"geschichtsgeprägt"* sind, bleibt dabei außer Frage). Das ist bei Normalbürger(inne)n nicht anders als bei Schriftsteller(innen), die Autobiographien verfasst haben.

Schon 1986/87 wurden ziemlich viele Kinder und Jugendliche interviewt. Im Folgenden zitieren wir – zwecks Kürze – jeweils aus den Zusammenfassungen von zwei intensiv re-konstruierten Fällen. Zunächst handelt es sich um *Fall A, einen "Elfjährigen mit konkretistischen Missverständnissen"*:

„(...) Wie aber paßt diese Unfähigkeit zur historischen Argumentation und zum gesellschaftlichen Denken mit dem geschichtlichen Interesse für Ägypter und Azteken, Griechen und Chinesen, Mittelalter und Steinzeit zusammen? An der Faszination durch Exotisches einerseits und Sinnlich-Bildhaftes der Geschichte andererseits ist ja nicht zu rütteln. Bei genauem Lesen wird man den Verdacht nicht los, daß es sich hier gar nicht um ‚Geschich-

---

3   Ein zweites qualitativ-quantitativ kombiniertes Projekt betrifft eine video- und computergestützte Feinanalyse von Geschichtsunterricht selbst, natürlich wiederum mit dem Schwerpunkt, Detailbeschreibungen von Mikro-Lernprozessen, ihrer Logik wie ihrer Förderung – und Verhinderung! – liefern zu können. Dazu gibt es mehrere kurze Berichte (vgl. z.B. Körber 2003, 2006), aber noch keine Monographie.

te' handelt. Zeitlicher Abstand und stufenweise Veränderung werden schlicht nicht wahrgenommen. Und selbst scheinbar abstrakte Kategorien (‚Religion', ‚Sitten') sind nur Chiffren für ästhetisch-abenteuerliche Rekonkretisierungen phantastischer Art (‚Geheimnisse', ‚Großgeschosse'). Geschichte ist hier, wie aus den Mißverständnissen eindeutig hervorgeht, noch nicht methodengewisse Rekonstruktion von vergangenen Gesellschaftszuständen und -änderungen, sondern ungebundene Imagination geheimnisvoller, exotischer Ereignisse und Heldentaten. (...)

A. steht im ganzen – und das ist für einen Elfjährigen kurz vor der Wende von ‚konkreten' zu ‚formalen Operationen' keine kleine Leistung – bereits auf der zweiten Stufe der ‚Pyramide des Geschichtsbewußtseins'. Er beschäftigt sich ‚diffus' gerade mit dem ganz Fernen und Fremden. ‚Ästhetische Wahrnehmung' führt ihn zu ‚historischen Legenden', ‚die geahnte Geschichtserfülltheit' bedeutet noch nicht Studium der Genese der Gegenwart, wenn auch ‚unterbewußte Vergangenheitsverdrängung' eine schiefe Kennzeichnung wäre. Doch erscheint ‚unterbewußte Geschichtsprojektion', nämlich Nutzung zur Abfuhr abenteuerlicher und triebhafter Bedürfnisse, angemessen." (v. Borries 1988, S. 154f.)

Wie man sieht, ist hier heuristisch ein auch theoretisch begründetes Modell von Typen und Verläufen („Entwicklungslogik") des Geschichtsbewusstseins zugrunde gelegt, das an dieser Stelle nicht im Einzelnen entfaltet werden kann (vgl. v. Borries 1983, 1988, S. 9–13). Klar ist aber auch (und war schon 1988!), dass Selbstaussagen in Intensivinterviews sehr gut für ziemlich dichte Beschreibungen und hermeneutische Rekonstruktionen von individuellen Fällen von „Geschichtsbewusstsein" benutzt werden können, die sich in zahlreichen Dimensionen unterscheiden und einen hohen Grad an „Individualität" erreichen. Auf der Gegenseite soll hier nicht mit jungen Erwachsenen verglichen werden, sondern mit einem fast Gleichaltrigen, einem *„Dreizehnjährigen mit motivationalen Blockierungen" (Fall B):*

„(...) Insgesamt ist der dreizehnjährige B. in seinem Geschichtsbewußtsein kognitiv eher hinter dem elfjährigen A. zurück; seine ‚historischen' Leistungen dürften aber für einen gymnasialen Siebtkläßler keineswegs ungewöhnlich schlecht sein. Es gibt keinen Anlaß zu Zweifeln an einer erfolgreichen Schul-, Studien- und Berufskarriere. Wie viele andere befindet B. sich eindeutig auf der Stufe konkreter Operationen, mit denen man in Geschichte eben nicht weit kommt. Außerdem fehlt ihm jedes Interesse für und jeder Lebensbezug von Geschichte, d.h. er nutzt nicht ersatzweise historische Phantasie und Imagination, um die Zeiten und Räume zu beleben, die er noch nicht methodengerecht füllen kann und will. Bezeichnenderweise hat er von der Methode der Geschichtswissenschaft bzw. der Arbeit eines Geschichtswissenschaftlers ‚keine Ahnung' (13). Auch bei der Parteinahme in geschichtlichen Konflikten kennt er keine fachgerechte Abwägung: ‚Naja, so wie der Geschichtslehrer es sagt, wer besser war (...) Und meistens sagt einem der Geschichtslehrer erst mal, wie das so ist, naja... Naja, auf jeden Fall bin ich gegen den, der den Krieg angefangen hat.' (13) Das ist entweder naiv oder vager, ironischer Protest gegen Autoritäten und Institutionen.

Wie kann man das Geschichtsbewußtsein eines Kindes klassifizieren, wenn dieses sich emotional weigert, ein Geschichtsbewußtsein zu erwerben? Daß ‚genetisches' Denken hier fehlt, ist wohl deutlich erwiesen; auch ‚kritische' Wendungen (außer zur Umweltfrage) sind nicht erkennbar. Das Ausmaß der Geschichtsfremdheit und Geschichtslosigkeit schließt es sogar aus, von ‚exemplarischer' Erzählung oder ‚traditionaler' Sinnbildung zu sprechen. Kulturelle Selbstverständlichkeiten mögen objektiv durch Tradition vermittelt werden und durch Geschichte bedingt sein; viele Menschen machen sich dies aber niemals und in keiner Weise klar. B. steht überraschend eindeutig auf der untersten Stufe eines Geschichtsbewußtseins in ‚paradox-empirischer Bedeutung'. Er ist gekennzeichnet von ‚historischer Unkenntnis', aber ‚emotionaler Zugehörigkeit', ‚unvermeidlicher Geschichtsbestimmtheit', aber ‚vorbewußter Vergangenheitsgleichgültigkeit'." (v. Borries 1988, S. 158)

Schon der Vergleich beider Fälle – mit der Umdrehung von Lebensalter (B. vor A.) und Entwicklungsstand (A. vor B.) – zeigt, wie flexibel die damals gewählte, heute fortzuschreibende Theorie benutzbar ist. Zugleich wird die Anwendbarkeit auf das Spannungsfeld von Institutions- und Subjektperspektive, also unser Thema, ganz deutlich. Was in der alten Interpretation (von 1988) als – je verschiedener – Konflikt zwischen lebensweltlich-projektiven Interessen und schulisch-methodischen Anforderungen erscheint, ließe sich, wenn man denn alle Fälle einzeln wieder aufgreifen würde, sicherlich auch als Schere bzw. Passung zwischen institutionellen Anforderungen und subjektivem Lernwunsch re-analysieren.

2.2 Repräsentative Befragungen (innerdeutscher und innereuropäischer Vergleich)

In der großen repräsentativen Studie[4] von 1992 in Ost- und Westdeutschland sind eine ganze Menge struktureller Ergebnisse abgefallen, die für unseren Zusammenhang wichtig sind. Im Bereich der Vorlieben und Interessen ist es gelungen, zwei recht valide und reliable Konstrukte zu bilden, die wir damals (etwas unscharf) „Bildungswunsch" (d.h. „*schulisch-kognitive Geschichtsbeschäftigung*") und „Unterhaltungsbedürfnis" (d.h. „*außerschulisch-projektive Geschichtsbeschäftigung*") genannt haben.[5]

Spannend ist die Verteilung auf Altersklassen, Regionen und Geschlechter (vgl. v. Borries 1995, S. 97ff., S.210ff., bes. Grafiken S. 99, S. 107, S. 211f.). Der „innerschulische Erkenntniswunsch" ist in allen Altersgruppen bei Jungen deutlich höher als bei Mädchen; die Zuwendung zum Schulfach

---

4   Beteiligt waren Nordrhein-Westfalen (Westen), die fünfeinhalb „Neuen Bundesländer" (Osten) und Bayern/Baden-Württemberg (Süden), und alle Schulformen, in der 12. Klassenstufe ersatzweise Berufsschulen (2. Jahr). Die Stichprobe betrug 6.479 Schüler(innen) und 283 Lehrer(innen). Fast alle Items verlangten Ankreuzungen auf fünfstufigen Likert-Skalen von „Nein, gar nicht" bis „Ja, sehr".

5   Zur ersten Größe gehören (konventionelle Anerkennung von) „Geschichtsrelevanz" und „Vorliebe für schulische Geschichtsmedien", zur zweiten „abenteuerliche Epochenassoziationen", „Abenteuerlust und Traditionsliebe als Operationen des Geschichtsbewußtseins", „Vorliebe für geschichtliche Unterhaltungsmedien" und „Buntheit der Vergangenheit", was jeweils selbst schon Konstrukte sind (vgl. v. Borries u.a. 1995, S. 213f.).

geht von der 6. zur 9. Klasse stark zurück und erholt sich bis zur 12. Klasse nur teilweise. Kindliche Begeisterungsfähigkeit und pubertätsbedingte Schulunlust schlagen da zweifellos durch. Der Rückgang ist im Westen (NRW) besonders krass, im Osten (ehemalige DDR) besonders milde. Beim „außerschulischen Unterhaltungsbedürfnis" fällt der Verlust mit steigender Klassenstufe noch gravierender aus und verläuft kontinuierlich. Der Vorsprung der Jungen vor den Mädchen ist zunächst sehr groß, verschwindet dann aber völlig. Das „Abenteuerbedürfnis" kann geradezu als Besonderheit der „kleinen Jungen" charakterisiert werden. Auch hier sind die Werte im Westen (NRW) besonders schwach, im Osten (Ex-DDR) besonders hoch.

Schon die valide und reliable empirische Messung der Zweidimensionalität des Interesses an Geschichte, die zuvor nur theoretisch zu analysieren war, zudem mit geschlechts- und altersspezifischer Verteilung, ist ausgesprochen spannend. Dabei gibt es zwischen beiden Größen bei den „Kleinen" (6. Klasse) noch einen deutlichen Zusammenhang (positive Korrelation r = .32), bei den „Großen" nicht mehr nennenswert (r = .08) (vgl. v. Borries u.a. 1995, S. 241). Ist das eine natürliche biographische Entwicklung hin zur Trennung von Kognition und Emotion, von „Gesellschaftsanspruch" und „Individualbedürfnis"? Oder verschuldet vielmehr, was plausibler ist, die Schule selbst eine „Abspaltung und Verleugnung"?[6]

Auch aus der europäischen Vergleichsstudie (v. Borries u.a. 1999)[7] sei nur ein einziges Beispiel herausgehoben. Der beste Vertreter der gesellschaftlichen Ansprüche ist wohl unbestritten das „Geschichts-Schulbuch", eine herausragende Form der außerschulischen ästhetisch-abenteuerlichen Geschichtszuwendung der „historische Spielfilm". Es lag also nahe, alle Schüler nach der „Beliebtheit", der „Zuverlässigkeit" und der „Unterrichtsnutzung" dieser beiden Medien zu fragen. Im Falle der „schulischen Gebrauchs" war es – zur Vermeidung eines statistischen Bodeneffektes und zur Erzeugung von Varianz – allerdings nötig, das Item auf „audiovisuelle Medien insgesamt" auszuweiten.

Der Befund ist zwar nicht gerade überraschend, aber eindrucksvoll und vor allem über fast alle beteiligten 27 Länder (30 Stichproben) gemeinsam (vgl. v. Borries u.a. 1999, S. 86f., S. 90). Schulbücher (im Fach Geschichte)

---

6 Dafür spricht, dass in der 6. Klasse beide Interessenformen niedrig positiv mit der kognitiven Leistung einhergehen sind (r = .13, r = .07), während in der 12. Klasse „schulischer Erkenntniswunsch" hoch positiv (r = .30), „außerschulisches Unterhaltungsbedürfnis" aber sogar leicht negativ (r = -.04) mit der Erkenntnisleistung korreliert (vgl. v. Borries u.a. 1995, S. 240f.).

7 In diesem Falle konnten 27 Länder und drei besondere Stichproben (Schottland, Südtirol und arabische Israeli) einbezogen werden, leider allerdings nur die 9. Klassenstufe (also die Altersgruppe von etwa 15 Jahren). Die Zahl der Schüler(innen) lag über 31.500, die der Lehrer(innen) über 1.250. Fast alle Items verlangten – wie schon in Deutschland 1992 – Ankreuzungen auf fünfstufigen Likert-Skalen von „Nein, gar nicht" bis „Ja, sehr".

sind ausgesprochen unbeliebt (in allen Ländern negativer Mittelwert), Spielfilme ausgesprochen beliebt (in allen Ländern positiver Mittelwert). Die Differenz beträgt im Mittel deutlich mehr als einen Punkt, kann aber auch auf zwei volle Punkte (z.B. in Tschechien, Belgien und Israel) steigen oder auf reichlich einen halben Punkt (z.B. in Palästina, Estland und Kroatien) absinken. Es gibt also kulturell verschiedene Muster, keine quasi-biologische Konstanz.

Beim unterrichtlichen Gebrauch von Schulbüchern und AV-Medien ist das Bild etwas uneinheitlicher. Klar ist, dass AV-Medien eher selten benutzt werden (mit einer Ausnahme durchweg negative Mittelwerte), wobei aber Skandinavien, Palästina, Großbritannien und Frankreich durch einigermaßen neutrale Angaben herausfallen. Schulbücher werden in vielen Ländern ausgiebig benutzt (daher gibt es auch einen positiven Gesamtmittelwert). Aber aus einigen Transformationsländern (Ungarn, Tschechien, Kroatien), aus Israel wie Palästina und aus Westeuropa (Großbritannien, Frankreich) wird ausgesprochene Zurückhaltung beim Schulbuchgebrauch berichtet.

Das ändert nichts am Gesamtbild, das übrigens auch noch in Deutschland ganz besonders ausgeprägt ist (zweieinhalb Punkte Differenz): Die Lehrenden benutzen das Medium „Schulbuch", das die Schüler hassen, und klammern das Medium „Spielfilm" aus, das die Schüler lieben. Natürlich müssen sich die Lehrkräfte – als Vertreter des gesellschaftlichen Anspruchs – nicht bedingungslos den Schülervorlieben – als Vertretern der Individualwünsche – beugen bzw. anpassen. Aber sie müssen wissen, was sie tun, und sie müssen explizit legitimieren, was sie tun. In beiden Fällen gibt die Untersuchung eine betrübliche Auskunft: Die Lehrenden kennen, wie schon im deutschen Fall 1992, die Auffassungen der Schüler (thematische Interessen) nicht gut und beschreiben auch den tatsächlich stattfindenden Unterricht und seine Methoden recht anders als die Lernenden.

Für die Erörterung der Kompetenzen muss auch auf die dritte Frage zu Schulbuch und Spielfilm zurückgegriffen werden, die nach der Zuverlässigkeit. Erwartungskonform bekunden die Lernenden im Mittel ein größeres Zutrauen zum „Schulbuch" als zum „Spielfilm". Der Unterschied ist allerdings eher marginal und kehrt sich in mehreren Ländern (Rußland, Ukraine, Ungarn, Türkei, arabisches Israel, Palästina) sogar um, wofür in Transformationsländern wie in besetzten Gebieten die Gründe leicht einzusehen sind. Der eigentliche Offenbarungseid des Geschichtsunterrichts spielt sich in altdemokratischen Ländern wie Skandinavien (außer Island) und Westeuropa (von Italien bis Großbritannien) ab: Das Vertrauen in das Schulbuch erreicht dort kaum einen positiven Wert von einem halben Punkt, das Misstrauen in Spielfilme kaum einen negativen Wert von einem Viertel-Punkt. Die Differenz bleibt oft unter einem halben Punkt.

Mit anderen Worten: Die Gattungsspezifik von „*Spielfilm*" und „*Schulbuch*" ist den Lernenden – noch vor etwa 15 Jahren – weithin unklar geblieben. Das bedeutet aber, dass höchstwahrscheinlich auch nie der Versuch gemacht wurde, sie zu vermitteln. Lehrende setzen kulturelle *Selbstverständlichkeiten* voraus (wozu fälschlich auch gehört, dass Spielfilme kognitiv und geschichtskulturell – damit auch unterrichtlich – nicht ernst zu nehmen seien), aber Lernende sind vermutlich nie in diese – zudem falschen – Selbstverständlichkeiten eingeführt worden. Wenn man einen Kompetenzansatz verfolgt und die „geschichtskulturelle Kompetenz" (vgl. Pandel 2005) oder die „De-Konstruktionskompetenz" (vgl. Körber u.a. 2007) für zentral hält, ändert sich die Lage fundamental. Der Umgang mit einflussreichen oder umstrittenen Spielfilmen wird nämlich herausragend wichtig. Aber – auch das wissen wir inzwischen zuverlässig – diese Einsichten haben das Lehrerhandeln nicht erreicht.

2.3 Zweistufige Untersuchung (Individualfälle und Strukturkonstrukte)

Bei der Wiederaufnahme empirischer Studien (2002)[8] wurde für die Schüler(innen) die Schulbuchfrage, für die Lehrer(innen) die Richtlinienfrage ins Zentrum gestellt (vgl. v. Borries u.a. 2005). Die Lernenden haben sich zu ihrem Schulbuchideal, dem tatsächlich vorhandenen Schulbuch und dem alltäglichen Schulbuchgebrauch geäußert. Damit kann ihr am Beispiel nachgewiesenes reales Schulbuchverständnis (Vergleich dreier themengleicher Schulbuchabschnitte) in Beziehung gesetzt werden.

Hunderte von Befragten, von denen Ankreuzungen auf einem Fragebogen und – teils ausführliche – Kurzessays (oder ersatzweise gelegentlich auch Nachinterviews) vorliegen, fordern natürlich geradezu zur Rekonstruktion von „Einzelfällen" und ihrer Typisierung aufgrund „maximaler Kontraste" heraus. Genau das ist deshalb auch schon in mehreren Publikationen geschehen (vgl. v. Borries u.a. 2005, S. 158–180; v. Borries/Meyer-Hamme 2005a/b). An Kurzessays von zwei Lehramtsstudierenden wurde unübersehbar deutlich, dass ausgesprochen überdurchschnittliches Niveau „schulischer" Anforderungen (gesellschaftliche Anforderung an Kenntnisse und Methoden) zugleich auch im „individuellen" Zugriff zwei – zudem noch

---

8 Diesmal ließ sich eine repräsentative Stichprobe nicht realisieren. Beteiligt waren 1.291 Lernende und 70 Lehrende aus deutschsprachigen Ländern und Regionen (Belgien, Ungarn, Südtirol). Erneut ging es um verschiedene Klassenstufen (6./7., 9. und 11./12.), aber auch um Studierende des Lehramtes Geschichte als Beinahe-Experten und künftige Lehrer. Außer quantitativen Angaben (Ankreuzungen) wurden diesmal in einer Kontrollstichprobe auch qualitative Daten (Kurzessays) erhoben, zudem Nachbefragungen nach dem „Test" bzw. nach Unterrichtsstunden durchgeführt (*„Nachträgliches lautes Denken"*). Wegen der Rekrutierung kann eine überdurchschnittliche Leistung und Reflektiertheit der Lehrenden wie der Lernenden unterstellt werden. Es muss aber in Erinnerung bleiben, dass es sich *nicht* um eine *rein deutsche* Studie handelt.

ganz verschiedene – Defizite gegenüber den Erwartungen aufweisen können (vgl. v. Borries u.a. 2005, S. 171–180).

Statt näherer Ausführung von Einzelfällen soll hier eine quantitative Analyse im Zentrum der Auswertung des Materials von 2002 stehen. Als besonders fruchtbar hat es sich erwiesen, von der Einsicht (bzw. fehlenden Einsicht) in den Charakter und die Funktion historischer Quellen und historischer Darstellungen – sowie den Idealvorstellungen von einem Geschichts-Schulbuch – auszugehen. Denn hier geht es in beiden Fällen um den Kern der fachwissenschaftlichen Zugangsweisen, um die „Grammatik der Historie bzw. ihrer Erkenntnislogik" (freilich als theoretisches Wissen, nicht als praktische Anwendungsfähigkeit). Gebildet wurden Cluster über 22 Einzelaussagen zu „idealem Schulbuch" und „Quellenbegriff", d.h. die Probanden wurden – nach ihren Antworten auf acht plus vierzehn komplexe Fragen – in Gruppen von strukturell ähnlich antwortenden Individuen eingeteilt (vgl. Meyer-Hamme 2007, hier S. 88–96).

Die vier Gruppen der Hauptstichprobe (N = 717, beim Rest der 838 fehlen einzelne Daten) können als *„eifrige Jasager"* (N = 187), *„ungeschichtliche Skeptiker"* (N = 105), *„bequeme Unauffällige"* (N = 245) und *„konstruktivistische Reflektierte"* (N = 180) bezeichnet werden. Jasager, Skeptiker und Unauffällige befinden sich durchgehend und fast altergruppenunabhängig in der 6./7., 9. und 11./12. Klassenstufe; unter den Studierenden sind sie ganz selten. Die Reflektierten bilden die überwiegende Mehrheit der Lehramtsstudierenden, es gibt sie aber auch schon in der 11./12. Klasse (ca. 30%), in der 9. Klasse (ca. 8%) und sogar in der 6./7. Klasse (ca. 2%). Mehr noch als ein normaler Bildungsfortschritt, der sich bis kurz vor dem Abitur bereits stark auswirken müsste, erscheint „Reflektiertheit" insofern als spezifischer „Expertenstatus" künftiger Lehrer(innen).

Was haben nun diese „epistemologischen Einsichten" für Folgen – oder genauer Zusammenhänge mit Deutungen und Wertungen von Geschichte?[9] Als Beispiel seien nur die „Konzepte von Mittelalter" und die „Orientierungen anhand von Bonifatius" erwähnt (vgl. Meyer-Hamme/v. Borries 2007, Tabellen S. 90f., S. 93f.). Die „Jasager" akzeptieren in der Tat *alle* gemessenen Mittelalter-Stereotype und *alle* gemessenen Bedeutungen von Bonifatius in meist weit überdurchschnittlichem Maße, die „Skeptiker" dagegen (fast) durchgängig in unterdurchschnittlicher Weise. Die „Unauffälligen" zeigen in beiden Fällen eine leicht konservative Tendenz und bringen eine „Historisierung" nur durchschnittlich („Bonifatius") oder gar unterdurchschnittlich

---

9   Selbstverständlich werden nur analytisch unabhängige Phänomene untersucht; verglichen wird also mit den Antworten auf andere Fragegruppen. Die gefundenen Unterschiede der Cluster sind quantitativ recht starke Effekte; mehrfach wird zwischen den „Reflektierten" und dem jeweils schwächsten Cluster (meist den „Jasagern") ein Abstand von mehr als einer Standardabweichung gemessen (vgl. Meyer-Hamme/v. Borries 2007, S. 91, S. 94).

(„Mittelalter") zustande. Die spannendste Gruppe sind natürlich die „Reflektierten". Sie denken weit weniger traditional bzw. reaktionär – und auch
weniger genervt-gelangweilt – als das Mittel; sie allein (!) historisieren wesentlich mehr und ordnen viel sorgfältiger ein als andere. Freilich gelingt
dieser Nachweis erst auf einer sehr abstrakten Ebene (bei Konstrukten zweiter Ordnung), d.h. relativ datenfern, aber eindeutig in der Tiefenstruktur.

Bei der Kontrollgruppe, die Kurzessays geschrieben hat (N = 388, beim
Rest der 453 fehlen einzelne Daten), ergibt sich – wieder nach den Antworten zu „Quellen- und Darstellungsbegriffen" und „idealem Schulbuch" – eine
ganz ähnliche Clusterlösung (vgl. Meyer-Hamme/v. Borries 2007, S. 96ff.),
nur dass hier neben „eifrige Jasager" (N = 82), „bequeme Unauffällige" (N
= 85) und „konstruktivistische Reflektierte" (N = 116) zwei weitere Gruppen
treten. Die „Skeptiker" zerfallen nämlich in „antikonstruktivistische Skeptiker" (N = 44) und „schulbuchfeindliche Skeptiker" (N = 61), wobei beide
Untergruppen fast ausschließlich in der 9. Klassenstufe sitzen. Die Reflektierten dagegen verteilen sich nur auf Studierende (drei Viertel) und 11./12.
Klasse (knapp ein Viertel). Insgesamt ist die Gruppe natürlich auch zu klein,
um sich völlig auf ihre Verteilung zu verlassen.

Dennoch sind die Befunde hoch plausibel: In diesem Fall kann vor allem
die Methodenkompetenz ziemlich direkt und viel valider gemessen werden.
Denn aus der Gesamtheit der Kurzessays konnten – durch Johannes Meyer-
Hamme – eine Reihe von Codierungen gewonnen werden (z.B. Empathiever-
such, Sinnbildungsformen, Erkenntnis der asymmetrischen Quellenlage,
Auffinden von Widersprüchen). Die so gebildeten Konstrukte gruppieren
sich in einer Faktorenanalyse zu zwei Strukturgrößen, nämlich De-
Konstruktions-Kompetenz und Re-Konstruktions-Kompetenz. Es dürfte sich
um die erste empirische Bestätigung der Unabhängigkeit dieser beiden Quali-
fikationen, die auch in der Theorie erst jüngst herausgearbeitet wurden ist
(vgl. Körber u.a. 2007), handeln. Schon das ist ein bemerkenswertes Ergebnis.

Ebenso bedeutsam ist aber die verschiedene Ausprägung der Leistungen
in den Clustern (vgl. Meyer-Hamme/v. Borries 2007, Tabellen S. 98f.). Den
„Jasagern" nützt hier ihre affirmative Tendenz, alles und jedes zu bejahen,
nichts mehr, denn sie sollen ja etwas tun, was sie nicht können. Bei beiden
Kompetenzen haben sie ebenso die niedrigsten Werte, wie die Reflektierten
bei weitem die höchsten Werte erreichen.[10] Bei der De-Konstruktion liegen
auch die drei anderen Cluster tief unter dem Durchschnitt, bei der Re-
Konstruktion praktisch in ihm. D.h. erst eine einigermaßen elaborierte Theo-
rieeinsicht in die Erkenntnislogik der Historie, wie sie meist erst von Fach-
studierenden gewonnen wird, zeigt deutliche Korrelate in den praktischen

---

10 Die Differenz beträgt bei der Re-Konstruktion reichlich eine halbe Standardabwei-
    chung, bei der De-Konstruktion aber fast anderthalb. Das ist ein ungemein großer Ef-
    fekt.

Methodenfähigkeiten. Das macht natürlich die kleine Gruppe von (schon) „reflektierten Schüler(innen)" besonders interessant (vgl. Meyer-Hamme/v. Borries 2007, S. 100–104). Es gibt sie nämlich, wenn auch selten; und sie entstehen – wahrscheinlich – teilweise auch durch reflektierenden Geschichtsunterricht.

Die vier – bzw. fünf – Cluster beider Stichproben bewegen sich in verschiedener Weise im Spannungsfeld zwischen Institutions- und Subjektperspektive. Die *„Skeptiker"*, nicht zufällig besonders oft in der 9. Klasse und der Pubertätszeit beheimatet, verweigern die „gesellschaftlichen Ansprüche" ziemlich explizit, sie haben aber auch mit geschichtsbezogenen Vorlieben und Identitätsbedürfnissen wenig zu schaffen, da sie mental vermutlich gerade Wichtigeres vorhaben. Die *„Jasager"*, bevorzugt in der späten Kindheit und 6. Klassenstufe, bemühen sich eifrig um Erfüllung der „Konventionen", die sie freilich noch gar nicht genau kennen bzw. verstehen. Bei ihnen schwingen viele „sozial erwünschten Antworten" mit, weswegen auch Widersprüchliches anerkannt wird. Eigentlich individuelle „Sinnbildung" ist allerdings kaum zu erkennen.

Die *„konstruktivistischen Reflektierten"*, ganz überwiegend Studierende und Beinahe-Experten, bemühen sich offenkundig, die „konventionellen Anforderungen" zu erfüllen, sie aber auch angemessen – und das heißt eben nicht nur oberflächlich – zu verstehen. Wer wirklich nachdenkt, kann die Konvention als Konvention durchschauen und eine Revision erproben, die natürlich ein neues, elaborierteres Verhältnis zwischen Gesellschafts- und Individualperspektive herstellen würde. Ob dieses Ansinnen immer schon gelingt, ist dann eine andere Frage. Die *„bequemen Unauffälligen"* schließlich, besonders in der 6./7. und 11./12. Klasse verbreitet, entziehen sich dem Konflikt. Sie unterlaufen den Gegensatz, indem sie ihn nicht wahrnehmen.

Was haben diese Befunde, die den Rand der Leistungsfähigkeit quantitativer Studien streifen, zu unsrer Fragestellung beizutragen? Die Dissoziation, den Konflikt von Gesellschaftsanforderungen und Individual-Leistungsbereitschaft nur noch einmal zu bestätigen, würde kaum lohnen. Da dürften sich die Verhältnisse seit 1992 und 1995 kaum geändert haben. Was diesmal dazu kommt (allerdings auch 1992 und 1995 bereits eine große Rolle gespielt hat), ist eine innere Doppelung in den offiziellen Ansprüchen. Da ist zweifellos eine – übrigens recht bescheidene – Konvention über nachzuahmende und anzueignende Deutungen (vielleicht auch Kenntnisbestände) deutlich von der fachdidaktischen Analyse zu unterscheiden, die „Anspruch auf Demokratie und Pluralität" und „Wissenschaftsorientierung des Lernens" ernst nimmt und daher „epistemologische Grundeinsichten" als gesellschaftliche Anforderungen durchzusetzen versucht. Insofern haben wir es – das wurde oben schon gesagt – nicht nur mit einer *weit auseinander klaffenden Schere* von Gesellschaftsanspruch und Lernerperspektive zu tun, sondern mit einem Dreieck.[11]

3 Empirie II: Historische Identitäten und Geschichtsunterricht

Aufbauend auf die obigen Arbeiten und nun explizit verzahnt mit der Bildungsgangforschung steht im Dissertationsprojekt von Johannes Meyer-Hamme der Zusammenhang zwischen historischen Identitäten und Geschichtsunterricht an Fallbeispielen im Zentrum (vgl. Meyer-Hamme in Vorb.; Meyer-Hamme 2008). Dabei ist die Frage der Sinnbildung absolut zentral, denn durch historische Sinnbildungen werden historische Identitäten konstruiert, sie sind gewissermaßen das Ergebnis historischer Orientierung (vgl. Rüsen 1994, S. 64f.).

Aus einem heterogen zusammengesetzten Geschichtsleistungskurs wurden acht Schülerinnen und Schüler gebeten, erstens videographierten Unterricht zu kommentieren (*Nachträgliches Lautes Denken*, NLD; vgl. Gass/Mackey 2000) und zweitens in einem biographisch-episodischen Interview die Geschichte ihrer historischen Sozialisation zu erzählen (vgl. Helfferich 2005). Die Auswertung geht von den kommentierten Unterrichtsszenen aus und dann zu dem Verhältnis, in dem sich die Probanden zu ihrem Unterricht setzen. Darüber hinaus werden die biographischen Erfahrungen, die sie mit dem Gegenstand des Unterrichts gemacht haben, untersucht. Die Auswertung orientiert sich an der dokumentarischen Methode (vgl. Bohnsack 2003; Nohl 2006).

Dieses Setting zielt darauf ab, die Heterogenität der Subjekt-Gegenstands-Verhältnisse innerhalb *eines realen* Geschichtskurses herauszuarbeiten und damit diskutierbar zu machen. An zwei Fällen – Stefanie und

---

11 Im Folgenden wird sich herausstellen, dass man die Sache auch anders ausdrücken kann. Es gibt einen – von der Schule vertretenen – gesellschaftlichen Anspruch auf Geschichtsaneignung (Konvention). Es gibt – quer dazu – ein persönliches Bedürfnis, sich im Interesse der Unterhaltung, der Projektion, der Selbstversicherung oder der Verarbeitung mit Geschichte zu befassen. Das kann ein gravierender Gegensatz werden. Es gibt schließlich den Versuch, die beiden beschriebenen Scherenblätter im Sinne einer rational und human (mit dem Zweck der Erleichterung von „gutem, menschenwürdigem Leben") handelnden aufklärerischen Wissenschaft zusammen zu biegen. Das stellt gewissermaßen die Diagonale, die harmonische Vereinigung von Konventionserwerb und Identitätserwerb dar. Diese Wissenschaft arbeitet die gesellschaftlichen Konventionen genauso kritisch-abwägend und reflexiv durch wie die eigenen Identifikationen und Lebensorientierungen. Am Ende stehen in beiden Dimensionen Prozesse der Anerkennung wie der Revision.

Dzenan – sei im Folgenden dieser Empiriezugriff exemplarisch herausgearbeitet.

3.1 Fall "Stefanie"

Die Schülerin Stefanie kommentiert eine Unterrichtsszene, in der sie von der
Lehrerin aufgefordert wird, die Perspektive einer historischen Quelle heraus-
zuarbeiten, woraufhin sie den Text sehr ausführlich nacherzählt, ohne die
Aufgabe der Lehrerin zu bearbeiten. Dazu sagt sie im Interview:

> „Also hier hab' ich eigentlich gar nicht wirklich verstanden, was sie von mir möchte, und
> deswegen habe ich dann einfach erstmal angefangen, irgendwas zu erzählen, und einfach
> praktisch den ganzen Text, den wir bekommen haben, mal nacherzählt, und mehr hab' ich
> eigentlich auch gar nicht gemacht und dann, ja also, das war eher ein so Rausreden, weil
> ich nicht wusste, was sie von mir will."

Stefanie berichtet hier von einer Strategie, mit den Anforderungen in der
Schule umzugehen, und sie ist sich dabei dessen sehr bewusst, dass es sich
im Unterricht um eine taktische Antwort handelt. Die Fragen der Lehrerin,
„Was beschreibt der Autor? Was lässt sich daraus für die Perspektive erse-
hen?" sind für Stefanie nicht verständlich, sondern in dieser Situation eine
Überforderung. Da sie aber nun drangenommen wurde, beginnt sie, den Text
zusammenzufassen. Als Aufforderung, die Art und Weise des Textes zu
beschreiben, worauf die Lehrerin im weiteren Stundenverlauf und mutmaß-
lich auch schon mit diesen Fragen abzielt, versteht sie diesen Auftrag nicht.
Dies ist ein typisches Phänomen; Schülerinnen und Schüler berichten häufig
von Irritationen, wenn sie ihren Unterricht kommentieren (vgl. Leutner-
Ramme 2005).

Besonders hervorzuheben ist, dass Stefanie ein sehr distanziertes Verhältnis zu diesem Unterricht deutlich macht: Hier dominiert der Unterricht,
und dem Unterrichtsfach sowie dem spezifischen Thema der Stunde schenkt
sie kaum Beachtung. Hier dokumentieren sich ihre Erfahrungen als Schülerin, die auch durch Schülertaktiken gekennzeichnet sind: Stefanie weiß, wie
sie sich in der Situation verhalten muss, um nicht negativ aufzufallen, und so
zieht sie sich mit vielen Worten, aber ohne eigene Gedanken zu äußern aus
der Affäre. Sie macht hier einfach ihren „Schülerjob" (vgl. Heinze 1980;
Breidenstein 2006). Ihrem Kommentar *„ich wusste nicht, was ich sagen
sollte"* ist, um die Szene zu charakterisieren, hinzuzufügen: *aber ich konnte
beliebig viel reden.*

Natürlich gibt es auch andere Szenen, in denen es Stefanie gelingt, inhaltlich weiterführend zu antworten, der Fall ist komplexer, als er hier vorgestellt werden kann. In diesem Zusammenhang möchte ich aber vor allem
darauf hinweisen, dass Stefanie sich im NLD sehr distanziert mit dem Unterricht auseinandersetzt und sie sich sehr bewusst ist, dass sie im Unterricht

taktisch agiert. Darüber hinaus ist zu fragen, welche Erfahrungen Stefanie im Umgang mit Geschichte mit in diesen Unterricht mitbringt. Was könnte ihre Auseinandersetzung mit dem Gegenstand und ihr Verhalten im Unterricht provoziert haben?

Im biographisch-episodischen Interview erzählt Stefanie die Geschichte ihrer Deutung der Anforderungen des Geschichtsunterrichts im System Schule. Sie berichtet vor allem, wie es ihr gelang, in einem Geschichtsunterricht zu reüssieren, in dem es darum gegangen sei, Daten und Deutungen auswendig zu lernen und diese in den Klassenarbeiten möglichst schnell und präzise zu reproduzieren. Dies sei ihr gut gelungen und aus *„leistungstechnischen Gründen"* – um in ihrem Wortlaut zu bleiben – habe sie das Fach Geschichte als Leistungskurs gewählt. Bemerkenswert ist, dass sie auch im Leistungskurs, bei einem völlig anderen Unterrichtsstil – Diskussionen und eigenständige Auseinandersetzung – schon nach kurzer Zeit zu den besten Schülerinnen des Kurses zählte.

In dieser Erzählung dokumentieren sich ihre Erfahrungen als Schülerin, die sie im System Schule und im konkreten Unterricht gemacht habe. Dabei erzählt sie auch auf Nachfragen kaum etwas Fachspezifisches und bleibt damit in einer starken Distanz dem Fach gegenüber.

Am Ende des Interviews kommt Stefanie auf ihre Deutung des Systems Schule zu sprechen und bringt ihr Verhältnis dazu und zu konkretem Unterricht ganz deutlich auf den Punkt:

„Auch wenn man manchmal, manchmal in der Schule sehr, sehr das Gefühl hat, sich verstellen zu müssen, finde ich, weil man einfach dem System, das da einfach herrscht, sich dem anpassen muss und versuchen muss, möglichst so gut wie möglich da durch zu kommen, ohne, ohne allzu viel aufzufallen, aber auch nicht völlig zu versinken, irgendwie. Dass man da oft nicht so sein kann, wie man möchte und zu vielen Dingen gezwungen wird, die man eigentlich, oder gedrängt wird, die man eigentlich nicht tun möchte und immer sich am Unterricht immer beteiligen muss, auch wenn man gar nicht will. Auch oft für Lehrer einfach eine bestimmte Meinung an, die sie gerne, die sie gerne hören möchten und was Bestimmtes sagt, was sie gern hören möchten, einfach um die Note zu bekommen, die man selbst gerne haben möchte. Und, und es ist sehr unpersönlich das Ganze, also da vorne sitzt ein Lehrer, der irgendwie, von dem immer erwartet wird, dass er die ganze Zeit irgendwie keinen bevorzugt, keinen benachteiligt und hinterher soll er eine Note geben – und das möglichst objektiv, ohne irgendwie (.) es wird verlangt, dass er einen gar nicht als Menschen wahrnimmt, aber selbst auch gar kein Mensch ist irgendwo, sondern eine Maschine, die (hinterher) eine Note aufdrückt. Das ist alles 'n sehr, sehr merkwürdiges System bei uns, (.) dem muss man sich halt anpassen, und dabei geht der eigene Charakter eigentlich relativ verloren."

Diese pessimistische Einschätzung erscheint sehr stimmig im Verhältnis zu ihrer Erzählung im Interview – Stefanie setzt sich sehr reflektiert mit der Schule auseinander und formuliert dabei eine drastische Schulkritik. Sie benennt hier nicht nur Schülertaktiken, sondern sie versetzt sich auch in die Lehrerrolle, die zu einem unpersönlichen Umgang mit Schülern zwinge. Ganz deutlich ist, dass Stefanie einen herrschaftskritischen Blick auf Schule hat und sie die Herrschaftslogik in der Schule wahrnimmt und dem alles unterordnet, da die Noten immer im Hintergrund – oder eigentlich ständig im Vordergrund – stünden. Auch hier dokumentieren sich Stefanies Erfahrungen als Schülerin, wobei sie hier die Systemperspektive explizit benennt. Mit einem solchen Blick auf Unterricht sind die Inhalte relativ unwichtig, sondern es geht um ein Überleben in der Schule.

In Stefanies Erzählung über ihre Erfahrungen mit „Geschichte" dominiert die Institution Schule und der Begriff „Geschichte" wird hier weitgehend synonym als „Geschichtsunterricht" verstanden. Historische Verortungen lehnt sie fast ausnahmslos im Zusammenhang mit ihrem Geschichtsunterricht explizit ab. Stefanie erzählt die Geschichte von ihrem Erfolg und ihrem Durchsetzungsvermögen im System Schule, so dass sich hier ihre Erfahrungen einer erfolgreichen Schülerin dokumentieren. Wichtig ist ihr Erfolg und Leistung – sie möchte den institutionellen Anforderungen möglichst weitgehend entsprechen. Dabei nehmen die jeweiligen Lehrer eine wichtige Rolle ein, denn Lernen ist für Stefanie hier vorrangig der Weg zu sozialer Anerkennung. Historisches Denken und historische Verortungen treten dabei in den Hintergrund.

3.2 Fall „Dzenan"

Ein Merkmal der dokumentarischen Methode ist der systematische Fallvergleich auf jeder Ebene der Interpretation und deshalb stelle ich im Folgenden Dzenan vor. In seinem NLD kommentiert Dzenan eine Unterrichtsszene, in der ein Reisebericht aus dem 19. Jahrhundert interpretiert wird, in dem der Autor seine Suche nach den aztekischen Wurzeln der damaligen mexikanischen Kultur beschreibt. Dzenan geht dabei weit über die Ebene des immanenten Sinngehaltes hinaus, indem er den Begriff der „Ordnung" vorschlägt, mit dem das historische Orientierungsbedürfnis des Quellenautors bezeichnet werden könne, und diesen Vorschlag begründet. Allerdings wird er hier von der Lehrerin gestoppt und sein Deutungsversuch wird sanktioniert, da der Begriff der „Ordnung" nicht dem Text entstamme. Entscheidend ist hier nicht die Triftigkeit seiner Aussage, sondern die Art und Weise, wie Dzenan diesen Unterricht kommentiert:

„Ja, also das ist wieder so [lacht] also eine Folge jetzt auch dieser Art von Unterricht. Also das also, wo ich das gesagt hatte, mit der Ordnung. Also ich meinte, im Grunde genommen, also das Faszinierende an, an den Ägyptern oder an den Azteken ist ja tatsächlich also diese Art, diese Art der Weltwahrnehmung. Also wie, wie sie die Welt (.) also sie hat das auch später, glaube ich, gesagt, also interpretiert haben. Also wie sie, im Grunde genommen, ihre Umgebung in ein bestimmtes System gebracht haben. [...] Ja, also (.) – noch mal ganz kurz - also diese Textstelle war, war ja auch was mir in`s Auge gefallen ist und wieso ich auf diesen Begriff „Ordnung" gekommen bin. Also im Grunde genommen (.) dass (.) der Moderne, die ja an nichts gebunden (.) also die weniger gebunden ist an (Werte) und so weiter und so fort, dass er mit der (.) also weniger anfangen kann also insofern, glaube ich, war das richtig. Also das Problem war jetzt auch, dass ich dann im Grunde genommen auch aufgehört habe zu denken, weil ich jetzt auch (.) also weil auch dann Frau Behrens so gesagt hatte, das wäre jetzt (.) zu viel hereininterpretiert und so weiter und so fort. Also deswegen (.) ja."

Deutlich wird an diesem Kommentar, dass sich Dzenan intensiv mit dem Thema des Unterrichts auseinandersetzt und er hier inhaltlich und nicht strukturell den Unterricht kommentiert. Seine Interpretation der Quelle macht er zum Zentrum seiner Auseinandersetzung mit dieser Unterrichtsszene. Das Kommunikationsgeschehen ist dabei nicht irrelevant, aber doch untergeordnet. Die inhaltliche Ebene ist hier nur kurz anzudeuten: Dabei hält er auch nach der Intervention der Lehrerin an seiner Deutung fest, auch wenn er dies im Unterricht nicht mehr öffentlich äußert. So ist er sich der Machtstrukturen im Unterricht bewusst, wenn er darauf hinweist, dass seine Lehrerin ihn am Denken gehindert habe.

Formal hat die Lehrerin die Oberhoheit im Unterricht und die Macht, bestimmte Deutungen des Textes zu unterdrücken. In der Unterrichtskommunikation spielt der Begriff der „Ordnung" keine Rolle mehr, aber in Dzenans Kopf bleibt er lebendig, und im NLD betont Dzenan, dass er seine Deutung für schlüssig hält. Ganz deutlich wird hier das Spannungsverhältnis zwischen der Institution Schule und den eigenen Deutungen der Jugendlichen.

Besonders hervorzuheben ist sein Verweis auf die Moderne. Bei der interpretierten Quelle handelt es sich um einen Reisebericht eines Deutschen aus dem 19. Jahrhundert, der in Mexiko City nach Spuren des alten Aztekenreiches sucht. Dzenan verfügt über Kriterien, mit denen er zeitgebundene Werte unterscheiden kann und die beispielsweise spezifisch modern sein können oder eben vor- und vielleicht auch postmodern.

Hier dokumentiert sich in der De-Konstruktion einer narrativen Quelle die Artikulation seiner historischen Identität im Geschichtsunterricht – mit aller Machtproblematik, die dazu gehört. Damit ist auch bei Dzenan die Frage erreicht, welche Erfahrungen er im Umgang mit Geschichte in diesen Unterricht mitbringt. Was könnte seine Auseinandersetzung mit dem Gegenstand und sein Verhalten im Unterricht provoziert haben?

Im biographisch-episodischen Interview kommt er auch auf seinen Geschichtsunterricht im Leistungskurs zu sprechen und erzählt, wie sein Geschichtsverständnis eine konstruktivistische Wendung nahm:

„Und da war es wirklich ganz entscheidend für mich für dieses dritte Semester, wo wir die deutsche Nationalgeschichte behandelt hatten. Und dann ja auch gemerkt haben: Ja, Nation, das ist ja durchaus nicht so, als hätte das jetzt irgendwie Moses vom Berg Sinai verkündet, sondern das ist ja durchaus so etwas also ein Konstrukt auch so."

Dass Dzenan hier ganz anders erzählt als Stefanie, ist auf den ersten Blick ersichtlich. Er berichtet nicht (nur) von seinem Schülerjob, sondern er spricht hier von seinen historischen Orientierungen, die er im Unterricht reflektiert.

Dies äußert er hier nicht explizit, sondern er wählt die interessante Metapher *„ja Nation das ist ja durchaus nicht so, als hätte das jetzt irgendwie Moses vom Berg Sinai verkündet"*. Damit de-konstruiert er das Konzept Nation und bildet einen traditionskritischen Sinn.

Zugleich dokumentiert sich hier ein Milieu, in dem religionsgeschichtliche Bezüge eine Rolle spielen. Es zeigt auch, dass Dzenan die Geschichten des alten Testaments – zumindest aber die Geschichte der Verkündung der Zehn Gebote – geläufig ist und dass er mit traditionalen religiösen Topoi umzugehen weiß. Moses, der jüdische Prophet, der auch im Koran vielfach erwähnt wird, dürfte darüber hinaus hier für alle Autoritäten stehen, die Nationen traditional definieren. In einer solchen Definition wird dann eine Nation als unveränderlich angesehen. Seine Kritik bezieht sich auf die narrative Triftigkeit – also die Plausibilität der zu Grunde liegenden Narration – des Konzepts Nation, so wie es in seinem Umfeld definiert wird. Durch seine im Geschichtsunterricht erworbenen Einsichten kann Dzenan die Kategorie Nationen als Konstruktion verstehen.

Die im Unterricht gelernte Definition von Nation überträgt Dzenan einerseits auf sein Eigeninteresse der (kulturellen) Einbürgerung in Deutschland und andererseits auf die Nationalitätenkonflikte im ehemaligen Jugoslawien, die für ihn als Bürgerkriegsflüchtling und „Bosnier" von entscheidender Bedeutung sind. Insgesamt kann hier von einer Transferleistung und damit von einem herausragenden Lernereignis gesprochen werden.

3.3 Systematisierung der Ergebnisse

Am Ende von solchen Fallbeschreibungen, die hier nur in aller Kürze vorgestellt werden konnten, stellt sich die Frage nach dem systematischen Zusammenhang der Fälle, also dem typisierenden Fallvergleich. Es geht darum, solche Dimensionen herauszuarbeiten, nach denen sich die Probanden unterscheiden und damit die Fallanalysen über die konkreten Fälle hinauszuführen (vgl. Kelle/Kluge 1999). Hier bietet sich zunächst an, nach minimalen und maximalen Kontrasten zu suchen.

Augenfällig ist bei einem Vergleich von Dzenan und Stefanie hier der maximale Kontrast ihres sehr unterschiedlichen Subjekt-Gegenstand-Verhältnisses, oder anders ausgedrückt, ihrer historischen Identität. Gemeint ist damit, das eigene Selbst historisch zu verorten, was auch kompetenztheoretisch ausgedrückt werden kann (vgl. Körber/Schreiber/Schöner 2007).

Stefanie äußert im ganzen Interview nur ganz vereinzelt historische Identitätsreflexionen, im Wesentlichen berichtet sie von der Dominanz des Lehrers und des Systems Schule. Hinter der Dominanz des Lehrers und der Systemlogik der Schule verschwindet dabei jede Domänenspezifik. Deshalb ist von einer niedrigen Performanz der historischen Identitätsreflexion zu sprechen.

Bei Dzenan ist der Befund ganz anders: Er berichtet von seiner intensiven Auseinandersetzung mit dem Gegenstand und erzählt eine Geschichte, wie sich diese Auseinandersetzung entwickelt habe. Dabei erkennt er historische Orientierungen als Konstrukte und erkennt deren Konventionalität, so dass seine Äußerungen als konventionsüberschreitendes bzw. transkonventionelles Niveau historischer Orientierung bezeichnet werden können. Besonders eindrucksvoll ist die Schilderung seiner Auseinandersetzung mit der Nationsfrage. Dabei handelt es sich um eine selbstständige Transferleistung von einem vorgegebenen Unterrichtsthema zu einer individuellen historischen Perspektive. Zudem ist bei beiden hier vorgestellten Probanden eine starke Kohärenz zwischen den beiden Interviewtypen erkennbar.

Damit lässt sich die Fragestellung des Aufsatzes wieder ganz direkt weiterführen: Hier wird deutlich, dass es sehr unterschiedliche Sinnbildungen der Schülerinnen und Schüler gibt, auch wenn sie denselben Geschichtsunterricht besuchen. Dies ist die erste Dimension des hier untersuchten Spannungsverhältnisses, die als historische Identitätsreflexion bezeichnet werden kann.

Das Erstaunliche ist, dass Stefanie die besten Schülerin und Dzenan der beste Schüler des Kurses sind – trotz ihrer ganz unterschiedlichen Formen der historischen Orientierung. Ihre Fähigkeit, Fertigkeit und Bereitschaft, die Anforderungen des Unterrichts zu erfüllen, bildet den minimalen Kontrast zwischen diesen beiden Probanden. Damit ist die zweite Dimension angesprochen, nämlich die Institutionsperspektive. Die These ist also, dass es sich bei der historischen Identitätsreflexion und der Anerkennung im Unterricht keinesfalls um parallele Phänomene handelt, sondern dass sie vielmehr orthogonal zueinander stehen. Dass hier diese beiden Dimensionen unterschieden werden, ist für die Geschichtsbewusstseinsforschung von entscheidender Bedeutung, da bisher meistens nur eine der beiden Dimensionen erforscht wurde und dann von der einen auf die andere geschlossen wurde.[12] Genau dies geht aber am eigentlichen Problem vorbei, denn wenn der Geschichtsunterricht zu einem reflektierten Geschichtsbewusstsein führen soll, zu einer kompetenten Beteiligung an Geschichtskultur, dann muss genau diese Verknüpfung geleistet werden.

---

12 Dies trifft sowohl auf Beobachtungsstudien, wie beispielsweise auf die Studie „Nationalsozialismus im Geschichtsunterricht" (vgl. Hollstein u.a. 2002) zu, als auch auf viele Befragungsstudien, z.B. Georgi 2003. Gleichwohl war genau dieser Zusammenhang in der Hamburger Tradition zentral (siehe Kap. 1.1 dieses Aufsatzes).

4 Fazit

„Sinnbildung über Zeiterfahrung" ist das Thema der Geschichtsdidaktik überhaupt, jedenfalls in der Theorie. Das ist in diesem Aufsatz entfaltet worden. Zugleich ist gezeigt worden, dass diese Einsicht in Hamburg auch empirisch gewendet worden ist, und zwar in einer konsequenten und kontinuierlichen Linie seit etwa 1980. Die Reanalyse der älteren Studien zeigt, dass die Frage nach dem Verhältnis von Subjekt- und Institutionsperspektive dort bereits implizit angelegt war, aber nicht in dem Maße wie heute ins Zentrum gestellt wurde. Damals standen auch andere Fragen im Vordergrund, etwa methodische Fragen der Messbarkeit überhaupt.

Quantitative und qualitative Studien, ältere und jüngere Befunde der Hamburger Forschungslinie stimmen darin überein, dass „Geschichtsbewusstsein" (als Umgang mit Geschichte) empirisch beschrieben und gemessen werden kann, dass aber, wenn man denn nur genau genug hinschaut, ziemlich viele Dimensionen ins Spiel kommen, die das Bild zunächst verwirrend machen. Der Migrationshintergrund, dem zu recht endlich mehr Aufmerksamkeit geschenkt wird, spielt dabei gewiss eine bedeutsame Rolle, scheint aber keineswegs so dominant zu sein, wie gelegentlich unterstellt wird (vgl. Georgi 1997, 2000, 2003, 2006). Schulisches Interesse und schulische Leistungsbereitschaft sind nicht nur leicht zu messen, sondern bieten sich auch geradezu als erste Dimension an.

Bereits früh wurde daneben das – vor allem außerschulisch bediente – abenteuerlich-fiktional-projektive Geschichtsinteresse entdeckt, das auch gemessen werden konnte, das aber in der Schule eher als Störenfried wahrgenommen, nicht zugelassen und daher abgespalten wird. Wenn man tiefenpsychologischen Modellen – seien sie von Freud, Jung oder Adler – folgt, sind diese Strebungen – als „Lebensersatz" und/oder „Lebensentwurf", „Wiederholungszwang" oder „Durcharbeitungschance" – natürlich keineswegs gleichgültig oder beliebig (vgl. v. Borries 1996, S. 50–69); eine psychoanalytisch aufgeklärte Geschichtsdidaktik wird sich um ihre Aufhellung weiter intensiv kümmern müssen (vgl. Schulz-Hageleit 1989, 2002).

Dagegen hatten die älteren Studien bei der Messung der expliziten Funktion von Historie für die *Identitätsbildung* ziemlich schlechte Karten. Auch diese scheint sich meist „hinter dem Rücken des Bewusstseins" abzuspielen, so dass eine direkte Interpretation programmatischer Selbst-Äußerungen leicht „sozial erwünschtem Denken" aufsitzt. Hier haben sich qualitative Methoden in der Kombination von Videogestützter Unterrichtsaufzeichnung, Nachträglichem lautem Denken und biographisch-episodischem Interview (vgl. Meyer-Hamme in Vorb.) – zusammen mit dem erst inzwischen entfalteten Kompetenzstruktur- und Kompetenzgraduierungsmodell von „FUER Geschichtsbewusstsein" (vgl. Körber u.a. 2007) – deutlich besser bewährt.

Dennoch bleibt eine irritierende Feststellung: Erneut zeigt sich, dass der schulische Erfolg, die schulische Motivation und Kognition, nicht den entscheidenden Punkt ausmacht. Weder „Historische Identität" (Selbstverortung) noch „Historische Bildung" (erweitertes Selbst- und Weltverhältnis), die ja beide Subjektperspektive, Lebensweltbezug und Biographiekonstruktion zwingend voraussetzen, scheinen – auch im besten Geschichtsunterricht auf der obersten allgemeinbildenden Klassenstufe – direkt angesprochen zu werden. Und die Zusatzleistung der jungen Leute wird weder intensiv gefordert noch intensiv gefördert.

Der schulische Lernort ist da nicht eben günstig. Die offiziellen staatlichen Programmdokumente (Rahmenrichtlinien, einheitliche Prüfungsanforderungen) sind zwar den gesellschaftlichen Ansprüchen eher voraus (weil etwas weniger stoffdominiert, etwas deutlicher pluralistisch und wohl auch weniger nationsfixiert); aber sie werden – vielleicht aus systemtheoretischen Gründen – vermutlich nicht so perfekt umgesetzt, dass nicht eine breite Schere zwischen historischer Schulleistung und historischem Orientierungsbedürfnis bliebe. Der Weg zu einer idealen Kombination von Kompetenzbildung, Identitätsbildung und Kulturteilhabe *im schulischen Bildungsangebot selbst* dürfte noch keineswegs gefunden sein.

Literatur

Barricelli, M. (2004): Mütter, Minnas, Bleisoldaten. Empirisch-hermeneutische Untersuchungen zur Frage des Geschlechteraspekts in historischen Schülererzählungen. In: Alavi, B. (Mod.): Gender und Geschichtsdidaktik. Schwalbach/Ts., S. 103–124 (= Zeitschrift für Geschichtsdidaktik, 3. Jg.).

Barricelli, M. (2005): Schüler erzählen Geschichte. Narrative Kompetenz im Geschichtsunterricht. Schwalbach/Ts.

Barricelli, M./Benrath, R. (2003): „Cyberhistory" – Studierende, Schüler und Neue Medien im Blick empirischer Forschung. In: Geschichte in Wissenschaft und Unterricht, Bd. 54, S. 337–353.

Bohnsack, R. (2003): Rekonstruktive Sozialforschung. Einführung in qualitative Methoden. Opladen.

Borries, B. v. (1980): Alltägliches Geschichtsbewußtsein. Erkundung durch Intensivinterviews und Versuch von Fallinterpretationen. In: Geschichtsdidaktik, Bd. 5, S. 243–262.

Borries, B. v. (1982): Zum Geschichtsbewußtsein von Normalbürgern. Hinweise aus offenen Interviews. In: Bergmann, K./Schörken, R. (Hrsg.): Geschichte im Alltag – Alltag in der Geschichte. Düsseldorf, S. 182–209.

Borries, B. v. (1983): Legitimation aus Geschichte oder Legitimation trotz Geschichte? In: Geschichtsdidaktik, Bd. 8, S. 9–21. Wiederabdruck mit Diskussion in:

Jeismann, K.-E. (Hrsg.) (1984): Geschichte als Legitimation? Braunschweig, S. 44–62 (= Studien zur internationalen Schulbuchforschung 39).

Borries, B. v. (1984): Zur Praxis „gelungenen" historisch-politischen Unterrichts. Ein quasi-empirischer Ansatz für Analyse und Beurteilung von Schulstunden. In: Geschichtsdidaktik, Bd. 9, S. 317–335.

Borries, B. v. (1985): Zur Mikroanalyse historischer Lernprozesse in und neben der Schule. Beobachtungen an exemplarischen Fällen. In: Geschichtsdidaktik, Bd. 10, S. 301–313.

Borries, B. v. (1987): Geschichtslernen und Persönlichkeitsentwicklung. Aufgewiesen an autobiographischen Zeugnissen über die Zeit um den Ersten Weltkrieg. In: Geschichtsdidaktik, Bd. 12, S. 1–14.

Borries, B. v. (1988): Geschichtsbewußtsein, Lebenslauf und Charakterstruktur. Auswertung von Intensivinterviews. In: Schneider, G. (Hrsg.): Geschichtsbewußtsein und historisch-politisches Lernen. Pfaffenweiler, S. 163–181 (= Jahrbuch für Geschichtsdidaktik 1).

Borries, B. v. (1988): Geschichtslernen und Geschichtsbewußtsein. Empirische Erkundungen zu Erwerb und Gebrauch von Historie. Stuttgart.

Borries, B. v. (1990): Triebhaftes Geschichtsbedürfnis oder rationale Geschichtsdeutung? Zu lebensweltlichen Wurzeln historischer Interessen und Fragen. In: ders.: Geschichtsbewußtsein als Identitätsgewinn? Fachdidaktische Programmatik und Tatsachenforschung. Hagen (= Beiträge zur Geschichtskultur 3).

Borries, B. v. (unter Mitarbeit von Dähn, S./Körber, A./Lehmann, R..) (1992): Kindlich-jugendliche Geschichtsverarbeitung in West- und Ostdeutschland 1990. Ein empirischer Vergleich. Pfaffenweiler (= Geschichtsdidaktik. Studien, Materialien. Neue Folge 8).

Borries, B. v. (unter Mitarbeit von Weidemann, S./Baeck, O./Grzeskowiak, S./Körber, A.) (1995): Das Geschichtsbewußtsein Jugendlicher. Erste repräsentative Untersuchung über Vergangenheitsdeutungen, Gegenwartswahrnehmungen und Zukunftserwartungen in Ost- und Westdeutschland. Weinheim/München (= Jugendforschung).

Borries, B. v. (1996): Imaginierte Geschichte. Die biografische Bedeutung historischer Fiktionen und Phantasien. Köln (= Beiträge zur Geschichtskultur 11).

Borries, B. v. (unter Mitarbeit von Körber, A./Baeck, O./Kindervater, A.) (1999): Jugend und Geschichte. Ein europäischer Kulturvergleich aus deutscher Sicht. Opladen (= Schule und Gesellschaft 21).

Borries, B. v./Fischer, C./Leutner-Ramme, S./Meyer-Hamme, J. (2005): Schulbuchverständnis, Richtlinienbenutzung und Reflexionsprozesse im Geschichtsunterricht. Eine qualitativ-quantitative Schüler- und Lehrerbefragung im Deutschsprachigen Bildungswesen 2002. Neuried (= Bayerische Studien zur Geschichtsdidaktik 9).

Borries, B. v. (unter Mitarbeit von Meyer-Hamme, J.) (2005a): Fähigkeiten zur De-Konstruktion von Geschichts-Schulbüchern. Empirische Befunde (2002) und fachdidaktische Vorschläge (2004). In: Schreiber, W./Mebus, S. (Hrsg.): Durchblicken. Dekonstruktion von Schulbüchern. Eichstätt, 2. Aufl.: Neuried 2006, S. 117–124 und Dokumentation auf CD (= FUER Geschichtsbewusstsein Themenhefte Geschichte 1).

Borries, B. v./Meyer-Hamme, J. (2005b): Was heißt ‚Entwicklung von reflektiertem Geschichtsbewusstsein' in fachdidaktischer Theorie und in unterrichtlicher Praxis? In: Schenk, B. (Hrsg.): Bausteine einer Bildungsgangtheorie. Wiesbaden, S. 196–222 (= Studien zur Bildungsgangforschung 6).

Breidenstein, G. (2006): Teilnahme am Unterricht. Ethnographische Studien zum Schülerjob. Wiesbaden.

Canetti, E. (1979): Die gerettete Zunge. Geschichte einer Jugend. Frankfurt/M.

Canetti, E. (1982): Die Fackel im Ohr. Lebensgeschichte 1921-1931; Frankfurt/M.

Canetti, E. (1985): Das Augenspiel. Lebensgeschichte 1931-1937; München.

Filser, K. (1973): Geschichte: mangelhaft. Zur Krise eines Unterrichtsfaches in der Volksschule. München.

Fina, K. (1973): Geschichtsmethodik. München, 2. Aufl. 1981.

Fina, K. (1978): Das Gespräch im historisch-politischen Unterricht. München.

Fina, K. (1975): Kritische Graphik in der historisch-politischen Bildung. Würzburg.

Fina, K. (1974): Kind und Bild. In: Filser, K. (Hrsg.): Theorie und Praxis des Geschichtsunterrichts. Bad Heilbrunn/Obb., S. 110–126.

Fina, K. (1976): Geschichte in Mädchenklassen. In: Fürnrohr, W./Kirchhoff, H. G. (Hrsg.): Ansätze empirischer Forschung im Bereich der Geschichtsdidaktik. Stuttgart, S. 197–225.

Fürnrohr, W./Kirchhoff, H. G. (Hrsg.) (1976): Ansätze empirischer Forschung im Bereich der Geschichtsdidaktik. Stuttgart.

Gass, S. M./Mackey, A. (2000): Stimulated recall methodology in second language research. Mahwah/NJ.

Georgi, V. (1997): Migrantenjugendliche und NS-Geschichte. In: Kiesel, D. u.a. (Hrsg.): Pädagogik der Erinnerung. Didaktische Aspekte der Gedenkstättenarbeit. Frankfurt/M., S. 39–55.

Georgi, V. (2000): Wem gehört deutsche Geschichte? Bikulturelle Jugendliche und die Geschichte des Nationalsozialismus. In: Fechler, B. u.a. (Hrsg.): „Erziehung nach Auschwitz" in der multikulturellen Gesellschaft. Pädagogische und soziologische Annäherungen. Weinheim/München, S. 141–162.

Georgi, V. (2003): Entliehene Erinnerung. Geschichtsbilder junger Migranten in Deutschland. Hamburg.

Georgi, V. (2006): Geschichtsaneignung in der deutschen Einwanderungsgesellschaft. In: Politisches Lernen, Bd. 24, H. 1–2, S. 56–59.

Günther-Arndt, H./Sauer, M. (Hrsg.) (2006): Geschichtsdidaktik empirisch. Untersuchungen zum historischen Denken und Lernen. Berlin.

Hasberg, W./Körber, A. (2003): Geschichtsbewusstsein dynamisch. In: Körber, A. (Hrsg.): Geschichte – Leben – Lernen. Bodo von Borries zum 60. Geburtstag. Schwalbach/Ts., S. 177–200. (= Forum Historisches Lernen)

Heinze, Th. (1980): Schülertaktiken. München.

Helfferich, C. (2005): Die Qualität qualitativer Daten. Manual für die Durchführung qualitativer Interviews. Wiesbaden.

Hericks, U./Körber, A. (2007): Methodologische Perspektiven quantitativer und rekonstruktiver Fachkulturforschung in der Schule. In: Lüders, J. (Hrsg.): Fachkulturforschung in der Schule. Opladen/Farmington Hills, S. 31–48 (= Studien zur Bildungsgangforschung 18).

Hodel, J./Ziegler, B. (Hrsg.) (2008): Forschungswerkstatt Geschichtsdidaktik 07 (im Druck).

Hollstein, O. u.a. (2002): Nationalsozialismus im Geschichtsunterricht. Beobachtungen unterrichtlicher Kommunikation. Bericht zu einer Pilotstudie (Frankfurter

Beiträge zur Erziehungswissenschaft, Reihe Forschungsberichte, Bd. 3). Frankfurt am Main.

Jeismann, K.-E. (1977): Didaktik der Geschichte. Die Wissenschaft von Zustand, Funktion und Veränderung geschichtlicher Vorstellungen im Selbstverständnis der Gegenwart. In: Kosthorst, E. (Hrsg.): Geschichtswissenschaft. Didaktik – Forschung – Theorie. Göttingen, S. 9–33.

Kelle, U./Kluge, S. (1999): Vom Einzelfall zum Typus. Fallvergleich und Fallkontrastierung in der qualitativen Sozialforschung. Opladen.

Klose, D. (2004): Klios Kinder und Geschichtslernen heute. Eine entwicklungspsychologisch orientierte konstruktivistische Didaktik der Geschichte. Hamburg.

Knigge, V. (1988): „Triviales" Geschichtsbewußtsein und verstehender Geschichtsunterricht. Pfaffenweiler (= Geschichtsdidaktik. Studien, Materialien. Neue Folge 3).

Knoch, P./Pöschko, H. H. (1983): Lernfeld Geschichte. Materialien zum Zusammenhang von Identität und Geschichte. Weinheim.

Kölbl, C. (2004): Geschichtsbewußtsein Jugendlicher. Bielefeld.

Kölbl, C. (2006): Zum Nutzen der dokumentarischen Methode für die Hypothesen- und Theoriebildung in der Geschichtsbewusstseinsforschung. In: Günther-Arndt, H./Sauer, M. (Hrsg.): Geschichtsdidaktik empirisch. Untersuchungen zum historischen Denken und Lernen. Berlin, S. 29–48.

Kölbl, C./Straub, J. (2001): Geschichtsbewusstsein im Jugendalter. Theoretische und exaemplarische empirische Analysen. In: Forum Qualitative Sozialforschung. Theorien, Methoden, Anwendungen, Vol. 2, No. 3 (http://qualitative-research.net/fqs.).

Körber, A. (2003): Analyse von Geschichtsunterricht im Projekt „FUER Geschichtsbewusstsein". In: Zeitschrift für Geschichtsdidaktik, Bd. 2, S. 89–101.

Körber, A. (2004): Historisches Denken als Entwicklungs-Hilfe und Entwicklungs-Aufgabe. Überlegungen zum Geschichtslernen im Bildungsgang. In: Trautmann, M. (Hrsg.): Entwicklungsaufgaben im Bildungsgang. Wiesbaden, S. 241–269.

Körber, A. (2006): Hinreichende Transparenz der Operationen und Modi historischen Denkens im Unterricht? Erste Befunde einer Einzelfallanalyse im Projekt „FUER Geschichtsbewusstsein". In: Günther-Arndt, H./Sauer, M. (Hrsg.): Geschichtsdidaktik empirisch. Untersuchungen zum historischen Denken und Lernen. Berlin, S. 189–214.

Körber, A./Schreiber, W./Schöner, A. (Hrsg.) (2007): Kompetenzen historischen Denkens. Ein Strukturmodell als Beitrag zur Kompetenzorientierung in der Geschichtsdidaktik. Neuried (= Kompetenzen: Grundlagen – Entwicklung – Förderung, Bd. 2).

Körber, A./Meyer-Hamme, J./Schreiber, W. (2007): Überlegungen zu Graduierungslogiken der Kernkompetenzen im Kompetenzbereich „historische Orientierungskompetenz(en)". In: Körber, A./Schreiber, W./Schöner, A. (Hrsg.): Kompetenzen storischen Denkens. Ein Strukturmodell als Beitrag zur Kompetenzorientierung in der Geschichtsdidaktik (Historisches Denken, Bd. 2). Neuried, S. 473–504.

Leutner-Ramme, S. (2005): Ausdrückliche Reflexionsanstöße und positive Schülerreaktionen – Intensivinterviews mit Lernenden zu aufgezeichnetem Geschichtsunterricht. In: Borries, B. v./Fischer, C./Leutner-Ramme, S./Meyer-Hamme, J.: Schulbuchverständnis, Richtlinienbenutzung und Reflexionsprozesse im Geschichtsunterricht. Eine qualitativ-quantitative Schüler- und Lehrerbefragung im deutschsprachigen Bildungswesen 2002. Neuried, S. 217–232.

Meyer-Hamme, J. (unter Mitarbeit von B. v. Borries) (2007): Konzepte von Geschichtslernen und Geschichtsdenken. Empirische Befunde von Schülern und Studierenden (2002). In: Zeitschrift für Geschichtsdidaktik, Bd. 6, S. 84–107.

Meyer-Hamme, J. (2008): Historische Identitäten und Geschichtsunterricht – ein Werkstattbericht. In: Hodel, J./Ziegler, B. (Hrsg.): Forschungswerkstatt Geschichtsdidaktik 07 (im Druck).

Meyer-Hamme, J. (in Vorb.): Historische Identitäten und Geschichtsunterricht. Fallstudien zum Wechselspiel von kultureller Prägung, institutioneller Unterweisung und individueller Verarbeitung.

Müller, H. (1972): Zur Effektivität des Geschichtsunterrichts. Schülerverhalten und allgemeiner Lernerfolg durch Gruppenarbeit. Stuttgart.

Nohl, A.-M. (2006): Interview und dokumentarische Methode. Anleitungen für die Forschungspraxis. Wiesbaden.

Pandel, H.-J. (2005): Geschichtsunterricht nach PISA. Kompetenzen, Bildungsstandards und Kerncurricula. Schwalbach/Ts. (= Forum Historisches Lernen).

Rüsen, J. (1977): Historik und Didaktik. Ort und Funktion der Geschichtstheorie im Zusammenhang von Geschichtsforschung und historischer Bildung. In: Kosthorst, E. (Hrsg.): Geschichtswissenschaft. Didaktik – Forschung – Theorie. Göttingen, S. 48–64.

Rüsen, J. (1994): Historisches Lernen. Grundlagen und Paradigmen. Köln u.a.

Schenk, B. (Hrsg.) (2005): Bausteine einer Bildungsgangtheorie. Wiesbaden (= Studien zur Bildungsgangforschung, Bd. 6).

Schulz-Hageleit, P. (1989): Was lehrt uns die Geschichte? Pfaffenweiler.

Schulz-Hageleit, P. (2002): Grundzüge geschichtlichen und geschichtsdidaktischen Denkens. Frankfurt/M. u.a.

Trautmann, M. (Hrsg.) (2004): Entwicklungsaufgaben im Bildungsgang. Wiesbaden (= Studien zur Bildungsgangforschung, Bd. 5).

Wiesemüller, G. (1972): Unbewältigte Vergangenheit & überwältigende Gegenwart? Vorstellungen zur Zeitgeschichte bei Schülern des 9. Schuljahres verschiedener Schulformen. Stuttgart.

Über die Emergenz von Sinn in pädagogischen Praktiken. Möglichkeiten der Videographie im ‚Offenen Unterricht'

Kerstin Rabenstein und Sabine Reh

Im Forschungsprojekt „„Lernkultur- und Unterrichtsentwicklung in Ganztagsschulen" (LUGS)[1] haben wir die Frage nach der in pädagogischen Praktiken hervorgebrachten Lernkultur einer Schule ins Zentrum gerückt (vgl. Kolbe u.a. 2008a, 2008b). Im Unterschied zum Fokus eines großen Teils der videobasierten qualitativen Unterrichtsforschung auf Unterricht als verbaler Interaktion (vgl. im Überblick Breidenstein 2002) bzw. der videobasierten quantitativen Unterrichtsforschung auf Unterricht im Sinn eines Angebot-Nutzungs-Modells (vgl. Helmke/Weinert 1997) gilt unser Interesse den sichtbaren sozialen Prozessen in Schule und Unterricht, in denen Lerngelegenheiten emergieren. Wir interessieren uns für Unterricht als ein Ensemble pädagogischer Praktiken als ethnographisch zu beobachtende, sprachliche und körperliche Aufführungen des Lernens durch die Beteiligten. Wenn wir davon sprechen, dass in pädagogischen Praktiken Lerngelegenheiten emergieren, so verstehen wir unter Lerngelegenheit den sich sequentiell aufbauenden Sinn einer sozialen Situation. Wir arbeiten mit einem formalen Lernbegriff und versuchen nicht, Lernen als einen innerpsychischen Vorgang des Einzelnen zu erfassen.

Um das zu zeigen, beginnen wir mit einigen Anmerkungen zu unserem Forschungsprojekt und skizzieren unseren Begriff einer Lernkultur, für deren Rekonstruktion wir die Videographie nutzen. Im zweiten Teil stellen wir daher zunächst dar, auf welche Weise in der videobasierten qualitativen Unterrichtsforschung bisher die Forschungsgegenstände methodologisch konzeptioniert werden. Anschließend erläutern wir unser methodisches Vorgehen mit der Videographie, das wir in Anknüpfung an ethnographische Verfahren der Erhebung von Videodaten und hermeneutischer Prinzipien ihrer Auswertung entwickelt haben. Im dritten Teil verdeutlichen wir unseren Ansatz an einem Fallbeispiel aus dem Offenen Unterricht einer jahrgangsübergreifenden Lerngruppe. Dazu rekonstruieren wir die beobachtbaren

---

[1] Durchgeführt wird das Projekt an der TU Berlin und der Johannes-Gutenberg Universität Mainz, geleitet von Fritz-Ulrich Kolbe und Sabine Reh unter Mitarbeit von Bettina Fritzsche, Sebastian Idel und Kerstin Rabenstein (vgl. www.lernkulturganztagsschule.de).

pädagogischen Praktiken in einem kurzen, ca. sechsminütigen Film und stellen unsere Interpretation der Lernkultur in diesem pädagogischen Angebot dar. Abschließend kommentieren wir aus methodologischer Perspektive, wie wir bei unserer Vorgehensweise die Entstehung von Sinn beobachten können.

1 Zum Begriff der pädagogischen Praktiken

In dem Forschungsprojekt LUGS erforschen wir prozessbegleitend und fallorientiert an zwölf Schulen unterschiedlicher Schulform in Rheinland-Pfalz, Brandenburg und Berlin über drei Jahre die Entwicklungsprozesse in verschiedenen pädagogischen Angeboten – solcher, die spezifisch mit der Ganztagsentwicklung implementiert wurden, und solcher, die Teil des Vormittags-Unterrichts sind. Wir tun dieses, indem wir an allen Schulen in einer ersten Phase zum einen problemzentrierte, narrativ orientierte Interviews mit dem Schulleiter bzw. der Schulleiterin bzw. engagierten Lehrern und Lehrerinnen über die Entwicklung der Schule zu einer Ganztagsschule geführt haben. Zum zweiten haben wir die Planungs- und Koordinationssitzungen der Entwicklungsgruppen teilnehmend beobachtet und aufgezeichnet und teilweise Gruppendiskussionen mit Lehrern und Lehrerinnen durchgeführt. Anhand dieser Daten rekonstruieren wir, was wir die jeweils schuleigene „symbolische Konstruktion" von Ganztag nennen (vgl. Kolbe u.a. 2007; Fritzsche/Rabenstein 2008; Kolbe u.a. 2008c). Wir fragen danach, was für die Akteure in den Schulen Ganztag ist, welche Vorstellungen sie damit verbinden und was das für die Bereitstellung pädagogischer Angebote bedeutet. Auf dieser Folie haben wir entschieden, welche pädagogischen Angebote und welchen Unterricht wir an den einzelnen Schulen im zweiten Schritt, unserer Hauptuntersuchungsphase, beobachten und videographieren. Wir haben an allen Schulen sowohl außerunterrichtliche wie auch unterrichtliche Angebote ausgewählt, die nach schulischer Relevanzsetzung die für ihre Entwicklung zur Ganztagsschule wichtigen sind. Wir videographierten zum Beispiel an einer Schule die neu eingeführten Arbeitsstunden, den Fachunterricht Mathematik desselben Jahrgangs, aus dem ein Teil der Aufgaben in den beobachteten Arbeitsstunden stammt, sowie eine freie Arbeitsgemeinschaft aus dem Nachmittagsangebot. Zusätzlich dazu haben wir entweder mit den professionellen Akteuren Interviews zu ihren Angeboten geführt oder haben – sofern es das gab – Sitzungen von pädagogischen Teams aufgezeichnet, in denen die Angebote geplant bzw. reflektiert wurden. Außerdem haben wir Gruppendiskussionen mit Schülern und Schülerinnen zu den Angeboten geführt.

Vor diesem Hintergrund wird deutlich, was unsere schwierigen Aufgabe war: Nämlich etwas zu finden, was uns diese ganz unterschiedlichen pädagogischen Angebote – also vom ‚frontal' strukturierten Unterrichts-Setting eines traditionellen Gymnasiums über den ‚offenen' Unterricht der Grundschule bis zum pädagogisch geplanten Mittagessen als dem sozialen Lernen in einer Förderschule – vergleichbar macht. So haben wir einen bestimmten, nicht normativen Begriff von Lernkultur entworfen, mit dem wir einen pädagogischen Anspruch der Schule, sich auf Lernen zu beziehen, ernst nehmend versuchen, eine, sagen wir, einheitliche Strukturierung des operativen Bezuges von Unterrichten und Erziehen (vgl. Prange 2005) auf das Lernen an einer Schule zu rekonstruieren.

1.1 Kultur und Praktiken

Praktiken, die diskursive und nicht-diskursive Anteile einschließen, sind als kleinste Einheiten des Sozialen geregelte, typisierte und routinisierte, wirklich körperliche Aktivitäten, die inkorporiertes, implizites und materialisiertes Wissen in Artefakten, in Arbeitsmaterialien, Medien und Möbeln (von der Schulbank, dem Schulbuch und der Tafel bis zur PowerPoint-Präsentation und dem interaktiven Arbeitsblatt) einschließen (vgl. Schatzki/Knorr-Cetina/Savigny 2001; Schatzki 2001). Sie binden Raum und Zeit und bilden eine kontinuierliche, in dieser Art Bedeutungen produzierende und transportierende Form – um ein anschauliches Beispiel zu nennen sei an die historisch differierenden Praktiken des Waschens bzw. der morgendlichen Toilette erinnert.

Die Ordnung der Herstellung von symbolischen, also sinnhaften Strukturierungen in Praktiken nennen wir Kultur und orientieren uns damit an einem in den Kulturwissenschaften seit einiger Zeit diskutierten Begriff von Kultur (vgl. Reckwitz 2000/2006, 2003, 2004), der diese nicht konzeptioniert als Text einer symbolischen Ordnung, sondern als Herstellung einer solchen in Praktiken. Wir sprechen deshalb von Kultur als einer performativen und symbolischen Ordnung. Eine einheitliche Strukturierung der beobachtbaren Aufführung von (pädagogischen) Praktiken in einer Schule, in denen symbolisch Sinn hergestellt wird, nennen wir „Lernkultur" (vgl. Kolbe u.a. 2008b). Wir behaupten nicht, dass es sich bei Kultur in diesem Sinne gewissermaßen um einen heimlich wirkenden, nicht überschreitbaren, generierenden Code handelt, aber – und sonst bräuchten wir den Begriff der Kultur überhaupt nicht – wir unterstellen damit eine Einheitlichkeit, eine *Ordnung* im Sinne einer Strukturierung, die in der Wiederholung von Praktiken existiert, aber auch nur in dieser. Dabei sind in der Wiederholung die Praktiken selbstverständlich wiedererkennbar, aber niemals vollständig gleich, nicht identisch –

worin die strukturelle Möglichkeit von Transformationen der Praktiken und der Kulturen liegt[2].

1.2 Pädagogische Praktiken

Was aber nun sind pädagogische Praktiken? Was ist das Pädagogische der Praktiken? Wir verstehen darunter Praktiken, mit denen in der Schule bzw. im Unterricht und in den Lernangeboten bestimmte Differenzen hergestellt und bearbeitet werden. Wir unterscheiden drei Differenzbezüge. So wird erstens etwa die Ordnung, werden die Regeln des Unterrichts im Gegensatz etwa zur Pause oder zur Familie hergestellt und bearbeitet, u.a. durch die Produktion von Hierarchien und Heterarchien, durch unterschiedliche Rollen oder Positionen also, deren Trägern Unterschiedliches gestattet ist bzw. von denen Unterschiedliches verlangt wird. Ein wesentliches Kriterium, entlang dessen in der Schule Hierarchien praktisch erzeugt werden, ist beispielsweise die Leistung beziehungsweise Leistungsfähigkeit der Schüler und Schülerinnen. Auch in eher offen strukturierten unterrichtlichen Angeboten der Grundschulen – um ein Beispiel zu nehmen, das nicht bereits auf den ersten Blick auf das Phänomen der Hierarchisierung verweist – kann die Erzeugung von Asymmetrien als integraler Bestandteil der Lernkultur verstanden werden. Wir können beobachten, dass Schüler und Schülerinnen Unterschiedliches dürfen, also nicht nur unterschiedliche Aufgaben erfüllen, sondern etwa auch unterschiedlich viel Raum einnehmen, unterschiedlich oft und viele Wege gehen oder Ähnliches. Gleichzeitig wissen die Kinder, wen sie wofür fragen dürfen bzw. müssen, damit ein (Arbeits-)Prozess in der Weise voranschreitet, wie sie es sich wünschen und wie die Lehrerin es sich vorstellt. Auf diese Art wird die Ordnung des ‚offenen' Unterrichts gewährleistet.

So wird zweitens der Unterschied – Prange (2005) sagt dazu die pädagogische Differenz – zwischen dem Lehren und dem Lernen, zwischen Vermitteln und Aneignen, mit Prange könnte man sagen, zwischen Lernen und Erziehen als Zeigen, immer wieder neu erzeugt und gleichzeitig bearbeitet. Das geschieht, indem die Beteiligten sich wechselseitig als Lehrende und Lernende adressieren und sich dabei gleichzeitig in unterschiedlicher Weise auf die Sache beziehen, etwa indem in unterschiedlicher Weise Spielräume, auch ganz wörtlich, Räume und Zeiten für Aneignungen geschaffen oder verwehrt werden und damit auch unterschiedliche Partizipationsmöglichkeiten entstehen, sich in der Bezugnahme aufeinander und auf die Sache als Lernende einzubringen. Das geschieht also in unterschiedlich deutlicher

---

2   Das ist analog dem Gedanken formuliert, den Butler in ihrer Derrida-Rezeption von einer „Theorie der gesellschaftlichen Iterabilität des Sprechaktes" sprechen lässt (vgl. Butler 1998, S. 215).

Gestaltung der Differenz von Aneignen und Vermitteln, von Lernen und Lehren.

Es wird drittens der Unterschied zwischen einem schulisch relevanten Wissen und einem anderen, das für die Schule keine Rolle spielt, markiert, bestimmtes Wissen wird auf bestimmte Weisen legitimiert und subjektive, gewissermaßen private Versionen eines Weltverständnisses, aber auch eines Selbst- und Anderen-Verständnisses werden dazu in ein unterschiedliches Verhältnis gesetzt.

Unser Forschungsinteresse richtet sich auf die je fallspezifisch zu rekonstruierende Art und Weise von Lehrenden und Lernenden einer bestimmten Lerngruppe oder Schule, Lernen aufzuführen. So können sich etwa – wie wir beobachtet haben – die pädagogischen Praktiken der Aufgabenstellung und der Aufgabenbearbeitung, des Unterrichtsgesprächs, der individuellen Zuwendung und der kooperativen Bearbeitung von Aufgaben im Wochenplanunterricht der einen Lerngruppe oder Schule von denen im Wochenplanunterricht einer anderen Lerngruppe oder Schule deutlich unterscheiden. Erst eine kontrastierende Typisierung dieser fallspezifischen Rekonstruktionen könnte es dann erlauben, das Allgemeine dieser Praktiken empirisch begründet auszumachen.

Als Beispiele pädagogischer Praktiken, die interaktiv, teilweise konstitutiv kollektiv sind, lassen sich einige hier anführen: Praktiken des Lobens, des Bewertens, der Strafens und Disziplinierens und selbstverständlich des Umgehens, also auch des Unterlaufens von Verboten, mit denen u.a. eine soziale Ordnung erzeugt und aufrecht erhalten wird, Praktiken des Zeigens, etwa des Erklärens und des Vormachens, des Aufgabenstellens und Aufgabenlösens, des Motivierens, der Aufmerksamkeitsfokussierung, der Zuwendung, also des diagnostizierenden Beobachtens und des Helfens, aber auch Praktiken des Prüfens und des Konterkarierens von Prüfungen, des Vorsagens oder Abguckens.

Wir fassen soziale, in unserem Falle pädagogische Praktiken mikrologisch. Den von uns ins Auge gefassten Gegenstand – Lernkulturen, aufgeführt in pädagogischen Praktiken – kann man sehen, beobachten: „one can see culture" formuliert der Anthropologe Ruby (1996, S. 1345). Dafür nutzen wir die Videographie.

2   Zur Methodologie der Videographie in der qualitativen Sozial- und Unterrichtsforschung

Videodaten sind in den letzten 15 bis 20 Jahren dank der zunehmenden Bedeutung von Visualisierungen und der massiven Ausbreitung visueller Medien in der qualitativen Sozialforschung und insbesondere der Ethnographie

zu einem anerkannten Datenmaterial geworden. In der Schul- und Unterrichtsforschung werden „videogestützte Beobachtungsverfahren" seit etwa
10 Jahren vermehrt eingesetzt. Im Vergleich zu den in der Sozialforschung
etablierten Methoden zur Analyse von Texten befindet sich die Diskussion
um die Erhebung und Auswertung von Videodaten noch in einem Experi-
mentierstadium; viele methodologische und methodenpraktische Fragen sind
noch weitgehend ungelöst und die Diskussion ist grundlagentheoretisch noch
wenig fundiert (vgl. Knoblauch 2004; Knoblauch/Schnettler/Raab 2006; Pink
2007). Das Besondere dieser Daten, ihr visueller Gehalt, kommt erst allmählich in den Blick (vgl. z.B. Mohn/Amann 2006), wobei mangels einer eigenen methodologischen Diskussion häufig auf Verfahren der Bildanalyse
verwiesen wird (vgl. z.B. Wulf 2007, S. 14). Bevor wir nun das von uns
entwickelte Verfahren und die ihm zugrunde gelegte Orientierung an einem
sequentiellen Aufbau von Sinn vorstellen, stellen wir Anknüpfungspunkte,
aber auch Differenzen zu bisherigen, in der videobasierten interpretativen
Unterrichts- und Sozialforschung entwickelten Vorgehensweisen dar.

2.1 Gegenstandskonstruktionen in videobasierten Studien qualitativer Unterrichtsforschung

Wir unterscheiden im Folgenden drei unterschiedliche Wege des methodischen Einsatzes von Videographie in der qualitativen Unterrichtsforschung,
die jeweils eigene Konstruktionen des Untersuchungsgegenstandes ‚Unterricht' mit sich bringen. Erstens werden in einem Teil der vorwiegend fachdidaktisch orientierten interpretativen Unterrichtsforschung Videodaten zur
Vervollständigung von Transkripten verbaler Interaktionen eingesetzt. Der
Forschungsgegenstand Unterricht wird auf diese Weise als verbale Interaktion konzipiert. In diesen Studien wird die Interaktion zwischen Lehrenden
und Schülern meist mit zwei stationären Kameras aufgenommen, eine Kamera ist von der Seite auf den meist vorne stehenden Lehrenden und eine von
vorne auf die Gesamtgruppe ausgerichtet. Ein gutes Raummikrophon sorgt
für eine gute Tonqualität der Aufnahme. Das Forschungsinteresse einer Reihe von Studien in der Politikdidaktik (vgl. Richter 2000), der Religionsdidak-
tik (vgl. Jessen 2003; Knauth u.a. 2000), für den Sachunterricht (vgl. Richter
2000) bzw. zum Fachunterricht in der gymnasialen Oberstufe (vgl. Mey-
er/Kunze/ Trautmann 2007) richtet sich ausschließlich auf den inhaltlichen
Verlauf des Unterrichtsgesprächs zwischen Schülern und Lehrer. Das empirische Material wird so auch nach dem Muster der Transkription von Gesprä-
chen verschriftlicht. Die Videoaufnahmen werden vor allem genutzt, um die
Redebeiträge besser verstehen und genauer einzelnen Sprechern zuordnen zu
können. Besonders auffällige Gestik und Mimik werden zum Teil zwar im
Transkript vermerkt, aber nur in seltenen Fällen – zum Beispiel bei der von

Krummheuer und Mitarbeitern in der Mathematikdidaktik entwickelten so genannten Partizipations- und Rezeptionsanalyse (vgl. Krummheuer/Naujok 1999; Krummheuer/Fetzer 2005) – in der Interpretation berücksichtigt. Der multimodalen Interaktion, dem sprachbegleitenden oder sprachersetzenden Verhalten, und damit den passiv Beteiligten wird neuerdings auch in der videobasierten Kursforschung in der Erwachsenenbildung Aufmerksamkeit geschenkt (vgl. Nolda 2008). Rekonstruiert wird, was begleitend zu dem Geschehen auf der Vorderbühne – dem Unterrichtsgespräch zwischen Kursleiter und der Gesamtgruppe – entweder zwischen den Teilnehmern geschieht (z.B. ein Blick des Kursteilnehmers, der zum Kursleiter spricht, zu seiner Nachbarin) oder was hinter dem Rücken des Kursleiters in seine Richtung hin geschieht (z.B. eine Geste eines Teilnehmers, während der Kursleiter etwas an die Tafel schreibt). Wie die Körper von Kursleiter und Kursteilnehmern zueinander bzw. im Raum und zu den Gegenständen im Raum positioniert sind, wird ergänzend anhand von Standbildern analysiert. Das auf diese Weise identifizierte Geschehen auf der Hauptbühne und den Nebenbühnen im Unterricht wird in der Rekonstruktion schließlich zueinander in Beziehung gesetzt. Letztlich bleibt auch diese Studie orientiert an der Vorstellung von Unterricht als „Interaktion unter Anwesenden" im Luhmannschen Verständnis (vgl. Luhmann 2002).

Insgesamt wird in diesen Untersuchungen Sinn hermeneutisch erschlossen, wie er im sequentiellen Verlauf der verbalen Interaktion im Unterricht entsteht. Für die Sinnrekonstruktion werden die Videodaten jedoch nur ergänzend hinzugezogen und kaum in ihrer besonderen Beschaffenheit als bewegte Bilder interpretiert. Die räumlichen Verhältnisse sowie ihre Aneignung durch die Lernenden, die Artefakte und Materialien im Klassenzimmer sowie die Körperbewegungen, Gestik und Mimik der Lehrenden und Lernenden kommen – wenn überhaupt – nur ansatzweise und ergänzend zu der sprachlichen Interaktion in den Blick (vgl. auch Wagner-Willi 2004, S. 50).

Demgegenüber lassen sich zweitens ethnographische Studien ausmachen, in denen die Videographie als ein Beobachtungsverfahren eingesetzt wird, mit Hilfe dessen detaillierte und beliebig oft reproduzierbare Aufzeichnungen des sprachlichen und körperlichen Geschehens möglich sind, um es anhand der Videoaufnahmen überhaupt beobachten und detailliert beschreiben zu können: So nimmt beispielsweise Georg Breidenstein (2006) die „audiovisuelle[n] Beobachtungen" (ebd., S. 32) ergänzend zu den im Feld angefertigten schriftlichen Notizen hinzu, um Dimensionen des körpersprachlichen Verhaltens, die sich dem „‚bloßen Auge' der teilnehmenden Beobachterin und der Versprachlichung in Beobachtungsprotokollen entziehen" (ebd., S. 32) überhaupt beschreiben zu können. Mittels einer flexibel einsetzbaren Handkamera werden einzelne Szenen im Unterricht aufgezeichnet, der Blick wird fokussiert auf kleine Ausschnitte des Geschehens, wie etwa den Umgang der Schüler mit Materialien oder das, was Schüler tun, wenn sie sich langweilen im Frontalunterricht, wie sie zuhören, sich dabei mit den Nachbarn verständigen, sich berühren etc. Ähnlich wird in den ethnographischen Studien zu Ritualen und Ritualisierungen in Unterricht und Schule verfahren, in denen hauptsächlich das Potential der Videoaufnahmen genutzt wird, neben der Sequentialität auch die Simultaneität von Ereignissen in den Blick zu nehmen (vgl. z.B. Wagner-Willi 2005, 2004; Wulf u.a. 2007; im Überblick Wulf 2007, S. 14). Als simultane Ereignisse werden sowohl nebeneinander her laufende Interaktionen als auch aufeinander bezogene Interaktionen verstanden sowie in Bezug auf das individuelle Agieren die „körperlich-sinnlich-räumliche Koordination" von Aktivitäten (vgl. Wagner-Willi 2004, S. 51).

In diesen Arbeiten gilt das Forschungsinteresse vorrangig den Praktiken der Schüler entweder auf der Hinterbühne des Unterrichts (vgl. Breidenstein 2006) oder in den Pausen (vgl. Wagner-Willi 2005), also dem, was die Schülerinnen und Schüler jenseits der an sie gestellten „Schulaufgaben" tun. Unterricht wird als Geschehen auf der Vorder- und Hinterbühne konzipiert. In ethnographischer Tradition geht es nicht um die hermeneutische Entschlüsselung von Sinn und Bedeutung der Praktiken, sondern um die „beobachtende Entdeckung der Praktiken", die sich demnach nicht „hinter" oder „unter" den Phänomenen befinden, sondern an deren Oberfläche liegen (Breidenstein 2006,S. 18).

Vergleichbar bezüglich der Gegenstandskonstruktion, jedoch methodisch etwas anders ausgerichtet ist drittens die von Elisabeth Mohn und Klaus Amann (2005) entwickelte spezifische Form der videogestützten Beobachtung im Sinne einer „fokussierten Kameraethnographie" (vgl. auch Mohn 2006), in der Videoaufnahmen als „Videonotizen" wie Feldnotizen zur immer weiterführenden Bearbeitung bzw. Interpretation Anlass geben (vgl. Nolda 2007, S. 481). Bei der Auswertung der Videodaten steht dabei nicht die Versprachlichung des Visuellen im Vordergrund, vielmehr wird durch serielles Schneiden mit den Videodaten selbst gearbeitet und das Ergebnis, ein Film, wird als ein „dichtes Zeigen" verstanden (vgl. Mohn/Amann 2005).

Deutlich geworden sein sollte, dass Videodaten im Vergleich zu anderen sozialwissenschaftlichen Beobachtungsverfahren Vorteile bieten in Bezug erstens auf die Erhebung und zweitens auf die Auswertung der Daten.

- Zum Ersten: Die Daten haben einen hohen Detaillierungsgrad, bieten Möglichkeiten, die Schnelligkeit und Dynamik einzelner Handlungsabläufe oder Szenen und die Simultaneität des Geschehens aufzuzeichnen. Auch können Prozesse quasi „zufällig" in das Material gelangen, die erst auf den zweiten Blick für den Forschenden Interessantes enthalten und die bei der teilnehmenden Beobachtung eventuell gar nicht registriert worden wären (vgl. Wagner-Willi 2005, S. 256).

- Zum Zweiten: Die technische Aufzeichnung der Videographie und deren Reproduzierbarkeit erlauben uns unterschiedliche Verfahren des Umgangs mit dem Material, das heißt unterschiedliche Formen der Datenauswertung. Wir können sie betrachten als Material, mit dem wir schneidend und kopierend arbeiten und Neues sichtbar machen (vgl. auch Mohn 2006).

Auch die Videographie bleibt allerdings – darauf ist ausdrücklich hinzuweisen – eine Aufnahme aus einer bestimmten Perspektive, deren Selektivität es zu reflektieren gilt, und die weder eine unabhängig von der Perspektive der Forschenden bestehende ,objektive' soziale Wirklichkeit noch eine wie auch immer geartete Totalität des Geschehens erfasst. Keinesfalls kann man unproblematisch – wie es etwa Pauli/Reusser (2006, S. 787) tun – von authentischem und ganzheitlichem Datenmaterial sprechen (vgl. auch Huhn u.a. 2000; Wagner-Willi 2005). Es gilt, sich vom Anspruch einer Totalaufnahme zu jedem Zeitpunkt von Erhebung und Auswertung bewusst zu verabschieden.

Darüber hinaus können wir feststellen, dass das Visuelle in den bisherigen videogestützten Arbeiten im Bereich der qualitativen Unterrichtsforschung sequentiell behandelt wird: in den dargestellten Ansätzen werden Einheiten im zeitlichen Verlauf erstellt und Schritt für Schritt beschrieben bzw. als Bilder aneinander gehängt, sowohl Einheiten der Interaktion als auch – beim seriellen Schneiden – Einheiten des Visuellen. Dafür wird nach Veränderungen in der sprachlichen Interaktion und den Bewegungsabläufen gefragt. Die Sinnstrukturierung wird also über Sequenzbildung erschlossen. Wir erforschen in unserem Projekt zur Unterrichts- und Lernkulturentwicklung an Ganztagsschulen Unterricht nun nicht als Interaktion, und auch nicht als Vorder- und Hinterbühnen-Geschehen, sondern als in pädagogischen Praktiken hervorgebrachte „Lernkultur". Wie wir bei der Untersuchung im Einzelnen vorgehen, erläutern wir im Folgenden.

2.2 Videographie pädagogischer Praktiken

Wie gehen wir nun bei der Aufnahme und der Auswertungsarbeit vor?

1. Im Sinne der fokussierten Kameraethnographie (vgl. Mohn 2006; Mohn/Amann 2005) entscheiden wir zunächst je nach Fragestellung und eingenommener Perspektive für unsere Aufnahmen in einem bestimmten Lern- oder Unterrichtsangebot in einer bestimmten Schule, welcher Ausschnitt aus dem Geschehen uns interessiert und dokumentieren dieses. Zum Beispiel fokussieren wir mit der Kamera die Situationen im offenen Unterricht, in denen Schüler alleine nicht weiterkommen, Hilfe brauchen

oder diejenigen Situationen, in denen sie ihre Arbeit planen, sich für eine Aufgabe entscheiden.

2. Bei der Erhebung im Feld gehen wir entsprechend dieser fallspezifischen Planung vor, bleiben aber dem pädagogischen Geschehen gegenüber präsent, um u. U. auch andere Entscheidungen zu treffen. Das heißt vor allem, unserer verstehenden Wahrnehmung zu folgen und ,Aktivitäts-zentren' bzw. ,Sequenzen', die wir als interessante identifizieren, dann zu Ende aufzunehmen, auch wenn wir ihren Anfang oder vermeintlichen Beginn nicht haben aufzeichnen können. In ethnographischer Tradition ist im Feld der Forscher mit der Kamera und seine Fähigkeit der verste-henden Wahrnehmung von großer Wichtigkeit (vgl. Mohn 2006).

Bei der nun folgenden Auswertung der Videodaten gibt es – wie immer wie-der hervorgehoben wird – ein Problem zu bewältigen: Es muss die Daten-menge bewältigt werden. Grundsätzlich – egal, was man im Einzelnen wei-terhin tun wird und welche Fragestellung man verfolgt – muss dafür das Material segmentiert werden, müssen kürzere Einheiten gebildet werden, um eine Grundlage für die begründete Auswahl von Material zu haben, das einer weiteren mikroanalytischen Auswertung zugeführt wird. Beim Umgang mit dem entstandenen Filmmaterial und seiner Auswertung und Bearbeitung durch Schneiden, Herstellen verschiedener Filme und der Anfertigung von ,Szenischen Verläufen' und Beschreibungen orientieren wir uns an zwei Prinzipien, dem der Sequentialität und Serialität. Im Einzelnen sieht unser Vorgehen folgendermaßen aus:

3. Wir sichten zunächst das RohmaterialMaterial und nehmen daraus Sze-nen heraus, die eine Sequenz bilden, die uns für eine Fragestellung wich-tig und bedeutsam erscheinen. Dieser Schritt führt zu einer unterschied-lich großen Anzahl von einzelnen Filmen, also zu einer ersten Segmen-tierung des Materials; technisch nicht gelungene Teile werden dabei he-rausgeschnitten. Neben dem Rohmaterial, das im Archiv bestehen bleibt, haben wir nun unterschiedliche Einheiten, unterschiedliche filmische Se-quenzen als Filme geschnitten, von denen wir von uns so genannte schriftliche ,Szenische Verläufe' anfertigen.

4. Ein im ursprünglichen Wortsinne ästhetischer Umgang mit dem filmi-schen Material ermöglicht durch eine das übliche Sehen unterbrechende Form die fundamentale Körperlichkeit und Wiederholung pädagogischer Praktiken sichtbar zu machen (vgl. Schouten 2004), ermöglicht uns also in besonderer Weise die Körperlichkeit der Praktiken zu entdecken. Zu solchen Formen gehören etwa die Konzentration auf das Visuelle durch Ausschalten des Tons, aber auch das serielle Arbeiten mit dem Videoma-terial – z.B. das Hintereinanderschneiden aller Formen körperlicher Zu-wendung Unterrichtender zu einzelnen Schülern.

5. Wir fertigen anschließend ‚Szenische Beschreibungen' von ausgewähl-
    ten kleinen Ausschnitten an (vgl. Beispiele z.B. Idel 2007; Breu-
    er/Schütz/ Weide 2008; ähnlich verfahren auch Raab/Tänzler 2006).
    Beim Anfertigen einer szenischen Beschreibung, die Abläufe unter den
    Beobachtungsgesichtspunkten Körper/Körperlichkeit, Raum-Zeit-Struk-
    turierungen, Interaktion und Artefakte dokumentiert, ist man gefordert,
    sehr genau hinzuschauen und zu dokumentieren, was geschieht. Insofern
    verstehen wir diese Beschreibungen auch als ‚Protokolle unseres genau-
    en Schauens'.

6. Die „Szenischen Beschreibungen" erlauben es uns anschließend, immer
    wieder aber auch in Wechselwirkung mit einem erneuten Sehen des
    Films, sozialwissenschaftlich-hermeneutisch Sinn- und Bedeutungsstruk-
    turen pädagogischer Praktiken als sequentiell hergestellte zu rekonstruie-
    ren, indem wir in Analogie zum Vorgehen der Objektiven Hermeneutik
    (vgl. Wernet 2000; Oevermann u.a. 1979) die Praktiken als Einheiten ei-
    ner Folge zeitlich nacheinander beobachtbarer, unterschiedlicher körper-
    licher und gegebenenfalls auch verbaler Aktivitäten segmentieren. An-
    schließend arbeiten wir deren mögliche Bedeutungsgehalte durch gedan-
    kenexperimentelle Kontextvariationen heraus und rekonstruieren
    schließlich einen Sinnaufbau in ihrer fallspezifischen Folge, ihrer Se-
    quenz.

Bevor wir dieses Vorgehen nun aus methodologischer Perspektive abschließend kommentieren, stellen wir ein Beispiel vor.

3 Pädagogische Praktiken in einem ‚offenen' Lernarrangement

Im grundschulpädagogischen Diskurs gilt neben dem Morgenkreis, der Pro-
jektarbeit und unterschieden vom Freien Arbeiten der Wochenplanunterricht
als ein Setting des ‚offenen' Unterrichts, mit dem in besonderer Weise das
Ziel der Selbständigkeit zu erreichen sei.[3] Im Kontext der Ganztagsschulent-

---

3   Zum ‚offenen Unterricht' vgl. Wallrabenstein 1991; Göhlich 1997; zum Ziel der
    Selbständigkeit in der Wochenplanarbeit etwa Clausen 1997, S. 23; Rabenstein/Reh
    2008. Wir diskutieren an dieser Stelle nicht, ob es sich beim Wochenplanunterricht im
    Sinne einer reformpädagogischen Programmatik um richtigen ‚offenen' Unterricht
    handelt. Oft wird dem Wochenplanunterricht vorgeworfen, im Vergleich etwa mit der
    ‚klassischen' Freiarbeit nur wenig Freiräume für Schülerentscheidungen zu lassen.
    Der Wochenplanunterricht kann, wie immer wieder betont wird und wie wir auch
    selbst beobachten konnten, sehr unterschiedlich gestaltet sein. Wir nehmen hier zu-
    nächst die Bezeichnungen der schulischen Akteure für das, was sie tun, und ihr

wicklung kommt diesem Setting ein besonderer Stellenwert zu, greifen doch
die meisten Versuche – auch in der Sekundarstufe I –, binnendifferenzierend
arbeiten zu lassen und zu fördern, auf ein hier zugrunde liegendes Struktur-
muster zurück, nämlich die Schüler und Schülerinnen in einem gegebenen
Zeitraum in unterschiedlichem Maße über die Auswahl, Reihenfolge und den
Zeitraum der Erledigung von Aufgaben selbst bestimmen zu lassen.

In der folgenden Fallanalyse aus dem Wochenplanunterricht einer jahrgangsübergreifenden Lerngruppe der Klassenstufen 4, 5 und 6 einer Berliner
Grundschule werden wir darstellen, wie in pädagogischen Praktiken die oben
angeführten Differenzen hergestellt und bearbeitet werden, inwiefern sich
dieses als eine spezifische Lernkultur dieser Gruppe verstehen lässt und weitergehend als Konstituierung von Selbstverhältnissen erkennbar wird.

Die Fallanalyse erfolgte auf der Grundlage einer ca. sechsminütigen Vi-
deosequenz[4] und der dazu von uns erstellten ,Szenischen Beschreibung'. Wir
haben in dieser filmischen Sequenz also Beobachtungen zu den Körpern der
Personen, zu Artefakten und zu Raum und Zeit im Video notiert, d. h. also zu
Positionierungen und zu Bewegungen der Menschen und Dinge in Raum und
Zeit, wie sie sich uns im Video zeigen, und wir beobachten die verbale Interaktion und notieren – so weit wir sie verstehen – wörtlich die Sprechakte.
Anschließend rekonstruieren wir anhand der Notate den sequentiell erfolgen-
den Sinnaufbau in diesem Film. Als Resultat dieser Rekonstruktion kann
gewissermaßen die ,Fall-Geschichte' gelten, die im Folgenden zunächst
erzählt wird, bevor wir diese noch einmal als Bearbeitung der genannten
Differenzen interpretieren und weitergehend nach den hier konstituierten
Selbstverhältnissen fragen.

3.1 Rekonstruktion einer Geschichte: Aufgaben lösen und eigene Bedürfnisse befriedigen

Wir rekonstruieren diese filmische Sequenz, der wir den Titel „Immer zwei
Kinder fragen" gegeben haben, insgesamt als die Geschichte zweier Schüler,
Carl und Ferdi, die sich unter Aus-Nutzung geltender Regeln für die Befriedigung eigener Bedürfnisse und in deren ironisch kommentierter Aufführung
Aufgabenlösungen beschaffen. Die beiden bearbeiten zunächst an ihren Ti-
schen einander gegenübersitzend Matheaufgaben in ihrem Buch und begleiten ihr Rechnen vor sich hin und mit dem anderen redend („die Hälfte von

---

Selbstverständnis als gegeben: Sie arbeiten mit dem Wochenplan und begreifen diesen als Bestandteil eines offenen Unterrichts.

4   Den Film, der der folgenden Beschreibung zugrunde liegt, hat Julia Labede während
      der Wochenplanarbeitszeit in einer jahrgangsübergreifenden Lerngruppe einer Berli-
      ner Grundschule (in der Viert-, Fünft- und Sechstklässler sind) aufgenommen und ge-
      schnitten.

2000 einfach einfach"). Nachdem sie bei der Lösung einer Textaufgabe nicht weiter kommen, stehen sie auf, kommentieren dieses mit dem Hinweis auf die bestehende Regel „immer zwei Kinder fragen" (bevor man nämlich zur Lehrerin gehen darf) und holen nacheinander zwei Kinder an den Sitzplatz von Carl, um sie jeweils zu fragen, ob sie die Lösung wissen. Beide befragten Schüler wissen diese aber nicht und es scheint so, als hätten Carl und Ferdi das auch nicht erwartet. Es gibt keinen Versuch einer gemeinsamen Klärung, sondern lediglich jeweils die Frage nach der Lösung, ob der andere die „Lösung parat" habe. Nun können Carl und Ferdi sich bei der Lehrerin anstellen, die, um sich einen Pulk oder eine Warteschlange von Schülern und Schülerinnen am Whiteboard versammelnd, und mit all diesen, die Schlange abarbeitend, spricht. Nachdem sie von Carl und Ferdi auf Rückfrage erfahren hat, welche Schüler diese um Hilfe gebeten hatten, schickt sie die beiden wieder weg, damit sie einen weiteren Schüler fragen. Gewissermaßen und wörtlich genommen scheint zumindest einer der beiden Befragten nicht zu zählen. Ferdi und Carl kommentieren „ein drittes Kind fragen" und gehen zu Caspar, der an einem Tisch im Mittelraum des großen Lernateliers allein sitzt.

Es folgt eine Szene, die wir etwas genauer betrachten möchten. Nachdem die mit mehreren Schülern sprechende Lehrerin Carl und Ferdi abgewiesen, also ihre inhaltliche Frage gar nicht zugelassen hatte, setzen die beiden nun ihr Auskunftsinteresse bei Caspar durch. Während sie sich mit unterschiedlichem Abstand zu Caspar stellen, hört der nach einiger Zeit auf zu schreiben, hebt seinen Kopf, steckt seinen Füller in die Kappe und richtet eine Frage, die nicht ganz zu verstehen ist, an seine Mitschüler. Erst jetzt scheint er bereit zu sein für das Gespräch. Daraufhin sagen Carl und Ferdi gleichzeitig laut und gedehnt, fast etwas stöhnend „neun aaaah" – das ist die Aufgabe –, und beide wenden sich dem Tisch bzw. dem darauf liegenden Buch zu. Carl zeigt im Buch dieses Jungen auf die zu lösende Aufgabe. Der sitzende Schüler hat sich indes etwas erhoben, er lehnt sich nun – mit den Armen am Tisch abgestützt – über das aufgeschlagene Buch und liest die Aufgabe vor: „Was geschieht mit dem Produkt, wenn der erste Faktor verdoppelt wird." Caspar murmelt etwas, Hand an der Stirn, Blick nach unten gerichtet, er überlegt wohl und spricht leise vor sich hin, dass sich das Ergebnis verdoppelt, dann schaut er plötzlich hoch und sagt lauter – wie als Resultat seiner Überlegungen und in die Kamera blickend: „Dann verdoppelt sich das Produkt". Caspar wiederholt, zu den Jungen blickend, noch einmal, ohne mathematische Terminologie, also ohne das Wort Produkt zu gebrauchen, für die beiden Jungen, „dann verdoppelt sich das ganze Ergebnis". Ferdi ist es, der bemerkt, „aha, gut, dann gehen wir jetzt". Mit der nötigen Information ausgestattet, gehen Ferdi und Carl zu ihrem Platz zurück – nicht ohne, noch einmal zurück laufend, Caspar anzukündigen, bei der nächsten Aufgabe oder am nächsten Tag wieder zu kommen. Caspar hat keinerlei didaktische Intentionen, mit den beiden Jungen zu erarbeiten, wie man zu dieser Lösung kommt – warum sollte er auch, er macht offensichtlich selbst gerade etwas anderes, ist weiter oder einfach bei einer anderen Sache, muss niemanden an seinem Denken beteiligen, aber er weiß, wenn jemand zuschaut, mit welcher Gestik er zeigt, dass er denkt.

3.2 Pädagogische Praktiken einer Lernkultur: Verfügbarkeit der Informationsquellen

Wir erkennen in diesem Film Praktiken des Zeigens und der gemeinsamen Zuwendung mehrerer Personen auf eine Sache: wir sehen zwei Kinder am Tisch stehend, auf dem ein Buch und andere Arbeitsmaterialien liegen, in das sie zunächst beide schauen, bevor der eine sich weiter auf den Tisch lehnt, sich die Augen reibt, nicht mehr in interessiertem, engem Kontakt zu sein scheint; wir sehen drei Kinder am selben Tisch stehend, der eine zeigt auf das Heft und scheint danach fordernd etwas zu sagen; wir sehen zwei Jungen um einen an einem Einzeltisch sitzenden Jungen stehend und ihm gewissermaßen über die Schulter zuschauend.

In der Perspektive der Bearbeitung der drei Differenzbezüge – Unterscheidung der sozialen Ordnung des pädagogischen Angebotes (1), Bearbeitung der Differenz zwischen Vermittlung und Aneignung (2) und der Unterscheidung schulisch relevanten Wissens (3) können wir Folgendes über die pädagogischen Praktiken und den sequentiellen Ablauf in dieser filmischen Sequenz formulieren:

1.   Soziale Ordnung des pädagogischen Angebotes

Unter der materiellen Bedingung von viel Platz herrscht eine Ordnung murmelnd-gedämpfter Arbeitsatmosphäre, die sich als die von Zentrum und Peripherie beschreiben lässt; wobei das räumliche „Zentrum" das – im Hinblick auf Dichte wie Höhe – herausgehobene Whiteboard mit Lehrerin und einem sie umlagernden Pulk, der auch eine verunglückte Warteschlange darstellen könnte, ist. Anscheinend können die Schüler und Schülerinnen sitzen, wo sie wollen (auf dem Fußboden, an Einzeltischen, an Gruppentischen, wo sie sich mit Stehordner abgrenzen usw.), sofern sie arbeiten oder den Eindruck erwecken zu arbeiten bzw. dieses vorbereiten, indem sie mit Materialien hantieren, diese durchsehen, sortieren, ordnen oder nachdenkend z.B. mit Stiften spielen. Sie dürfen sich auch schneller oder langsamer im Raum bewegen, wenn sie sich Hilfe holen oder wenn sie welche geben sollen und (ein wenig unruhig) auf Hilfe der Lehrerin am Whiteboard warten. Es gibt hier keine Situation, in der die Überschreitung oder Infragestellung der Ordnung öffentlich angemahnt oder sanktioniert wird.

Die Art der Interaktion im Zusammenhang mit der Einforderung von Hilfe bzw. der Einforderung der Lösung, zeigt Unterschiede. Sie sind vermittelt über Hierarchien, die wiederum auf schulisches Leistungsvermögen bzw. dessen Fremd- und Selbstzuschreibung zu verweisen scheinen bzw. diese auch herstellen. Einer der von Carl und Ferdi gefragten Schüler kommt, als er geholt wird, schnell und gern mit, ein anderer muss gewissermaßen eingefangen zum Tisch geführt werden – ein Schüler, von dem keine Antwort erwartet wird. Zu dem dritten, sehr guten Schüler bewegen sich die Jungen hin. Es wird eine Ordnung erzeugt, die Grade der Selbstbestimmung (über Zeit und Position im Raum) mit sozialen, über schulische Leistungen vermittelten Positionierungen verbindet.

2. (Pädagogische) Differenz von Vermitteln und Aneignen

Die Differenz zwischen Aneignung und Vermittlung, zwischen Lernen und Zeigen, wird bearbeitet, indem gewissermaßen weitere Unterscheidungen, eine Art „Ausdifferenzierung", geschaffen werden. Es wird in dieser Unterrichtssituation eine Unterscheidung erzeugt zwischen

1. der sachlichen Aufgabenerstellung – das Zeigen ist hier zunächst komplett dem Buch oder dem Arbeitsblatt überantwortet,

2. der Beobachtung des Prozesses der Aneignung (sowohl durch die Schüler und Schülerinnen selbst als auch durch die Lehrerin) und

3. dem je speziell, selbstbestimmt bzw. durch den individuellen Arbeitsprozess bestimmten, einzufordernden dyadischen „Zeigen".

Das eröffnet zunächst der individuellen „Aneignung" im Sinne einer Bearbeitung individualisierte Zeiträume. Sobald ein Arbeitender (oder auch mehrere), also zeitlich von einem „Aneignungsprozess" bestimmt, auf ein Problem stößt, nicht weiter kommt, nicht weiter weiß, hört er auf zu arbeiten, macht entweder etwas anderes oder besorgt sich „Hilfe" oder Information – bei wem auch immer, bei Schülern und Schülerinnen, bei der Lehrerin. In Praktiken der Zuwendung, oft dyadischen Situationen einer individualisierten Zuwendung, der Förderdyade (vgl. Idel 2007), und eines Bezuges auf die Sache wird dieses realisiert. In dieser ist es vielleicht wichtig, dass jemand da ist, es kann geübt oder etwas im Dialog erarbeitet, etwas erklärt, es können aber auch einfach nur Informationen weitergegeben werden.

Es gibt Situationen, in denen gemeinsam von den Schülern und Schülerinnen gedacht, ko-konstruiert wird – Carl und Ferdi, die tatsächlich zeitlich parallel an der gleichen Aufgabe arbeiten, tun das etwa – und wann einfach eine Info gegeben wird. Caspar zeigt, dass er denkt, aber nicht, wie er die Aufgabe löst, und gibt nur das Ergebnis an die beiden Schüler weiter.

Tatsächlich kann die Lehrerin nicht immer und sofort eine dyadische Situation herstellen, manche Schüler und Schülerinnen müssen warten bzw.

andere fragen. Es kann sich gar nicht die Zeitstruktur der individuellen Aneignung durchsetzen – oder sie kann es immer nur für bestimmte Kinder.
Und wenn die Einforderung von Hilfe Vorrang hat, steht die Aneignung der
Sache eben zumindest nicht für jeden im Vordergrund, weil er jederzeit von
jedem oder von manchen Kindern unterbrochen werden darf. Das ist auch die
„Macht" von Ferdi und Carl hier, die Caspar androhen können: und bei Aufgabe 9b, morgen, kommen wir wieder.

Die Form, die die Bearbeitung der pädagogischen Differenz hier annimmt, ist die des Aufgabenerledigens in individueller Interpunktion. Sie ist
in der Abstimmung von Zeitregimen hier so aufgeführt, dass der individuelle
Prozess der Auseinandersetzung mit der Sache insofern prekär ist, als er
immer auch in einen instrumentellen Prozess des Abarbeitens von gestellten
Aufgaben umschlagen kann – man könnte allerdings auch genau dieses als
die Selbständigkeit der Schüler erkennen.

3. Zur Differenz zwischen schulisch relevantem Wissen und nicht
    relevantem Wissen

Das Wissen, das erfragt wird, angezeigt durch die Aufgaben des Schulbu-
ches, muss produziert oder beschafft und im Heft schriftlich dokumentiert
werden. Das Wissen kann man sich auf unterschiedliche Weise beschaffen,
es ist öffentlich zugänglich, nicht nur einer besitzt es; damit allerdings wird
dieses Wissen zu einem Gegenstand, um den gehandelt wird.

So wird das Wissen im Modus der „Information" verfügbar. Dabei
scheint die Gefahr zu bestehen, dass es verdinglicht wird: Es muss nicht
durchdenkend „angeeignet" im Sinne von „verstanden" werden, etwa als
Verstehen von zugrunde liegendem Regel- oder Strukturwissen, obwohl
dieses natürlich geschehen kann und immer wieder auch geschieht. Entscheidend gegenüber dem in der Schule immer wieder zu beobachtenden Ab-
schreiben von Aufgabenlösungen ist die in und durch dieses Setting erfol-
gende Legitimation schulischen Wissens als Info-Wissen.

Wir fassen zusammen: Die Lernkultur dieses Wochenplanunterrichts entsteht
in besonderer Weise in der Praxis des Aufgabenerledigens – einer Praxis, zu
der entscheidend Praktiken der individuellen Zuwendung und Praktiken der
Informationsbeschaffung gehören. Lernen wird als Arbeiten sichtbar gemacht und die erfolgreiche Schülerarbeit am richtigen Erledigen von Aufgaben gemessen. Es herrscht rege Geschäftigkeit mit Methode.

Für das Ausmaß der Selbstbestimmung spielen über schulische Leistungen und über die Verfügung von schulisch relevantem Wissen vermittelte
soziale Positionierungen eine wichtige Rolle. Materialien sind öffentlich,
sind zugänglich, man ist ständig auch in der Situation, als Informationsgeber
angesprochen zu sein. Gleichzeitig gibt es ein starkes Erfordernis, angesichts
der praktisch immer wieder erfolgenden dyadischen „Zuwendungssituation"

zu formulieren, was man tut. Dieses Erfordernis geht möglicherweise in ein Selbstverhältnis über; es gibt eine ständige Selbstbeobachtung und Herausstellung dessen, was man tut, die Kinder sprechen vor sich hin und kommentieren sich selbst gegenüber der Kamera. Man muss darstellen, was man tut. Die Auflösung für die Beobachtung des Einzelnen durch sich selbst und die anderen ist feiner geworden. Die Schüler sind hier für die anderen, aber auch für sich selbst verfügbar – und sie können gleichzeitig die Aufgaben erledigen und dieses vorführen.

4 Fazit

In pädagogischen Praktiken, wie wir sie verstehen, emergiert Sinn in der Sequentialität der Interaktion mit Artefakten, mit anderen Subjekten, mit den Raum- und Zeitvorgaben. Das heißt, es gibt eine, sagen wir, Aktion und es gibt eine Reaktion darauf, die eine Wahl aus verschiedenen Optionen trifft. Die Simultaneität von Ereignissen im Rahmen eines ‚Aktivitätszentrums' – sei es die Simultaneität mehrerer aufeinander bezogener Interaktionen oder die der körperlich-sprachlichen Aktivitäten Einzelner – lässt sich nicht gegen die Sequentialität der einzelnen Ketten von Aktionen und Reaktionen ausspielen, sondern ist Teil davon (vgl. auch Raab/Tänzler 2006). Die zeitliche Folge, deren Darstellung – folgt man etwa Ricœur – die Grundstruktur der Narrativität aufweist, also einen Anfang und ein Ende hat, lässt sich als Produktion von Sinn bzw. Bedeutung verstehen.

Kritisch gefragt werden kann nun, inwiefern es zulässig ist den Grundgedanken Oevermanns et al. (1979), dass „die streng sequentiell arbeitende, Interakt für Interakt interpretierende Rekonstruktion des latenten Sinns einer Szene", durch die „die fallspezifische Struktur und damit die Struktur, in der die Besonderung des Falls sich objektiviert" (ebd., S. 414), herausgearbeitet werden kann, von der Interpretation von Transkripten auf die Interpretation bewegter Bilder – von Videographien – zu übertragen. Während das sequentielle Vorgehen bei der Rekonstruktion im Sinne der Regel, dass „keine Informationen aus und Beobachtungen von späteren Interakten zur Interpretation eines vorgegebenen Interakts benutzt werden" (ebd.), auch in der Interpretation von Filmen ohne Probleme leistbar ist, ist die zweite Regel, nämlich alle möglichen sinnvollen, also Normalitätsbedingungen erfüllenden, Kontexte aufzulisten und mit dem real (im Material) gewählten zu vergleichen, schwieriger zu erfüllen. Überlegungen zur Sequentialität in der Bildanalyse objektiv hermeneutischer Anlage zeigen diese Schwierigkeiten auf, wenn sie über die Problematik konventionalisierten, also regelgeleiteten Wahrnehmens reflektieren (vgl. Loer 1994).

Wollte man nämlich in der Bildanalyse analog der Interpretation sprachlich verfasster Texte vorgehen, müsste man – so wie es Oevermann zufolge in der Sprache mit dem Rückgriff auf eine universalistisch erscheinende Grammatik, die als eine generierende Struktur verstanden wird, geschieht – eine Grammatik des Sehens geben. Diese, eine sinnesmodalitätsspezifische Theorie der Wahrnehmung, eine Entfaltung der „computational schemes der Wahrnehmungsorganisation" (ebd., S. 376) fehlt aber. Die Lösung, die Loer für die Bildanalyse vorschlägt, ist, den Blick wie einem ikonischen Pfad folgend durch das Bild zu führen. Das Bild wird über einen solchen Pfad bzw. viele solcher Pfade nacheinander erschlossen. Ikonische Pfade stellen eine sequentielle Strukturiertheit dar. Es gibt in jedem Bild viele mögliche Pfade, die bei der Beschreibung im Wesentlichen durch drei Sichtbarkeitsdimensionen erschlossen werden: Form/Linie, Farbe, Hell-Dunkel-Kontraste. Die Bildlektüre besteht nun nach Loer in der Synthese der Simultaneität verschiedener Sequenzen. Dabei ist der Eindruck der Simultaneität nur ein Abkürzungsmechanismus, die Struktur selbst erweist sich als sequentielle.

Loers Überlegungen lassen sich keinesfalls einfach auf die Rekonstruktion bewegter Bilder anwenden, wenn wir diese als Aufzeichnung und Erkennen von Praktiken im Feld verstehen. Verstehen wir das ethnographische Filmen als die Aufmerksamkeit des Filmenden im Feld, werden durch diesen, also durch die Kamera bzw. mit Hilfe der Kamera Praktiken ‚eingefangen'. Deren Rekonstruktion kann als das Finden von Geschichten in den Daten verstanden werden. Die Sequentialität ist die der Aktivitäten, der Bewegungen der Akteure im Raum, die die Zeitlichkeit konstituiert.

Literatur

Breidenstein, G. (2002): Interpretative Unterrichtsforschung – eine Zwischenbilanz und einige Zwischenfragen In: Breidenstein, G./Combe, A./Helsper, W./Stelmaszyk, B. (Hrsg.): Forum Qualitative Schulforschung 2. Interpretative Unterrichts- und Schulbegleitforschung. Opladen, S. 11–28.

Breidenstein, G. (2006): Teilnahme am Unterricht. Ethnographische Studien zum Schülerjob. Wiesbaden.

Butler, J. (1998): Hass spricht. Zur Politik des Performativen. Frankfurt a. Main.

Clausen, C. (1997): Unterricht mit Wochenplänen. Kinder zur Selbstständigkeit begleiten. Weinheim/Basel.

Göhlich, M. (1997): Offener Unterricht. Geschichte und Konzeption. In: ders. (Hrsg.): Offener Unterricht – Community Education – Alternativschulpädagogik – Reggiopädagogik. Die neuen Reformpädagogiken. Geschichte, Konzeption, Praxis. Weinheim und Basel, S. 26–38.

Helmke, A./Weinert, F. E. (1997): Bedingungsfaktoren schulischer Leistungen. In: Weinert, F. E. (Hrsg.): Enzyklopädie der Pädagogischen Psychologie. Band 3, Psychologie des Unterrichts und der Schule. Göttingen, S. 71–176.

Huhn, N./Dittrich, G./Dörfler, M./Schneider, K. (2000): Videografieren als Beobachtungsmethode in der Sozialforschung – am Beispiel eines Feldforschungsprojekts zum Konfliktverhalten von Kindern. In: Heinzel, F. (Hrsg.): Methoden der Kindheitsforschung. Ein Überblick über Forschungszugänge zur kindlichen Perspektive. Weinheim und München, S. 185--204.

Knoblauch, H. (2004): Die Video-Interaktions-Analyse. In: sozialer sinn, Bd. 5, H. 1, S. 123–138.

Knoblauch, H./Schnettler, B./Raab, J. (2006): Video-Analysis. Methodological Aspects of Interpretative Audiovisual Analysis in Social Research. In: Knoblauch, H./Schnettler, B./Raab, J./Soeffner, G. (Eds.): Video-Analysis: Methodology and Methods. Qualitative Audiovisual Data Analysis in Sociology. Frankfurt am Main, pp. 9–28.

Kolbe, F.-U./Reh, S./Fritzsche, B./Idel, T.-S./Rabenstein, K. (2007): Ganztagsschule als Schule entwickeln. In: Pädagogik, Bd. 59, H. 5, S. 36–40.

Kolbe, F.-U./Reh, S./Idel, T.-S./Rabenstein, K./Weide, D. (2008a): LUGS – ein Forschungsprojekt zur Lernkultur- und Unterrichtsentwicklung in Ganztagsschulen. In: Appel, S./Ludwig, H./Rother, U./Rutz, G. (Hrsg.): Jahrbuch Ganztagsschule 2008, Leitthema Lernkultur. Bad Schwalbach/Ts., S. 30–41.

Kolbe, F.-U./Reh, S./Fritzsche, B./Idel, T.-S./Rabenstein, K. (2008b): Theorie der Lernkultur. Überlegungen zu einer kulturwissenschaftlichen Grundlegung qualitativer Unterrichtsforschung. In: Zeitschrift für Erziehungswissenschaft, Bd. 11, H. 1, S. 125–143.

Kolbe, F.-U./Reh, S./Fritzsche, B./Idel, T.-S./Rabenstein, K. (Hrsg.) (2008c): Ganztagsschule als symbolische Konstruktion. Analysen und Falldarstellungen aus schultheoretischer Perspektive. Wiesbaden.

Krummheuer, G./Fetzer, M. (2005): Der Alltag im Mathematikunterricht. Beobachten – Verstehen – Gestalten. München.

Krummheuer, G./Naujok, N. (1999): Grundlagen und Beispiele Interpretativer Unterrichtsforschung. Opladen.

Knauth, T./Leutner-Ramme, S./Weiße, W. (Hrsg.) (2000): Religionsunterricht aus Schülerperspektive. Münster/New York/München/Berlin.

Luhmann, N. (2002): Das Erziehungssystem der Gesellschaft. Frankfurt am Main.

Meyer, M. A./Kunze, I./Trautmann, M. (Hrsg.) (2007): Schülerpartizipation im Fachunterricht. Eine empirische Untersuchung in der gymnasialen Oberstufe. Opladen/Farmington Hills.

Mohn, E. (2006): Permanent Work on Gazes. In: Knoblauch, H./Raab, J./Soeffner, H.-G./Schnettler, B. (Eds.): Video-Analysis. Methodology and Methods. Qualitative Audiovisual Data Analysis in Sociology. Frankfurt am Main, pp. 173–182.

Mohn, E./Amann, K. (2006): Lernkörper. Kamera-ethnographische Studien zum Schülerjob. IWF.

Oevermann, U./Allert, T./Konau, E./Krambeck, J. (1979): Die Methodologie einer „objektiven Hermeneutik" und ihre allgemeine forschungslogische Bedeutung in den Sozialwissenschaften. In: Soeffner, H.-G. (Hrsg.): Interpretative Verfahren in den Sozial- und Textwissenschaften. Stuttgart, S. 352–434.

Pauli, C./Reusser, K. (2006): Von international vergleichenden Video-Surveys zur videobasierten Unterrichtsforschung und -entwicklung. In: Zeitschrift für Pädagogik, Bd. 52, H. 6, S. 774–796.

Pink, S. (2007): Doing Visual Ethnography. Images, Media and Representation in Research. 2nd Ed. London/Thousand Oaks/New Delhi.

Prange, K. (2005): Die Zeigestruktur der Erziehung. Grundriss der Operativen Pädagogik. Paderborn/München/Wien/Zürich.

Rabenstein, K./Reh, S. (2008): Die pädagogische Normalisierung der „selbstständigen Schülerin" und die Pathologisierung des „Unaufmerksamen". In: Bilstein, J./Ecarius, J. (Hrsg.) (2008): Standardisierung – Kanonisierung. Erziehungswissenschaftliche Reflexionen. Wiesbaden (im Erscheinen).

Reckwitz, A. (2000/2006): Die Transformation der Kulturtheorien. Zur Entwicklung eines Theorieprogramms. Weilerswist.

Reckwitz, A. (2003): Grundelemente einer Theorie sozialer Praktiken. Eine sozialtheoretische Perspektive. In: Zeitschrift für Soziologie, Bd. 32, H. 4, S. 282–301.

Reckwitz, A. (2004): Die Kontingenzperspektive der ‚Kultur'. Kulturbegriffe, Kulturtheorien und das kulturwissenschaftliche Forschungsprogramm. In: Jaeger, F./Rüsen, J. (Hrsg.): Handbuch der Kulturwissenschaften, Bd. 3. Themen und Tendenzen. Stuttgart, S. 1–20.

Richter, D. (Hrsg.) (2000): Methoden der Unterrichtsinterpretation. Qualitative Analysen einer Sachunterrichtsstunde im Vergleich. Weinheim.

Ruby, J. (1996): Visual Anthropology. In: Levinson, D./Ember, M. (Eds.): Encyclopedia of Cultural Anthropology. New York, vol. 4, pp. 1345–1351.

Schatzki, T. R. (2001): Practive minded orders. In: Schatzki, T. R./Knorr Cetina, K./Savigny, E. v. (Eds.): The practice turn in contemporary theory. London/New York, pp., S. 42–55.

Schouten, S. (2004): Zuschauer auf Entzug. Zur Wahrnehmung von Aufführungen. In: Fischer-Lichte, E./Risi, C./Roselt, J. (Hrsg.): Kunst der Aufführung – Aufführung der Kunst. Berlin, S. 104–118.

Idel, T.-S. (2007): Lernkulturhypothese zur Grundschule Schloss Burgdorf. Unveröffentlichtes Manuskript, Universität Mainz.

Wagner-Willi, M. (2004): Videointerpretation als mehrdimensionale Mikroanalyse am Beispiel schulischer Alltagsszenen. In: Zeitschrift für qualitative Bildungs-, Beratungs- und Sozialforschung (ZBBS), Bd. 5, H. 1, S.49–66.

Wagner-Willi, M. (2005): Kinder-Rituale zwischen Vorder- und Hinterbühne. Opladen.

Wernet, A. (2000): Einführung in die Interpretationstechnik der Objektiven Hermeneutik. Opladen.

Wulf, C. (2007): Rituelle Lernkulturen. Eine Einführung. In: Wulf, C./Althans, B./Blaschke, G./Ferrin, N./Göhlich, M./Jörissen, B./Mattig, R./Nentwig-Gesemann, I./Schinkel, S./Tervooren, A./Wagner-Willi, M./Zirfas, J.: Lernkulturen im Umbruch. Rituelle Praktiken in Schule, Medien, Familie und Jugend. Wiesbaden, S. 7–20.

Wallrabenstein, W. (1993): Offene Schule – Offener Unterricht. Ratgeber für Eltern und Lehrer. Reinbek bei Hamburg.

Eine Studie zur Sinnkonstitution im Bewegungs-, Spiel- und Sportunterricht

Britta Kolbert

1 Einleitung

Der Ausgangspunkt der Studie ist die täglich neue Erfahrung von Lehrenden, dass ein und dasselbe (Sport-)Unterrichtsangebot von den einzelnen Schülern[1] in unterschiedlicher Weise gedeutet wird. Diese Deutungen werden jedoch in der Fachdidaktik nicht explizit aufgenommen. Vielmehr scheint der Bezug auf die Innensicht der Akteure ein blinder Fleck in der (Sport-)Didaktik zu sein. Im Verlauf der weiteren Bearbeitung schälte sich der Verdacht heraus, dass die Schüler bei ihrer Umdeutung der Lerngelegenheiten Sinnstrukturen folgen, die im Verborgenen bleiben. Implizite Sinnstrukturen rückten daher immer stärker in das Zentrum der Aufmerksamkeit und prägten die weitere Bearbeitung.

Das Ziel der vorliegenden Studie liegt darin, das konkrete Sportunterrichtsgeschehen in Hinblick auf die Sinnkonstitution der Lehrer und Schüler, die diese Praxis hervorbringen, verstehen zu können. Dabei liegt das besondere Augenmerk auf der Berücksichtigung impliziter Sinngefüge und didaktischer Überlegungen.

Im folgenden Beitrag wird zunächst der theoretische Rahmen skizziert. Auf dieser Basis erfolgt im Weiteren die Entfaltung einer Methode zur Erschließung impliziter Sinnstrukturen im Bewegungs-, Spiel- und Sportunterricht. Zur Verdeutlichung einer „sinnverstehenden" Lesart wird exemplarisch eine Sportunterrichtsszene dargestellt.

---

1 Zur Verbesserung der Lesbarkeit werden Personenbezeichnungen in der männlichen Form verwendet; gemeint sind dabei in allen Fällen Frauen und Männer.

2 Theoretischer Rahmen

Zunächst soll darüber aufgeklärt werden, auf welche Tradition des Sinnbegriffs zurückgegriffen wird und welche besondere Bedeutung dem Fach-
gegenstand – der Bewegung – bei der Sinnkonstitution[2] zukommt.
Ein erster Zugang zu dieser Thematik lässt sich durch anthropologisch-
philosophische Ansätze gewinnen, in denen Sinn und Bedeutung als konsti-
tutive Momente des relationalen Grundverhältnisses von Mensch und Welt
verstanden werden. Diese Beziehung realisiert sich im praktischen Handeln
und geht aus einer analogen Beziehung von Wahrnehmungsqualitäten und
den Eigenschaften der Welt bzw. Objekten hervor (vgl. Bietz 2005, Merleau-
Ponty 1966, Seewald 2000). Dementsprechend wird die Sinnkonstitution als
Prozess von Sinngeben und Sinnnehmen verstanden. Der konkrete Sinn
entsteht in der Relation zwischen Mensch und Welt und verschmilzt in der
zur konkreten Wirklichkeit vermittelten Unmittelbarkeit (vgl. Ehni 1977, S.
49).

2.1 Sinnkonstitutionen im Kontext von Leiblichkeit und Bewegung

Zur weiteren Auseinandersetzung mit der Thematik dient in erster Linie der
„Sinnverstehende Ansatz" Seewalds (2000), da er das Thema Sinn und Sinnverstehen im Kontext von Bewegungssituationen aufgreift. Er rekurriert dazu
auf phänomenologische,[3] symboltheoretische[4] und entwicklungstheoretische[5]

---

2 Der Begriff der Sinnkonstitution steht im Kontext der relationalen Grundfigur der
   folgenden Überlegungen. Damit soll betont werden, dass Sinn nicht nur aktiv hervorgebracht, sondern auch als ‚Widerfahrnis' empfangen wird. Nach Seewald (1997, S.
   9) ist Sinnfindung ein aktiv-passiver Doppelvorgang. Diese Vorstellung teilt auch Ehni, wenn er die sinnkonstituierenden Momente im Erleben, das heißt im Sinnnehmen,
   und im Handeln, im aktiven Sinngeben ansiedelt. Sinn entsteht für beide in der Dialektik von Nehmen und Geben. Genommen werden die historisch-gesellschaftlichen
   Deutungen, die sich in den Phänomenen abgelagert haben, unter Geben versteht Ehni
   (2000, S. 12) die Auslegung der Phänomene durch die Interpreten. Mit einer derarti-
   gen Lesart ist der Konstitutionsbegriff vom Konstruktionsbegriff abzugrenzen. Mit
   dem Einbezug der Symboltheorie soll darüber hinaus versucht werden über unsere
   Weise des Zur-Welt-Seins aufzuklären. Während der Konstruktivismus eine rein geistige Gliederung unserer Mensch-Welt-Relation annimmt, gelingt es mit den symboltheoretischen Annahmen, leiblich-sinnliche Gliederungsmöglichkeiten als gleichwertig anzuerkennen (vgl. Kolbert 2008, S. 43 und 54).

3 Die zentrale Bedeutung erhält Merleau-Pontys Philosophie in Seewalds Arbeit dadurch, dass sie den Leib als Bestandteil menschlicher Wahrnehmungs- und Erkennt-
   nisprozesse ausweist. Leib und Wahrnehmung sind zwei Seiten derselben Medaille,
   die sich nur analytisch differenzieren lassen. Unter der Wahrnehmung versteht er daher auch nicht einen Reiz-Reaktionsmechanismus, sondern Leib und Wahrnehmung
   haben erfahrungskonstitutive Funktion, das heißt, sie sind der Zugang zur Welt. Für

Überlegungen. Für Seewald (2000) stehen die „Sinnfindung" und das „Verstehenwollen" im Zentrum des Menschseins. Die anthropologische Dimension von Sinn und Verstehen setzt den verstehenden Menschen mit seiner tief verankerten Sinnlichkeit und der unablässigen Suche nach dem Sinn voraus (vgl. Meinberg 1994, S. 22).

Seewald (2000) gelingt es über Merleau-Ponty (1966), den Leib und die Bewegung als primäre Sinnstifter auszuweisen. Mit der Symboltheorie differenziert er unterschiedliche Formen der Sinnangebote und Sinnstiftungen. Der Einbezug entwicklungstheoretischer Überlegungen ermöglicht ihm, die Sinnkonstitutionen der Akteure im biographischen Kontext lesen zu können.

Sinnfindung geschieht für Seewald durch Verstehen (vgl. Seewald 1997, S. 9). Verstehen ist für Seewald eine lebensweltliche Fähigkeit, über die wir alle verfügen, sonst könnten wir den überlebensnotwendigen Sinn nicht finden. Von diesem mitmenschlichen Verstehen unterscheidet er Verstehen im wissenschaftlichen Sinne dadurch, dass es methodisch reflektiert wird.

In seinem Ansatz nutzt er drei verschiedene methodisch reflektierte Arten des Verstehens (ebd., S. 10):

- das Verstehen des expliziten Sinns (hermeneutisches Verstehen)
- das Verstehen des impliziten Sinns (phänomenologisches Verstehen)
- das Verstehen des verdrehten Sinns oder scheinbaren Unsinns (tiefenhermeneutisches Verstehen)

Auf den Sportunterrichtsprozess bezogen heißt das Folgendes:

Das, was ein Schüler sagt oder tut, ist der explizite Sinn. Wie er es sagt oder tut, seine Ausstrahlung, seine Körperhaltung, ist der implizite Sinn. Wenn

---

Merleau-Ponty besitzt der Leib die Fähigkeit, ohne den Umweg über ein setzendes Bewusstsein sich dem Sinn einer konkreten Situation einzupassen. Für ihn ist der Leib in der Welt wie das Herz im Organismus. Der Leib besitzt bei ihm das Privileg ursprünglicher Sinnfindung. Diese Sinnfindung verweist auf die Intentionen des *Zur-Welt-Seins*. Das Wissen, Leib zu sein, ist ursprünglicher als sprachlich transformierter Sinn (vgl. Merleau-Ponty 1966, Seewald 2000, S. 17f.).

4   Seewald (2000) rekurriert auf die symboltheoretischen Überlegungen von Langer und Cassirer. Seewalds Anliegen ist die Entwicklung eines Orientierungsrahmens, mit dem er die verschiedenen Weisen des Verstehens und Erkennens in der Mensch-Welt-Relation näher bestimmen kann. Den Akt der Symbolisierung sieht er als Form, sich die Welt anzueignen und sich zugleich zur Welt hin zu entwerfen. Im Symbolisierungsvorgang wird daher das Mensch-Welt-Verhältnis sichtbar. Sinn und Bedeutung sind in diesem Verständnis als Momente der Strukturbildung im Handlungsfeld zu betrachten (vgl. Bietz 2005, S. 91).

5   Mit seiner entwicklungstheoretischen Betrachtung versucht Seewald (2000), das menschliche Sinnstreben im lebensgeschichtlichen Kontext zu einem „Sinnganzen" zu ordnen. Dazu zeichnet er Abläufe, thematische Verdichtungen und ihre Zusammenhänge, in denen etwas sinnvoll erscheint, in der Ontogenese nach.

wir den Eindruck haben, ein Schüler sucht nach Zugehörigkeit oder Anerkennung, unternimmt aber ständig etwas um Ablehnung zu ernten, dann ist
das der verdrehte Sinn (vgl. ebd., S. 10).

Das Ziel seines und des vorliegenden Ansatzes liegt darin, von beobachtbaren Ausdrucksweisen auszugehen und Rückschlüsse auf die Sinnkonstitution der Akteure zu ziehen. Die Verknüpfung der Innenperspektive – der
subjektiven Selbstwahrnehmung – mit einer Außenperspektive – sichtbaren
Erscheinungen – gelingt Seewald, indem er symboltheoretische Überlegungen als Brücke zum Sinnverstehen einbindet.

2.2 Symbol – Brücke zum Sinnverstehen

Im Folgenden sollen die Formungsprozesse der Sinnkonstitution, die sich in
der Relation von Mensch und Welt ereignen, in den Mittelpunkt gerückt
werden. Zu fragen ist: Welche Momente der Gliederung in der Beziehung
zwischen Mensch und Welt lassen sich ausfindig machen, um strukturelle
Unterschiede bei der Sinnstiftung auszumachen?

Es ist also zu klären, wie sich aus einem Fluss an Erscheinungen, die uns
permanent begegnen, einzelne Momente abheben und als sinnvoll identifiziert werden. Das Grundprinzip, nach dem die Generierung von Sinn erfolgt,
kann mit Cassirer in der gliedernden Symbolfunktion gesehen werden (vgl.
Bietz 2005, S. 89). In den Mensch-Welt-Beziehungen geht es darum, Sinnli-
ches und Sinn zu verknüpfen und damit sinnlichem Eindruck (Integration)
sinnhaften Ausdruck (Artikulation) zu geben (vgl. ebd., S. 89f.). Der Mensch
lebt nicht – wie das Tier – in einem physikalischen, sondern in einem symbolischen Universum. Er ist *animal symbolicum*. Der Mensch erschließt sich
seine Welt symbolisch und ihm erscheint die Welt ausschließlich in Symbolen. Dabei hat der Mensch in der praktischen und theoretischen Auseinandersetzung mit der Welt ständig mit sich selbst zu tun (vgl. Cassirer 1944/1990,
S. 50f.).

Die Symboltheorie versucht über unsere Weise des Zur-Welt-Seins aufzuklären. Während der Konstruktivismus eine rein geistige Gliederung unserer Mensch-Welt-Relation annimmt, gelingt es mit den symboltheoretischen
Annahmen, leiblich-sinnliche Gliederungsmöglichkeiten als gleichwertig
anzuerkennen.

Eine Brücke zum Sinnverstehen bieten jene symboltheoretischen Überlegungen, die einer weiten Auslegung des Symbolbegriffs folgen. Allgemein
werden darin Symbole als Sinnangebote für Lebensentwürfe und die Sym-
bolproduktion/Symbolisierungstätigkeit als zentrale Dimension der Sinnkonstitution ausgelegt (vgl. Belgrad/Niesyto 2001, S. 10ff.). Bei Symbolen handelt es sich um sozialisatorisch vermittelte Medien, mit unterschiedlichem

Symbolgehalt, die von Langer in den Begriffskonstrukten *präsentativ*[6] und *diskursiv*[7] differenziert werden. Beide Formen vermitteln uns Sinn in Form eines Mediums, das heißt sie sind gemacht, sie sind handelnd erzeugte Zeichen. Der mediale Charakter, das tragende Material entscheidet über die Zugänglichkeit des Bedeutungsangebotes (ebd.). Mit Cassirer schafft Seewald im symbolischen Universum einen Orientierungsrahmen, indem er die Beziehung von Zeichen und Bezeichnetem als strukturelle Umschlagpunkte ausweist und systematisiert. Er differenziert dazu drei verschiedene Niveaus, die er als Ausdrucks-, Darstellungs- und Bedeutungssphäre bezeichnet. Im Ausdruck fallen Zeichen und Bezeichnetes in eins, in der Darstellung sind Zeichen und Bezeichnetes trennbar, unter Bedeutung versteht er die willkürliche Zuordnung von Zeichen und Bezeichnetem. Mit Hilfe der Bestimmung der Beziehung von Zeichen zu Bezeichnetem lässt sich die Struktur der jeweiligen symbolischen Form erkennen. Sinnkonstitution wird dementsprechend als symbolvermittelnder Akt interpretiert.

---

6   Der vertrauteste mediale Träger des präsentativen Modus kann ein Bild sein: „Es setzt sich zwar wie die Sprache aus Elementen zusammen, die jeweils verschiedene Bestandteile des Gegenstandes darstellen; aber diese Elemente sind nicht Einheiten mit unabhängigen Bedeutungen. Die Licht- und Schattenflächen, aus denen ein Portrait, z.B. eine Photographie, besteht, haben an sich keine Bedeutsamkeit. Einer isolierenden Betrachtung würden sie lediglich als Kleckse erscheinen.... Die ‚Elemente', die die Kamera darstellt, sind nicht die ‚Elemente', die die Sprache darstellt. Sie sind tausendmal zahlreicher. Aus diesem Grunde kann die Übereinstimmung zwischen einem Wortbild und einem sichtbaren Gegenstand niemals so eng sein wie die zwischen einem Gegenstand und seiner Photographie. Auf einmal und als Ganzes vor das intelligente Auge gebracht, vermittelt das Portrait einen unglaublichen Reichtum an detaillierten Informationen, wobei wir uns nicht mit der Auslegung verbaler Bedeutungen aufzuhalten brauchen." (Langer 1987, S. 100f.)

7   Kennzeichen einer diskursiven Symbolik ist eine sequenzielle und eher auf Eindeutigkeit abzielende Form der Weltaneignung, insofern eignet sich der diskursive Modus als Präzisionsinstrument für exaktes Vernunftdenken (vgl. Seewald 2000, S. 110f.). Der bedeutendste mediale Träger diskursiver Symbolik ist die Sprache. Wortsymbole entfalten ihre volle Bedeutung, indem sie im Diskurs aneinandergefügt werden. Dabei wirkt die grammatische Form sinnstiftend (vgl. ebd., S. 107). Ihre Stärke liegt darin, dass der verbale Symbolismus kausale Verbindungen, Tätigkeiten oder Wechsel von Ort und Zeit zur Darstellung bringen kann. Dabei bringt sie allerdings alle Formen in eine lineare Ordnung und mit der Sprache lassen sich Phänomene, die ineinanderliegen, erst nacheinander – in einem Satz – ausdrücken. „Nun aber ist die Form aller Sprachen so, dass wir unsere Ideen nacheinander aufreihen müssen, obgleich Gegenstände ineinanderliegen; so wie Kleidungsstücke, die übereinander getragen werden, auf der Wäscheleine nebeneinander hängen. Diese Eigenschaft des verbalen Symbolismus heißt Diskursivität; ihretwegen können überhaupt nur solche Gedanken zur Sprache gebracht werden, die sich dieser besonderen Ordnung fügen; jede Idee, die sich zu dieser Projektion nicht eignet, ist unaussprechbar, mit Hilfen von Worten nicht mitteilbar." (Langer 1987, S. 88)

Mit einer symboltheoretischen Lesart kann es zum einen gelingen, den medialen Charakter von Symbolangeboten in Hinblick auf ihr Aneignungs- und Abstraktionsniveau zu reflektieren. Zum anderen können strukturelle Umschlagpunkte in der Symbolisierungstätigkeit der Akteure identifiziert und der damit verbundene Wahrnehmungshorizont interpretativ erschlossen werden. Die Formel von Kopf, Herz und Hand könnte so in zeitgemäßer Form symboltheoretisch fundiert, neu belebt und erweitert werden (vgl. Belgrad/Niesyto 2001, S. 9).

3 Methode zum Verstehen impliziter Sinnstrukturen im Bewegungs-, Spiel- und Sportunterricht

Da Seewald (2000) in seinem „Sinnverstehenden Ansatz" keinen empirischen und keinen didaktischen Forschungszugang vorlegt, liegt die besondere Aufgabe darin, einen empirischen Forschungszugang unter besonderer Berücksichtigung didaktischer Überlegungen zu entwickeln. In die Methode werden daher Überlegungen zur Unterrichtstheorie (Scherler 2004) und zur qualitativen empirischen Forschung (Flick 2002) eingebunden. Außerdem werden systematisch Seewalds drei Verstehenszugänge einbezogen.

In seiner methodischen Reflexion verdeutlicht Seewald (2000, S. 230f.), dass die Phänomenologie, die Hermeneutik und die Tiefenhermeneutik unterschiedliche Gegenstandsbereiche fokussieren und mit ihren jeweiligen Methoden unterschiedliche Verstehensanschlüsse besitzen. Sein besonderes Augenmerk gilt der symbolischen Struktur der jeweiligen Methoden. Dazu bezieht er Langers Unterscheidung von präsentativen und diskursiven Symbolen in die Reflexion ein und betont: Während präsentative Symbole ein unmittelbares Wahrnehmen und Ausdrücken erlauben, gelingt in diskursiven Formen eine Explizierung. Auf der Grundlage von Cassirer und Langer reflektiert er die Reichweite der Ansätze folgendermaßen: Zunächst fragt er, wie explizites Verstehen im Allgemeinen und implizites Verstehen im Besonderen möglich ist. Ersteres schreibt er der Sprache, letzteres dem Leib zu (vgl. ebd., S. 220f.).[8]

Für die vorliegende Studie erfüllt die phänomenologische Perspektive die Funktion der „Sinnbewahrung" und erschließt quasi den Rohstoff, während durch den Einbezug der hermeneutischen Perspektive dieser weiterverarbeitet und geformt wird (vgl. Danner 1981, S. 151ff.). Mit der tiefenher-

---

8   Ausführlich finden sich diese Überlegungen, die den strukturellen Zusammenhang zwischen den Verstehensmethoden und dem Forschungsgegenstand symboltheoretisch verdeutlichen und die Angemessenheit der Methoden kritisch reflektieren, in den forschungsmethodischen Überlegungen bei Kolbert (2008).

meneutischen Perspektive gelingt es darüber hinaus, die im Kontext des Unterrichtens widersprüchlich erscheinende Sinnproduktion der Akteure zu erfassen.

Da sich die Aufmerksamkeit der Studie auf leiblich hervorgebrachte Sinnkonstitutionen richtet, müssen die Verstehensmethoden auf ihre Leibgeprägtheit geprüft werden.

Das „Verstehen" als wissenschaftliche Methode vollzieht sich in diskursiver Symbolik im Medium Sprache. Damit ist ein grundlegendes Spannungsverhältnis zwischen dem Untersuchungsgegenstand, der sich vorrangig in präsentativer Symbolik in und über Bewegung ereignet, und der Methode, durch die der Gegenstand zur Darstellung gelangt, in den Forschungsprozess eingelagert. Im Bewegen ist der Sinn bereits enthalten, es bedarf allerdings der Trennung von dieser Unmittelbarkeit durch die Sprache, um ausgefaltet, explizit zu werden (vgl. Seewald 2000, S. 190). Das Verhältnis von Bewegung und Sprache kann jedoch als eines, in dem beide Pole aufeinander verwiesen sind, wahrgenommen werden. Allerdings lässt sich Bewegung nicht vollständig in Sprache abbilden.[9]

Die vorliegende Studie sucht ihren Ausgangspunkt in der Praxis der Bewegungsvermittlung. Dabei liegt ihr ein Praxisverständnis zu Grunde, das den Sportunterricht als Interaktionszusammenhang begreift, in dem sich Lehrende und Lernende über Bedeutung von menschlicher Bewegung verständigen (vgl. Dietrich/Landau o.J., S. 7).

„Ein solches Verständnis von Praxis braucht einen eigenen Zugang zu den Tatsachen. In den Blick zu nehmen ist dann die über unterrichtliche Interaktion hervorgebrachte Sinnkonstitution." (ebd., S. 8)

3.1 Datenerhebung

Die Datenerhebung erfolgt in den vier Schritten Materialsammlung, Materialsichtung, Szenenauswahl sowie Szenenbeschreibung/-präsentation.

Im Sportunterricht ereignet sich die Sinnkonstitution vorrangig über Bewegung. Daher werden als Ausgangspunkt der empirischen Studie Bewegungsszenen[10] gewählt. Als Szenen werden umfassendere Handlungseinhei-

---

9 Beim Bewegen handelt es sich um eine präsentative symbolische Form, während die Sprache den diskursiven Symbolformen zuzuordnen ist. Zudem zeigte sich diese Problematik konkret auch während des Forschungsprozesses sowohl bei der Datenerhebung als auch bei der Dateninterpretation.

10 Der Begriff der Szene wird hier in Anlehnung an Lorenzers kultursoziologischen Ansatz gebraucht, da auch er das Mensch-Welt-Verhältnis als relationales begreift und sinnlichen-symbolischen Interaktionsformen (Lorenzer 2006, S. 27) eine zentrale Bedeutung zumisst. „Szenen müssen begriffen werden – als aufschlussreiche Momen-

ten begriffen, die eine Reihe von Interaktionen zu einem Sinnganzen verei-
nen. In ihnen werden Themen bearbeitet, Gegenstände, Räume und Personen
erhalten eine spezifische Bedeutung (vgl. Kolbert 2008; Dietrich 2003, S.
40).
Die spezifische Bedeutung lässt sich allerdings nur im Kontextbezug erläutern und die Aufschlüsselung bedarf einer hermeneutischen Methode.
Implizite Sinnproduktion bleibt jedoch nicht unbedingt an den Kontext gebunden, vielmehr können kontextunabhängige Sinnfindungen der Handelnden die gegebene Situation überformen.

3.1.1 Materialsammlung

Bei der Materialsammlung ist zunächst zu fragen, *wo* Bewegungsszenen zu
finden sind, die zum Ausgangspunkt der empirischen Studie gemacht werden
können (vgl. Dietrich 2003, S. 40). Prinzipiell bietet sich jede alltägliche
Sportunterrichtssituation an, in der sich die Akteure über die Bedeutung von
Bewegung, Spiel und Sport in der Institution Schule verständigen müssen.
Sie sind durch die wechselseitige Symbolproduktion und Symbolinterpretati-
on zu kennzeichnen. Da die Symbolisierungstätigkeit unmittelbar beobacht-
bar und beschreibbar ist, kann sie methodisch erschlossen werden Die jeweiligen Sinninterpretationen, das Sinnverstehen der Akteure bleibt jedoch ver-
borgen. Auch Dietrich betont, dass dieses bestenfalls interpretativ erschlossen werden kann (ebd., S. 41).
Außerdem stellt sich die Frage, *wie* das Material gesammelt werden
muss, um die Sinnkonstitutionen der Akteure zu fassen. Da sich im Sportunterricht die Begegnung zwischen Mensch und Welt vorrangig unmittelbar im
Bewegen ereignet, bedarf es einer Methode, die sich dem Gegenstand an-
schmiegt. Die symboltheoretischen Überlegungen Langers (1987) zeigen,
dass Bilder und Bewegung gleichermaßen den präsentativen Symbolen zuzuordnen sind. Es bietet sich daher an, die Materialsammlung im gleichen
Symbolmodus zu schaffen. Ausgangpunkt der empirischen Untersuchung
sind daher bewegte Bilder, die Erfassung des Sportunterrichtsgeschehens mit
einer Videokamera. Damit werden Bewegungen mit technischen Mitteln in
ein anderes Medium transformiert. Um sie der weiteren wissenschaftlichen
Bearbeitung zu unterziehen, müssen sie darüber hinaus verschriftlicht werden. Dieses führt allerdings zu Verlusten, die reflektiert werden müssen (vgl.
Flick 2002, S. 255).
Die Basis der vorliegenden empirischen Studie sind Videoaufnahmen
von Sportunterricht einer siebten Klasse. Bei den Aufnahmen handelt es sich
um offene Beobachtungen. Die Lehrer und die Schüler wurden im Vorfeld
über das Interesse des Forschungsvorhabens informiert, „alltägliche, wie

---

te subjektiver Lebenspraxis (...) und – als Moment eines objektiven Kulturzusammen-
hangs." (Lorenzer 1988, S. 69)

üblich ablaufende Sportunterrichtsstunden" aufzuzeichnen. Damit war die Hoffnung verbunden, dass die mitlaufende Kamera einfach vergessen wurde und die Situationen „natürlich" ablaufen konnten – auch an widersprüchlichen Punkten (vgl. ebd., S. 245).

3.1.2   Materialsichtung

In dieser Phase geht es zunächst darum, jene Situationen des Sportunterrichts zu markieren, in denen Störungen der Mensch-Welt-Beziehung auftreten und Missverständnisse zum Verstehen herausfordern.

Der Zugang zum Material erfolgt in phänomenologischer Tradition im leiblichen Mitvollzug des Geschehens, um den aufkeimenden Sinn mit zu erfassen (vgl. Kolbert 2008).

Des Weiteren wird in tiefenhermeneutischer Tradition dem Material mit gleichschwebender Aufmerksamkeit begegnet. Unter dieser Maxime gilt es spontanen Einfällen freien Lauf zu lassen. In diesem Schritt haben alle Lesarten ihre Gültigkeit, bevor sie argumentativ unterlegt werden müssen (vgl. Belgrad 1996, 139f.). Das Augenmerk liegt in dieser Phase darauf, irritierende Szenen zu markieren, um sie einer weiteren Bearbeitung zu unterziehen.[11]

3.1.3   Szenenauswahl

Als erstes Auswahlkriterium für die Szenen gilt: Es werden solche Szenen der weiteren Bearbeitung unterzogen, in denen expliziter und impliziter Sinn wahrnehmbar ist.

Außerdem verfolgt die Studie insgesamt ein didaktisches Interesse, indem das Verstehen impliziter Sinnkonstitutionen als Ausgangspunkt für die Gestaltung von (Sport-)Unterricht genutzt werden soll. Es gilt daher fachdidaktisch relevante Szenen auszuwählen, das heißt Szenen, in denen die Verständigung über die Bedeutung des Lerngegenstands und/oder die Lernmethode und/oder die Organisation der Lernbedingungen sichtbar wird.

Mit der Berücksichtigung impliziter Sinnstrukturen werden insbesondere Szenen in den Mittelpunkt der weiteren Bearbeitung gestellt, in denen die leiblich vermittelte Dialogstruktur bei der Verständigung über den Lerngegenstand, die Lernmethode oder die Bedingungen die didaktische Implikation des Lehrers überformen und Irritationen hervorrufen. Allerdings reicht die Irritation allein nicht aus, um den impliziten Sinn zu erschließen.

„Das an der Szene rätselhaft Bleibende lässt sich nur anhand weiterer Szenen klären, anhand derer sich auch die aufgrund der szenischen Interpretation entwickelten Einfälle/ Verstehenszugänge überprüfen lassen." (König 2005, S. 4.)

---

11 Belgrad versteht unter Irritation Stellen, an denen das freie Assoziieren ins Stocken gerät: „(...) bei denen etwas unsinnig oder unstimmig oder unlogisch vorkommt, an denen vielleicht etwas weggelassen, nicht thematisiert wurde, wo Brüche im Text oder merkwürdige Wiederholungen zu finden sind." (Belgrad 1996, S. 138)

Es geht daher erneut darum, sich dem Videomaterial zuzuwenden, um anhand weiterer Szenen rätselhafte Sinngefüge zu prüfen.

3.1.4   Szenenpräsentation

Für die vorliegende Studie ist es notwendig, implizite Sinngefüge zur Darstellung zu bringen. Mit den Videoaufnahmen gelingt es, lange am Geschehen zu verweilen und auch aufkeimende oder widersprüchliche Sinnproduktionen bei der Verständigung über die Bedeutung von Bewegung, Spiel und Sport zu erfassen. Die Transformation vom Bild in einen Text führt bereits zu Verlusten, die es zu reflektieren gilt. Für die wissenschaftliche Bearbeitung steht die Verschriftung allerdings als notwendiger Schritt vor der Interpretation. Flick unterstreicht, dass es sich bei der im anschließenden Schritt erfolgten Aufbereitung (Transkription) des Videomaterials in Form einer Szenenbeschreibung um die Erstellung einer ‚neuen' Realität im und durch den angefertigten Text handelt (vgl. Flick 2002, S. 244). Die besondere Schwierigkeit besteht darin, das szenische Ereignis, das sich hier vorrangig im Bewegen der Akteure zeigt und dabei flüchtig und ineinander verwoben ist, im Medium Sprache abzubilden. Eine sinnbewahrende Darstellung der Szenen, die dem Leser einen Mitvollzug des Geschehens erleichtern kann, wird durch das Einbeziehen von Standbildern in die Szenenbeschreibung angestrebt. Die Bildauswahl erfolgte im Rahmen der Materialsichtung. Es sind diejenigen Bildausschnitte, die im leiblichen Mitvollzug oder während der Betrachtung des Materials mit gleichschwebender Aufmerksamkeit implizite Sinngefüge aufspüren lassen. Sie enthalten noch Spuren eines Verständnisses, das leiblich hervorgebracht worden ist. Die Bilder sollen zum einen die Irritationsmomente, die zur Festlegung eines Themas führen, zeigen und zum anderen die Szenendynamik verdeutlichen.

Dieses Vorgehen ist außerdem dadurch motiviert, auch bei der Darstellung der Szenen die symboltheoretischen Überlegungen nicht außer Acht zu lassen. Mit dem Einbezug einer präsentativen symbolischen Form in die Szenenpräsentation ist die Möglichkeit verbunden, gleichzeitig ineinander verschachtelte Sinngefüge unmittelbar zur Darstellung zu bringen. Dem Leser/Beobachter soll der Anschluss an seine eigenen fungierenden Schichten im Miterleben der Szenen erleichtert werden. Das Forscher-Gegenstand-Verhältnis kann derart zu einer Triade Gegenstand-Forscher-Leser erweitert werden, wie es die phänomenologischen und tiefenhermeneutischen Verstehenszugänge erwarten. Durch den Einbezug der Standbilder kann der Forscherblick an Transparenz gewinnen.

3.2 Dateninterpretation

Der *erste* Interpretationsschritt folgt in der Sequenzanalyse[12] dem „Gang der Dinge", das heißt sie lehnt sich strikt an die zeitliche Abfolge der Handlungseinheiten an. Am Ende jeder Sequenzanalyse wird die Dynamik gegenseitiger Sinninterpretationen der Akteure im Zusammenspiel mit dem jeweiligen unterrichtlichen Sinnangebot in einer so genannten Szenendynamik thematisch verdichtet.

Im *zweiten* Interpretationsschritt erfolgt eine Szenenauslegung. Der Interpret versetzt sich gleichsam in die Lage des Lehrers oder auch der Schüler und reflektiert die Beziehung zwischen dem didaktisch intendierten Symbolangebot und den Symbolisierungstätigkeiten der Akteure. Im Mittelpunkt der weiteren Deutung stehen dabei die impliziten Sinngefüge, insbesondere diejenigen, die im Widerspruch zu den kontextuellen Anforderungen produziert werden. In der Szenenauslegung werden didaktische und sinnverstehende Überlegungen aufeinander bezogen. Insgesamt lassen sich diese Schritte der hermeneutischen und tiefenhermeneutischen Verstehensperspektive zuordnen.

3.2.1   Sequenzanalyse

Mit Hilfe einer so genannten Sequenzanalyse soll die Dynamik der Sinnverdichtung innerhalb der Szenen deutlich werden. Sie dient dazu, schrittweise am Material die Erzeugung der als Irritation wahrgenommenen szenischen Ereignisse zu entschlüsseln. Das Ziel der Sequenzanalyse ist es, das *Wie*, die prozessuale Seite des Geschehens, und das *Wozu*, ihre funktionale Seite, näher bestimmen zu können (vgl. Hackmann 2003, S. 38). Durch eine Differenzierung in Haupt-, Einschub- oder Nebensequenz soll ein erster Zugang zur weiteren Interpretation erfolgen und die Szenendynamik verdichtet werden.

Die zentral an der Erzeugung einer Handlungseinheit beteiligten Personen werden als Hauptakteure bezeichnet, die anderen als Nebenakteure. Die Zuordnung erfolgt auf Grund sichtbarer Aktivitäten und Interaktionen, das heißt Bewegungen, Sprache und Raumkonstellationen müssen thematisiert werden. Dieses erfolgt mit der anschließenden Akzentuierung:

---

12   Der Begriff der Sequenzanalyse wird hier nicht im oevermannschen Sprachduktus, sondern im etymologischen Sinn gebraucht. Dabei ist die Sequenz (lat.) gleichzusetzen mit „folgen" und bezeichnet eine Aufeinanderfolge von etwas Gleichartigem. Die Kriterien für Gleichartigkeit werden in den anschließenden Ausführungen weiter aufgearbeitet. Unter einer Analyse ist eine ganzheitliche systematische Untersuchung zu verstehen, bei der das Untersuchte, hier die Szene, in einzelne Bestandteile zerlegt wird.

- Sprache = diskursive Form
  Was sagen die Akteure?
  Wie sagen sie es? (Stimmlage, Betonung, Lautstärke, Pausen)

- Bewegungen = präsentative Form
  Was für Bewegungen sind sichtbar?
  Wie bewegen die Akteure sich? (Körperhaltung, Dynamik, Mimik, Gestik)

- Raumkonstellationen:
  Wo befinden sich die Akteure?
  Welche Distanz zu Dingen und Personen wird dabei eingenommen?
  Wie nähern oder distanzieren sich die Akteure?

3.2.2 Szenenauslegung

In der Szenenauslegung wird der Frage nachgegangen, *warum* sich die als Irritation auswirkenden Missverständnisse ergeben haben können. In diesem Interpretationsschritt werden didaktische und sinnverstehende Überlegungen aufeinander bezogen.

Eine Differenzierung von präsentativen und diskursiven Formen des Unterrichtsgeschehens ist im Rahmen der Sequenzanalyse bereits erfolgt. Damit gibt es jedoch einen ersten Hinweis auf unterschiedliche, nämlich explizite und implizite Sinnkonstitutionen. Mit dieser an Langer angelehnten Unterscheidung lässt sich allerdings nicht klären,

„wie es möglich ist, in sprachlich-diskursiven Formen etwa in Gedichten präsentativ organisierte Gefühle auszudrücken. Umgekehrt kann man im präsentativen Medium etwa Grundrisszeichnungen entwerfen, die eher diskursiv zu entziffern sind." (Seewald o.J., S. 10)

Seewald (2000) bezieht daher neben der Unterscheidung von diskursiven und präsentativen Symbolformen die drei verschiedenen symbolischen Niveaus und ihre Übergänge in seinen „Sinnverstehenden Ansatz" ein. Im weiteren Auslegungsverfahren dienen die symbolischen Niveaus als grobe Orientierung, mit deren Hilfe sich die Aufmerksamkeit auf eine strukturelle Veränderung von Bedeutsamkeiten lenken lässt.[13] Dabei gilt als formaler Unterscheidungsmodus die Beziehung zwischen Zeichen und Bezeichnetem.

---

13 Seewald interpretiert die symbolische Entwicklung bei Kindern als strukturelle Veränderung von Bedeutsamkeiten. Diese Entwicklung verläuft diskontinuierlich und in qualitativen Sprüngen eng an Leib- und Beziehungsthemen geknüpft. Die symbolische Entwicklung nimmt im Grad der Abstraktion von Bedeutsamkeiten – dem Symbolisierungsniveau – zu (vgl. Seewald 2000, S. 452).

Während des Forschungsprozesses zeigte sich allerdings, dass diese Unterscheidung viel zu abstrakt und allgemein ist und implizite Sinnkonstitution nicht differenziert genug erhellt. Ein geeigneter Zugang findet sich in Seewalds Überlegungen zum symbolischen Echo.[14] Darin versucht er, „eine Semantik des impliziten symbolischen Ausdrucks zu entwerfen" (ebd., S. 464). Dazu nimmt er die Symbolisierungstätigkeiten der Akteure in den Blick, in denen auf leibliche Weise versucht wird, sich über etwas klar zu werden:

„Es geht um das ‚Sichtbar machen' von Spuren im Sinne des ‚woher komme ich, wo stehe ich, wohin will ich gehen'." (ebd., S. 257)

Im Kern sprechen diese Äußerungsformen Leib- und Beziehungsthemen an und eignen sich daher zum Aufschlüsseln der leiblichen Interaktion im szenischen Geschehen. Dabei betont Seewald immer wieder, dass es kein Lexikon symbolischer Bedeutungen geben kann und dass diese immer in den Kontext des Einzelfalls eingebunden bleiben.

„Die symbolischen Produktionen können im Einzelfall die vorgestellte Bedeutung haben, sie ist ihnen aber nicht zwingend in der Art von ‚wenn-dann' Beziehungen zugeordnet (...) Ihr Gültigkeitsanspruch misst sich vorrangig an der Bewährung als Entwurf für ein weiteres Verstehen und an der Bewährung in lebenspraktischen Situationen im Sinne Bollnows." (ebd., S. 258)[15]

Diese Überlegungen verdeutlichen, dass es sich auch bei den Szeneninterpretationen lediglich um ein weiteres Verstehen handeln kann. Einige Spuren lassen sich durch die Sequenzanalysen im Material nachzeichnen. Allerdings lassen sich auch hier keine „Wenn-dann"-Aussagen treffen. Die empirische Arbeit hat vielmehr dazu geführt, Seewalds Überlegungen zum symbolischen Echo auf das Sportunterrichtsgeschehen auszuweiten und mit einer „Semantik des impliziten Ausdrucks im Sportunterricht" eine weitere Verstehensperspektive zu eröffnen.

Mit dem nachstehenden Beispiel[16] sollen die vorangegangenen Überlegungen verdeutlicht werden.

---

14 Unter dem Begriff des symbolischen Echos versteht er ein aktiv-passives Doppelphänomen. Genauso wie im Echo sich aktiv Hervorgebrachtes passiv spiegelt, wird dem symbolisch Tätigen sein eigenes Werk im Medium zurückgeworfen. Im symbolischen Echo versuchen die Tätigen sich über etwas klar zu werden (vgl. Seewald 2000, S. 257).

15 Seewald betont mit Bollnow, dass es für die Gültigkeit sinnverstehender Aussagen kein Außenkriterium, das objektiv messbar wäre, gibt. Die Gültigkeit sinnverstehender Aussagen liegt auf einer anderen Ebene: „Wahrheit enthüllt sich vielmehr erst in der Erprobung und Bewährung im wirklichen Leben, insofern nämlich in diesem Leben konkret etwas auf sie gebaut wird." (Bollnow 1966, S. 60)

16 Stark gekürzt, ausführlich in Kolbert 2008.

4 Szene: Sicherheit beim Klettern – komm mir nicht zu nah

4.1 Unterrichtskontext

Der nachstehend analysierte szenische Ausschnitt entstammt einer Doppelstunde, in der die Schüler zwischen zwei parallel stattfindenden Unterrichtsangeboten, Klettern oder Spielen, wählen können. Das Kletterangebot wird primär von einem Studenten – Kai[17] – angeleitet und die Spielgruppe vom Lehrer betreut. Eine Gruppe mit zwei Mädchen (Lea/Katharina) und vier Jungen (Jonas/Leonard/Marc/Yannick) entscheidet sich für die Klettereinführung. Zunächst demonstriert und erläutert Kai den richtigen Sitz eines Klettergurts. Er fordert die Schüler auf, dabei genau zuzuschauen und untereinander den Sitz der Gurte zu überprüfen. Die im Folgenden beschriebene Szene ereignet sich zwanzig Minuten nach Unterrichtbeginn und zeigt einen Ausschnitt von 1:30 Minuten.

4.2 Szenenbeschreibung/-präsentation

1   Kai hilft Yannick und Lea beim Anlegen des Klettergurtes. In der Hallenecke
2   hinter ihm stehen Jonas, Marc und Leonard und ziehen die Hüft- und Bein-
3   gurte ihrer Klettergurte nach. Dabei sagt Marc zu Jonas: *„Meine Strapsen*
4   *sind mindestens hübsch, im Gegensatz zu deine!"* Mit einem Ausfallschritt
5   tritt er auf Jonas zu, greift mit seiner rechten Hand an die Anseilschlaufe von
6   Jonas' Klettergurt und zieht diese kraftvoll nach oben: *„Mann, sieht wenigs-*
7   *tens gut aus!".* Jonas wirft den Kopf nach hinten, dreht seinen Oberköper weg
8   und schreit auf: *„Ahhh!"*
9   Nachdem der Lehrer den Spielbeginn der ‚Spielgruppe' begleitet hat, wendet
10 er sich der Klettergruppe zu und spricht Marc, Jonas und Leonard direkt an:
11 *„So ich würde jetzt gerne (...)"* Daraufhin gruppieren sich auch die anderen
12 Schüler um den Lehrer. Marc zieht sein T-Shirt bis zur Brust hoch und
13 „schwingt" dabei sein Becken nach rechts und links. Leonard schließt sich
14 ihm an. Er hebt jedoch sein T-Shirt nur am Rand mehrfach nacheinander.
15 Eines der beiden Mädchen lacht.
16 – Kameraschwenk zur Spielgruppe –
17 Kurze Zeit später sitzen Jonas und Marc auf dem großen Kasten vor der
18 Kletterwand. Der Lehrer tritt direkt an den Kasten auf Marc zu. In diesem
19 Moment legt Marc, mit ausgestreckten Armen seine Hände auf die Oberarme
20 des Lehrers. Daraufhin umschließt dieser mit beiden Händen Marcs Rippen
21 und drückt ihn kraftvoll nach hinten. Sein Oberkörper kippt zurück. Indem
22 Marc beide Hände auf dem Kasten abstützt, gelingt es ihm den Oberkörper
23 abzufangen. Der Lehrer zu Marc: *„Kannst du mal da bleiben, ich hab jetzt*

---

17   Bei allen Eigennamen handelt es sich um Pseudonyme, die Daten sind daher vollstän-
     dig anonymisiert.

24 *keine Zeit mehr mit dir (...)!"* Marc hebt kurz sein T-Shirt an: *„Ja, ich zeig's*
25 *Ihnen!"* währenddessen führt er seine rechte Hand zum Gurtverschluss. Mit
26 seinem Unterarm schiebt der Lehrer Marcs Hand nach oben weg und sagt zu
27 ihm: *„Ganz ruhig!"* dann umschließt er wieder mit beiden Händen Marcs
28 Rippen (Abb. 1).

Abbildung 1

29 Marc greift wiederum mit seinen Händen an die Oberarme des Lehrers
30 (Abb. 2) und schiebt ihn von sich weg. *„Mann ey..."* Der Lehrer legt seine
31 Stirn in Falten.

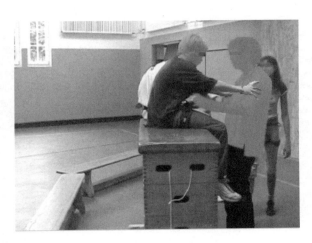

Abbildung 2

32   Dann deutet er auf den Klettergurt, greift mit beiden Händen an den Be-
33   ckenverschluss: *„Ich will das hier jetzt überprüfen!"*
34   Marc führt seine Hände an den Beinschlaufen des Klettergurtes vorbei auf
35   den Kasten und stützt seine Hände seitlich neben dem Oberkörper. Dabei
36   neigt er seinen Kopf nach links und blickt auf die Hände des Lehrers.
37   Dieser schaut ihn von unten mit hochgezogenen Augenbrauen und weit
38   geöffneten Augen an und teilt Marc mit: *„Ich guck mir das jetzt genau*
39   *an!"* (Abb. 3)

Abbildung 3

40   Marc wendet seinen Blick ab. Der Lehrer berührt mit den Fingerspitzen
41   seiner rechten Hand zwei Mal kurz „tätschelt" die linke Wange von Marc
42   (Abb. 4).
43   Als der Lehrer im Folgenden die rechte und linke Beinschlaufe von Marcs
44   Klettergurt überprüft, beginnt Marc zu pfeifen, dabei dreht er „allmählich"
45   seinen Kopf von rechts nach links, ohne Blickkontakt mit dem Lehrer
46   aufzunehmen. Währenddessen zieht der Lehrer zwei Mal am Beckengurt.
47   Marc hebt sein T-Shirt und betrachtet den Klettergurtverschluss.

Abbildung 4

48 Die auf den Oberschenkeln des Schülers ruhenden Hände des Lehrers gleiten
49 hinab. Der Lehrer tritt einen Schritt zurück und winkt mit seiner linken Hand
50 Marc vom Kasten. Dieser hüpft hinunter. Durch mehrmaliges Ziehen der
51 Anseilschlaufe überprüft der Lehrer den Klettergurtsitz im Stand. Dann
52 wendet er sich Jonas zu. Jonas hat sich auf dem freiwerdenden Platz des
53 Kastens seitlich mit seinen Oberkörper hingelegt. Der Lehrer zieht Jonas an
54 seinem rechten Arm in eine Sitzposition. Während dessen tritt Janek an den
55 Kasten.
56 Marc steht bewegungslos mit hängenden Schultern neben dem Kasten und
57 blickt geradlinig „starr" in die Hallenmitte (Abb.5).

Abbildung 5

Während der Lehrer bei Jonas den Klettergurt prüft, lehnt sich Marc mit dem Rücken an den Kasten und schaut weiterhin geradlinig in den Raum. Nachdem der Lehrer das Überprüfen von Jonas und Yannicks Klettergurten abgeschlossen hat, geht Marc auf Jonas zu prüft auch dessen Gurt und zieht zunächst Jonas und dann Yannicks kräftig an der Klettergurtschlaufe nach oben. Kurze Zeit später kommentiert Leonard: *„Wir haben doch ein sexy Teil!"* Luca wendet sich zwei Mitschülern und dem Studenten zu. Nach weiteren zehn Minuten Erläuterungen durch den Studenten klettert Luca die Kletterwand hoch. Die Stunde endet, nachdem Marc wieder abgeseilt wurde.

4.3 Sequenzanalyse

Die Szene lässt sich in die nachstehenden vier Sequenzen unterteilen:[18]

Sequenz 1 [1–8]

Als Hauptakteure werden Marc und Jonas bezeichnet. Sie befinden sich in der Hallenecke, außerhalb des Blickfeldes des Studenten. Die Interaktion über Sprache reduziert sich in dieser Sequenz auf zwei Sätze von Marc [3f. & 6f]. Jonas reagiert lediglich mit einem Laut [8]. In präsentativer Symbolik –Bewegung– prüfen beide den Sitz des Klettergurtes und nehmen Kontakt zueinander auf. Bewegung und Sprache sind folgendermaßen aufeinander bezogen: Während des Gurtanlegens deutet Marc verbal den Klettergurt als „Straps" [3]. Die räumliche Annäherung von Marc an Jonas, mit dem anschließenden Hochziehen des Klettergurtes wird von Marc mit einem Kommentar [6f.] zu Jonas Erscheinen unterstrichen. Jonas entzieht sich der Situation, indem er aufschreit und sich wegdreht [7f.].

Sequenz 2 [9–16]

In der zweiten Sequenz lassen sich zwei Handlungseinheiten differenzieren. Eine bezieht sich auf das Unterrichten. In dieser ist der Lehrer der Hauptakteur. Neben der Kletterwand fordert er ohne Variation von Körperhaltung oder Raumposition die Schüler auf, an seinen Erklärungen teilzuhaben [11]. Die Schüler sammeln sich daraufhin um den Lehrer [11f.]. In einer weiteren Handlungseinheit führen Marc und Leonard, die Hauptakteure der zweiten Handlungseinheit, ihre Umdeutung des Klettergurtes fort. Marc entblößt seinen Bauch und schwingt auffordernd sein Becken nach rechts und links [12f.]. Dieses Bewegen nimmt Leonard in reduzierter Form auf, indem er Marcs Bewegungen nur andeutet [14]. Die Akteure folgen nicht zentral der

---

18 Die Darstellung der Sequenzen ist für den vorliegenden Artikel stark gekürzt, ausführlicher in Kolbert 2008.

Ansage des Lehrers, die Handlungseinheit kann daher als Nebenthema des Unterrichtens gelten.

Sequenz 3 [17–55]

In der dritten Sequenz sind lediglich Marc und der Lehrer an der Erzeugung der Handlungseinheit beteiligt. Sie werden daher als Hauptakteure dieser Sequenz bezeichnet. Es handelt sich hierbei um die den Irritationskomplex auslösende Sequenz. Marc sitzt auf dem Kasten. Der Lehrer kommt auf ihn zu und tritt dabei in den Intimraum[19] des Schülers [19]. Mit seiner Ansprache *„Kannst du mal da bleiben, ich hab jetzt keine Zeit mehr mit dir (...)!"* [23f.], fordert er Marc auf, im Rahmen der Unterrichtsveranstaltung, seine Schülerrolle einzuhalten. Mit seiner weiteren Aussage *„Ganz ruhig!"* [27] versucht er Marc danach zu beschwichtigen und erklärt ihm des Weiteren, was er tun wird [33 & 38f.].

Marc scheint zunächst die Aufforderung des Lehrers anzunehmen. Er teilt ihm verbal seine Bereitschaft mit, ihm den Klettergurtsitz zu zeigen [24f.]. Der Konflikt eskaliert nicht in diskursiver, sondern in präsentativer Symbolik und zeigt sich im folgenden Bewegungsdialog. Marc hält den Lehrer auf Abstand, ohne jedoch aktiv Kraft einzusetzen [18ff.]. Die Reaktion des Lehrers ist durch ein kraftvolles Zurückschieben von Marcs Oberkörper gekennzeichnet [20f.]. Marc gelingt es gerade noch sein Gleichgewicht zu halten [21ff.].

Während der Lehrer durch Schieben und Kontakt am Oberkörper den Sitz des Klettergurtes hautnah überprüfen will, hält Marc ihn ein weiteres Mal auf Distanz. Dabei schiebt er ihn jedoch nicht aktiv, z.B. durch Beugen oder kraftvolles Ausstrecken der Arme, von sich weg [29f.]. Im Weiteren überprüft der Lehrer den Klettergurt an Marcs Becken [32f.]. Marc lehnt sich zurück und verfolgt die Aktivitäten des Lehrers lediglich mit seinem Blick. Nachdem er auch noch seinen Blick abwendet [40], tätschelt ihn der Lehrer an der Wange. Marc nimmt keinen Blickkontakt mehr zum Lehrer auf. Er selber prüft den Klettergurtverschluss lediglich mit seinem Blick [47]. Bewegungslos harrt er aus und reagiert erst wieder auf das Herunterwinken des Lehrers [49f.].

In den wenigen Situationen, in denen gesprochen wird, unterstreicht die Gestik das Gesagte. Im Zentrum der Sequenz steht allerdings die Sinnproduktion in präsentativer Symbolik und es lässt sich folgende Sequenzdynamik verdichten: Marc leistet zunächst mit seinen abwehrenden Gesten Widerstand. Nachdem der Lehrer seine Stirn in Falten gelegt hat und mitteilt, dass er den Klettergurtsitz überprüft, und die Wange von Marc tätschelt, wandelt sich Marcs Körperhaltung schlagartig. Pfeifend scheint er die weiteren Handlungen des Lehrers über sich ergehen zu lassen.

---

19 Vgl. Hall 1966/1976, S. 122.

Sequenz 4 [56–57]

In der vierten und letzten Sequenz wendet sich der Lehrer Jonas und damit einer neuen Handlungseinheit zu. Jonas und der Lehrer werden daher als Nebenakteure in dieser Sequenz bezeichnet. Der Hauptakteur Marc steht nichts sagend, wie erstarrt neben dem Kasten.

Szenendynamik

Der zentrale Konflikt zwischen Schüler und Lehrer ereignet sich in Sequenz drei (Hauptsequenz). In den vorausgegangenen Sequenzen deuten Marc und Leonard das Sportgerät um. In der dritten Sequenz greift der Lehrer sein Unterrichtsziel, die Überprüfung des Klettergurtes, auf. Da er nicht an der Erzeugung des Nebenthemas beteiligt war, scheinen in dieser Sequenz die Sinnproduktionen von Marc und dem Lehrer zu divergieren. Die letzte Sequenz zeigt die Reaktion beider Akteure. Während der Lehrer sich weiterhin dem Unterrichten hingibt und den Klettergurt des nächsten Schülers überprüfen will, bleibt Marc starr zurück.

4.4 Szenenauslegung

Im Folgenden werden zunächst die didaktischen Aspekte der Szene reflektiert und im Weiteren wird das Irritationsmoment, das sich in der dritten Sequenz offenbart, der weiteren Betrachtung unterzogen.

Der Lehrer überprüft den richtigen Sitz des Klettergurtes, um die Sicherheit des Schülers beim Klettern zu gewährleisten. Es geht also in dieser Szene nicht um die Aneignung einer Bewegungsform, eines Inhalts, sondern um die richtige Anwendung eines Sportgerätes. Da der Lehrer die Verantwortung für die Sicherheit des Schülers in seinem Unterricht trägt, versucht er den richtigen Klettergurtsitz zu überprüfen. Während dieser Handlung entspricht er der Lehrerrolle und unterstreicht sein Handeln durch die beiden Aussagen: *„Ich will das hier jetzt überprüfen, ich schau mir das jetzt genau an!"*

Das Irritationsmoment ereignet sich in der dritten Sequenz. Der Lehrer tritt unmittelbar an den Kasten in den Intimraum[20] des Schülers und verlässt

---

20   Hall (1966/1976, S. 122ff.) unterscheidet vier verschiedene Distanzzonen, die er jeweils noch in eine nahe oder weite Phase gliedert. Die intime Distanz befindet sich zwischen 0-0,45 Meter und ist für Menschen bestimmt, zu denen man einen nahen Kontakt pflegt. In dieser Zone pflegt, streichelt, liebkost man sich. Die persönliche Distanz zwischen 0,45 und 1,2 Meter: In dieser Distanz unterhalten sich Menschen über private Dinge und Gefühle, hier werden nur Personen geduldet, zu denen eine besondere persönliche Bindung besteht. Die soziale Zone 1,2 – 3,6 Meter: Hier findet unpersönliche Konversation statt, sie ist die sichere Zone, in der die meisten alltägli-

dadurch die rollenadäquate Raumdistanz. Das Handeln des Lehrers drückt sich sowohl in präsentativer, der häufige Körperkontakt mit Marc, als auch in diskursiver Form aus, die Erläuterung seines Handelns. Symboltheoretisch lässt es sich zwischen Darstellungs- und Bedeutungssphäre verorten. Der Schüler reagiert mit deutlicher Abwehrgeste, in die jedoch die Asymmetrie der Lehrer-Schüler-Beziehung (vgl. Meyer 2000, S. 51) eingelagert ist. In seiner Abwehrgeste ist kein aktives Wegstoßen wahrnehmbar, sondern Marc versucht lediglich, durch das Strecken seiner Arme den Lehrer aus der Intimzone in die private Zone zu drängen. Demgegenüber drückt der Lehrer den Schüler kraftvoll nach hinten, so dass dieser kurzfristig sein Gleichgewicht verliert. Aus dem Bemühen des Lehrers für die Sicherheit des Schülers Sorge zu tragen, wird ein Beziehungskonflikt, der unmittelbar leiblich ausagiert wird. Nach der wiederholten Abwehrgeste Marcs, die zudem durch die Aussage *„Mann ey"* unterstützt wird, verlassen beide die Bedeutungssphäre. Keiner der beiden versucht sich in diesem Moment aus der Perspektive eines Dritten zu betrachten. Erst nachdem der Lehrer die Bedeutung seines Handelns verbalisiert und damit wieder rollenadäquat agiert, lässt Marc die Überprüfung zu, vermeidet allerdings dann den Kontakt zum Lehrer.

Die Symbolisierungstätigkeiten von Marc lassen sich in den ersten beiden Sequenzen der Bedeutungssphäre zuordnen. Marc formuliert eindeutig erotische Phantasien und scheint sich groß zu fühlen. Leib- und beziehungsthematisch lässt sich dieser szenische Ausschnitt dem genitalen Modus[21] zuordnen, der beziehungsthematisch mit der Rotation von Rollen einhergeht. Diese Haltung verändert sich erst, nachdem der Lehrer Marcs Widerstand zu brechen sucht und ihn aus dem Gleichgewicht bringt. Im Anschluss agiert Marc nicht mehr in diskursiver Symbolik. In präsentativer Symbolik drückt er nichts mehr aus. Er bewirkt nichts mehr. Marc sucht keinerlei Blickkontakt mit dem Lehrer und lässt sich in dieser Situation nicht mehr vom Lehrer widerspiegeln. Er scheint eher nach Abwesenheit zu suchen und die Situation über sich ergehen zu lassen.

---

chen Interaktionen stattfinden. Die öffentliche Zone beträgt 3,6 und mehr Meter: In dieser Zone hält man Menschen aus, zu denen man keine soziale Bindung pflegt.

21   Da Seewald das leibliche Zur-Welt-Sein viel zu allgemein erscheint, bezieht er das Organmoduskonzept Eriksons in seine Überlegungen ein und argumentiert: „Die Organmodi sind Annäherungsweisen, die sich um die Funktion einer bedeutsamen Körperzone bilden. Sie treten deutlich zutage und sind deshalb phänomenologisch gut beschreibbar. (...) Leibmodi sind vordualistische Annäherungsweisen an die Welt. Sie sind erfahrungsorganisierende Strukturen, in denen reifungs- und erziehungsbedingte Einflüsse integriert sind. Ihre Abfolge spiegelt eine Entwicklungsrichtung dominanter Körperzonen und mit ihnen verbundener Themen wider, die in einem strukturgenetischen Zusammenhang stehen." (Seewald 2000, S. 453) Die Erklärungsstärke des Leibmodus-Konzeptes sieht Seewald in seiner diagnostischen Relevanz. Es bietet eine ausreichende Differenzierung des allgemein gehaltenen Zur-Welt-Seins, indem Akzente um die verschiedenen Leibmodi (oral, anal, genital) zu setzen sind (vgl. Kolbert 2008, S. 75ff.).

Die Irritationen in der dritten Sequenz lassen sich mit Fürstenau (1979, S. 186ff.) folgendermaßen erhellen. Fürstenau arbeitet die Übereinstimmung von Lehrerrolle und Elternrolle heraus. Er sieht sie darin verankert, dass beide einen Erziehungsauftrag innehaben und erwachsene Rollenträger sind. Beide Beziehungskonstellationen können zu einem asymmetrischen Handlungsgeschehen führen, wie es hier besonders durch den vom Lehrer initiierten Distanzverlust, das Tätscheln der Wange und seine beschwichtigende Aussage [29] erzeugt wird. Beziehungsgesten, die insgesamt eher an eine Vater-Sohn-Beziehung denn an eine Lehrer-Schüler-Beziehung erinnern. Während Marc zunächst noch Widerstand leistet, scheint er am Ende der Szene vor der Macht des Lehrers erstarrt.

Dieses scheint umso dramatischer, weil der Klettergurt in der ersten Sequenz von Marc bereits verbal zu einem „Straps" umgedeutet worden ist und im „Tanz mit dem Straps" in Sequenz zwei fortgeführt wurde. Die offensive Zurschaustellung erotischer Phantasien soll häufig zeigen, dass die Jugendlichen zur Erwachsenen-Sexualität, der Unterscheidung zwischen Weiblichem und Männlichem, gelangt sind und einer anderen Generation angehören (vgl. Kaplan 1991, S. 257). Vor dem Hintergrund der Überlegung, dass hier kontextunabhängige Phantasien das Geschehen überformen, die insbesondere in präsentativen Symbolformen zum Ausdruck gelangen, scheint der anfängliche Widerstand Marcs plausibler. Dann überprüft der Lehrer nicht den Klettergurt des kleinen Marc, sondern greift dem werdenden Mann in die Intimzone. Mit seinen väterlichen Gesten unterstützt der Lehrer nicht den werdenden Mann, sondern zwingt ihn zur Regression in die ohnmächtige Sohn-Schüler-Rolle, ein Wiederfinden, das für Jugendliche im Aufbruch zur Werdelust[22] problematisch sein mag, wie es in der letzten Sequenz in Marcs Körperhaltung anmutet.

Entwicklungstheoretisch reflektiert scheint für Marc das Thema: „Der große Disput des Verlangens mit der Autorität" (ebd., S. 135) anzuklingen. Das sexuelle Begehren muss aus dem familiären Raum nach außen verlagert werden. Damit klingen als Nebenthemen die Ausbildung sexueller Identität und das Experimentieren mit Rollen an. Aus dieser Perspektive scheint Marc mit den adoleszenzspezifischen Entwicklungsaufgaben, der Ausbildung einer männlichen Rolle und der emotionalen Unabhängigkeit von Eltern/Erwachsenen, befasst zu sein. Aus der Perspektive von Unterrichten hat der Lehrer

---

22 Für Seewald findet Lernen im Spannungsfeld von Wiederfinden und Werdelust statt, das heißt in der Beziehung, die den Lernenden mit seinem (Entwicklungs-)Thema verbindet. Aus der Perspektive der Lernenden werden daher bewusst oder unbewusst die Fragen ‚Wo komme ich her, wo bin ich und wo will ich hin?' virulent (vgl. Seewald 2000, S. 488ff.). Die didaktische Aufgabe liegt Seewalds Überlegungen folgend dann darin, an die Vorerfahrungen (Wiederfinden) der Schüler anzuknüpfen, sie darin zu bestärken und Übergänge zu inszenieren, die die Weltsicht der Akteure nicht abspalten, sondern die es erlauben, Lernen im Übergangsbereich zu halten, um Werdelust zu entfachen (vgl. Kolbert 2008, S. 43).

zwar die Sicherheit von Marc gewährleistet, zur Selbstvergewisserung des Schülers allerdings nicht beigetragen.

In den anzuschließenden Überlegungen zu didaktischen Konsequenzen gilt es daher der konkrete Frage nachzugehen, wie die Verständigung über die Bedeutung eines sicher angelegten Klettergurtes die Selbst- und Weltgestaltungsmöglichkeiten von Marc vergrößern kann und zum anderen der allgemeinen Frage, wie insgesamt Unterrichtsangebote ausgerichtet sein müssen, die der Unterstützung dieser adoleszenten Themen dienen.

5 Fazit

Im Gegensatz zum Handlungszwang des Lehrers ist mit dem vorgestellten Ansatz die Möglichkeit verbunden, als Interpret inne zu halten und Verstrickungen und/oder Wechselwirkungen, die sich im konkreten Material zeigen, mit dem sinnverstehenden Zugang zu erschließen. Damit ist die Hoffnung verbunden, den Blick für den kulturellen Symbolvorrat und die Symbolisierungstätigkeit der Akteure bei der Verständigung im Unterrichten zu schärfen.

Konkret heißt das, die institutionelle Bedeutungszuschreibung, die biographischen Spuren der Akteure und die unterschiedlichen Entwicklungsthemen besser reflektieren zu können, um den Wahrnehmungs- und Handlungsspielraum bei Lehrenden zu erweitern. Das Ziel ist es, den Schleier der Vertrautheit[23] von alltäglichen Unterrichtssituationen zu lüften, so dass Lehrer den Unterrichtsprozess in einem anderen Licht zu sehen vermögen.

Allerdings ist „sinnverstehende Gestaltung" in allererster Linie eine Haltung, zu der man bereit sein muss. Sie nimmt ihren Ausgangspunkt im Unverstandenen, das heißt in den Missverständnissen, die alltäglich bei der Verständigung über die Bedeutung von Bewegung, Spiel und Sport entstehen.

Vom alltäglichen Verstehen unterscheidet sich ein „sinnverstehender Zugang", da er systematisch didaktische, symbol- und entwicklungstheoretische Überlegungen einbezieht. Er bietet einen Rahmen, um vom Konkreten zum Allgemeinen und *mit anderen Augen* wieder in die konkrete Unterrichtspraxis zurückzukehren. Dort muss sich allerdings bewähren, ob die

---

23 Thiele betont in Anlehnung an Plessner und Waldenfels: „Die Macht der Gewohnheit schläfert ein und vermittelt allzu leicht das trügerische und Sicherheit vorgaukelnde Gefühl des Bescheid-Wissens, auch in der Wissenschaft, auch in der Sportwissenschaft. Deshalb sind immer wieder andere Augen nötig, um von Neuem sichtbar zu machen, auf andere Weise, was längst gesehen, doch nicht bewahrt werden konnte." (Thiele 1995, S. 60).

symbol- und entwicklungstheoretisch gewonnenen didaktischen Phantasien die Bildungsmöglichkeiten der Akteure befördern.

Literatur

Bietz, J. (2005): Bewegung und Bildung – Eine anthropologische Betrachtung in pädagogischer Absicht. In: Bietz, J./Laging, R./Roscher, M. (Hrsg.): Bildungstheoretische Grundlagen der Bewegungs- und Sportpädagogik. Baltmannsweiler, S. 83–122.

Belgrad, J. (1996): Detektivische Spurensuche und archäologische Sinnrekonstruktion – Die tiefenhermeneutische Textinterpretation als literaturdidaktisches Verfahren. In: Belgrad, J./Melenk, H. (Hrsg.): Literarisches Verstehen – Literarisches Schreiben. Positionen und Modelle zur Literaturdidaktik. Hohengehren, S. 133–148.

Belgrad, J./Niesyto, H. (Hrsg.) (2001): Symbol, Verstehen und Produktion in pädagogischen Kontexten. Baltmannsweiler.

Bollnow, O. F. (1966): Zur Frage nach der Objektivität der Geisteswissenschaften. In: Oppolzer, S. (Hrsg.): Denkformen und Forschungsmethoden der Erziehungswissenschaft. Hermeneutik Phänomenologie Dialektik Methodenkritik. Bd. 1, München, S. 53–79.

Cassirer, E. (1990): Versuch über den Menschen. Einführung in eine Philosophie der Kultur. Frankfurt. (Original veröffentlicht 1944).

Danner, H. (1981): Überlegungen zu einer ‚sinn‘-orientierten Pädagogik. In: Langeveld, M.J./Danner, H. (Hrsg.): Methodologie und ‚Sinn‘ – Orientierung in der Pädagogik. München; Basel, S. 107–160.

Dietrich, K./Landau, G. (o.J.): Anleitung zum Denken oder Rückzug ins Handeln? In: Sportpädagogik. Sonderheft: Annäherungen, Versuche, Betrachtungen. Bewegung zwischen Erfahrung und Erkenntnis. Seelze, S. 7–8.

Dietrich, K. (2003): Bewegungsspuren. Ein Untersuchungskonzept zur empirischen Sozialisationsforschung. In: Dietrich, K. (Hrsg.): Studien zur empirischen Sozialisationsforschung in Sport, Spiel und Bewegung. Hamburg, S. 34–46.

Ehni, H. (1977): Sport und Schulsport. Schorndorf.

Ehni, H. (2000): Vom Sinn des Schulsports. In Wolters, P. u.a.: Didaktik des Schulsports. Schorndorf, S. 11-36.

Flick, U. (2002): Qualitative Sozialforschung. 6. erw. Aufl. Reinbek.

Fürstenau, P. (1979): Zur Theorie psychoanalytischer Praxis. Psychoanalytisch-sozialwissenschaftliche Studien. Stuttgart.

Hackmann, K. (2003): Adoleszenz, Geschlecht und sexuelle Orientierungen. Eine empirische Studie mit Schülerinnen. Opladen.

Hall, R. (1976): Die Sprache des Raumes. Düsseldorf. (Original veröffentlicht 1966)

Kaplan, L. (1991): Abschied von der Kindheit. Eine Studie über die Adoleszenz. 2. Aufl. Stuttgart.

König, H.-D. (2005): Tiefenhermeneutik als Methode. – destatis online: URL: http://www.hd-koenig.de/index.php?option=com_content&task=view&id=52& Itemid=1 – Zugriff am 07. 12. 2005

Kolbert, B. (2008): Ein sinnverstehender Zugang zur Gestaltung von Bewegungs-, Spiel- und Sportunterricht. Unveröff. Dissertationsmanuskript.

Langer, S. (1987): Philosophie auf neuem Wege. Das Symbol im Ritus und in der Kunst. 3. unverändert. Aufl. Frankfurt am Main.

Lorenzer, A. (1988): Tiefenhermeneutische Kulturanalyse. In: Lorenzer, A. (Hrsg.): Kultur-Analysen. Psychoanalytische Studien zur Kultur. Frankfurt am Main, S. 11–98.

Lorenzer, A.(2006): Sprache, Lebenspraxis und szenisches Verstehen in der psychoanalytischen Therapie. In: Prokop, U./Görlich, B. (Hrsg.): Szenisches Verstehen. Zur Erkenntnis des Unbewussten. Marburg, S. 13–37.

Merleau-Ponty, M. (1966): Phänomenologie der Wahrnehmung. Berlin.

Meyer, H. (2000): Unterrichtsmethoden. I. Theorieband. 11. unverändert. Aufl. Frankfurt am Main.

Preuß, O. (2001): Schule halten. Vom Abenteuer Lehrer zu sein. München.

Scherler, K. (2004): Sportunterricht auswerten. Eine Unterrichtslehre. Hamburg.

Seewald, J. (o.J.): Themen der Bewegungsentwicklung und ihr symbolisches Echo. Unveröff. Vortragsmanuskript.

Seewald, J. (1997): Der „Verstehende Ansatz" und seine Stellung in der Theorielandschaft der Psychomotorik. In: Praxis der Psychomotorik, Bd. 22, H. 1, S. 4–14.

Seewald, J. (2000): Leib und Symbol. 2. unverändert. Aufl. München.

Thiele, J. (1995): „Mit anderen Augen" – Bewegung als Phänomen verstehen. In: Prohl, R./Seewald, J. (Hrsg.): Bewegung verstehen: Facetten und Perspektiven einer qualitativen Bewegungslehre. Schorndorf, S. 57–76.

Lernen durch Erfahrung. Professionalisierung von Lehrerinnen und Lehrern im Schulentwicklungsprozess

Miriam Hellrung

Gegenstand der folgenden Seiten ist die Vorstellung eines laufenden Forschungsprojektes zu Professionalisierungsprozessen von Lehrerinnen und Lehrern, die in der Sekundarstufe I individualisierte Unterrichtssettings erproben. Der Fokus der Darstellung liegt dabei auf den Fragen, welche Erfahrungen die Lehrerinnen und Lehrer in diesem Schulentwicklungsprozess machen und inwieweit die Erkenntnisse darüber einen Beitrag zu dem Thema dieses Bandes – der Konstruktion von Sinn – leisten können.

1 Erfahrungsprozesse von Lehrerinnen und Lehrern: der Untersuchungsrahmen

Im Zentrum der Untersuchung stehen die Erfahrungsprozesse von Lehrerinnen und Lehrern mit dem individualisierten Unterrichtskonzept zweier Hamburger Gesamtschulen. Beide Schulen haben für ihre heterogene Schülerschaft das Prinzip äußerer Leistungsdifferenzierung aufgegeben. Stattdessen erproben und evaluieren sie im Rahmen des Hamburger Schulversuchs „Selbst verantwortete Schule" seit 2004 bzw. 2005 in ihrer Sekundarstufe I binnendifferenzierende – in einem Fall sogar jahrgangsübergreifende – Modelle individualisierten Unterrichts für die Fächer Mathematik, Deutsch und Englisch. Wesentliches Ziel ist dabei, das selbstregulierte Lernen der Schülerinnen und Schüler zu fördern.

Diese Entwicklung und Erprobung individualisierter Unterrichtsformen stellen die Lehrerinnen und Lehrer vor neue Aufgaben und Möglichkeiten. Sie verlangen von ihnen eine veränderte Handlungspraxis im Unterricht sowie eine Beteiligung am Entwicklungsprozess ihrer Schule. Daraus ergibt sich als zentrale Untersuchungsfrage, welches Anforderungsprofil für die Lehrerinnen und Lehrer mit dem individualisierten Unterricht und dem Schulentwicklungsprozess verbunden ist. Im Rahmen dieser Frage geht es zunächst um eine individuell übergreifende Fassung von Anforderungen, welche grundsätzlich für die Praxis individualisierten Unterrichts und die Einbindung in Schulentwicklung gelten.

Diese werden jedoch von jeder Lehrerin/jedem Lehrer in unterschiedlicher Weise wahrgenommen und bewältigt. Eine weitere Untersuchungsdimension beinhaltet daher den individuellen Umgang mit diesen Anforderungen: Hier geht es um das Erleben von Anforderungen als persönliche Herausforderung, um individuelle Wege ihrer Bewältigung, um die damit verbundenen Erfahrungsprozesse und um die individuellen Muster der Erfahrungsverarbeitung.

Die Untersuchung hat dabei sowohl eine wissenschaftlich-theoretische als auch eine unterrichtspraktische Perspektive:

Erstens wird untersucht, welche Professionalisierungsprozesse für Lehrerinnen und Lehrer mit der Praxis individualisierten Unterrichts sowie ihrer Einbindung in den Entwicklungsprozess ihrer Schule verbunden sind. Dies ist ein Beitrag zum professionalisierungs- sowie zum schulentwicklungstheoretischen Diskurs.

Zweitens trägt die Forschungsarbeit durch die – vom Verständnis der Schulbegleitforschung geprägte – Anknüpfung an Fragen aus der Schulpraxis und durch die Rückmeldung von Ergebnissen an die Schulen sowie an die Lehrerinnen und Lehrer dazu bei, die institutionellen und die individuellen Entwicklungsprozesse in Schule zu unterstützen.

Empirische Basis der Untersuchung sind vor allem rekonstruktive Einzelfallstudien: Für die Erhebung der Erfahrungen im individualisierten Unterricht wurden im Sommer 2006 mit jeweils vier Lehrer(inne)n jeder Schule leitfadengestützte Interviews mit stark erzählgenerierenden Impulsen zu ihren Erfahrungen, Handlungsproblemen und Bewältigungsstrategien geführt.

Im Abstand von ca. einem Jahr, das heißt im Sommer 2007, fand die zweite Befragung dieser Lehrerinnen und Lehrer statt, in die auch die Erhebung berufsbiografischer Vorerfahrungen integriert wurde. Die Auswahl der Interviewpartnerinnen und -partner erfolgte nach der Maßgabe größtmöglicher Kontrastivität der Fälle bei kleinstmöglicher Varianz der Rahmenbedingungen.

Die Interviews werden mit der dokumentarischen Methode ausgewertet. Dieses sequenzanalytische Verfahren ist geeignet, um die Handlungspraxis der Lehrerinnen und Lehrer im individualisierten Unterricht zu rekonstruieren, aber auch um einen Zugang zu den zugrunde liegenden Orientierungsrahmen bzw. Bezugssystemen zu erhalten, innerhalb derer die Lehrenden ihr Handeln verorten. Das Verfahren ermöglicht darüber hinaus einen interpretativen Zugang zu den individuellen Herausforderungen der Lehrerinnen und Lehrer, die sie selbst als Herausforderungen nicht explizit benennen oder wahrnehmen.

2 Entwicklungsaufgaben, Erfahrungsprozesse und Sinn: der theoretische Bezugsrahmen

Die Untersuchung basiert auf zwei theoretischen Bezugskonzepten – der Konzeption beruflicher Entwicklungsaufgaben von Lehrerinnen und Lehrern von Uwe Hericks und der Erfahrungstheorie des Lernens von Arno Combe –, welche als heuristische Modelle der Erkenntnisgewinnung dienen.

Zunächst zum Konzept beruflicher Entwicklungsaufgaben von Lehrerinnen und Lehrern, das von Uwe Hericks für Lehrer(innen) in der Berufseingangsphase entwickelt und empirisch überprüft wurde. In Anlehnung an die von ihm vorgenommene Begriffsbestimmung (vgl. Hericks 2006, S. 60) lässt sich folgende Definition formulieren:

Berufliche Entwicklungsaufgaben sind Handlungsanforderungen an Lehrerinnen und Lehrer in je spezifischen schulischen und unterrichtlichen Settings, die individuell als Aufgaben eigener Entwicklung gedeutet werden können.

Entwicklungsaufgaben sind unhintergehbar, d.h. sie müssen wahrgenommen und bearbeitet werden, wenn es zu einer Progression von beruflicher Kompetenz und zur Stabilisierung von Identität kommen soll.

Diese Definition enthält drei Begriffsdimensionen:
Die schulischen und unterrichtlichen Handlungsanforderungen benennen die äußere, objektive Dimension des Entwicklungsaufgabenbegriffs; die individuelle Deutung dieser Anforderungen beschreibt die persönliche, also subjektive Bearbeitungsdimension. Die im zweiten Absatz genannte Dimension enthält ein normatives Postulat, nämlich das der Unausweichlichkeit der Entwicklungsaufgaben, soll es nicht zu beruflicher Stagnation kommen.

Dieses wird im Falle der hier untersuchten Lehrerinnen und Lehrer offenkundig: Um in einem Unterrichtssetting handlungsfähig zu bleiben, in dem viele der bislang praktizierten Routinen nicht mehr greifen, sind die Lehrerinnen und Lehrer gezwungen, die an sie herangetragenen Anforderungen als Aufgaben eigener Entwicklung zu begreifen.

Hericks nimmt den Unterricht als Kernbereich beruflichen Handelns zum Ausgangspunkt und ordnet die damit verbundenen Anforderungen vier verschiedenen Entwicklungsaufgaben zu (vgl. 2006, S. 92):

- Die *Entwicklungsaufgabe Kompetenz* hat die Person der Lehrerin/des Lehrers zum Gegenstand; hier geht es darum, ein Konzept entwicklungs- und individualitätsorientierten Unterrichtens auszubilden sowie Rollenhandeln und Handeln als Person auszubalancieren.

- Die *Entwicklungsaufgabe Anerkennung* thematisiert die Schülerinnen und Schüler als Adressaten unterrichtlichen Handelns; hier geht es darum, in einer Haltung der pädagogischen Fremdwahrnehmung die Lernenden als fachliche Laien anzuerkennen.

- Die *Entwicklungsaufgabe Vermittlung* fokussiert den (fachlichen) Unterrichtsgegenstand; hier geht es darum, ein Konzept als Fachexpertin und Vermittler von Fachinhalten zu entwickeln.

- Die *Entwicklungsaufgabe* Institution nimmt die Schule als Rahmung unterrichtlichen Handelns in den Blick; hier geht es darum, ein Konzept der Möglichkeiten und Grenzen institutioneller Rahmenbedingungen zu entwickeln.

Auf dem derzeitigen Stand der Untersuchung lässt sich festhalten, dass diese vier Entwicklungsaufgaben auch für die Situation von „Berufsroutiniers in Umbruchsituationen" tragfähig sind und für die spezifischen Handlungsanforderungen individualisierten Unterrichts modifiziert und ausdifferenziert werden können.

Anspruchsvolle Grundidee dieses Konzeptes ist es, die objektive Anforderungsdimension mit der subjektiven Wahrnehmungs- und Bewältigungsdimension zu verbinden, also danach zu fragen, wie berufliche Anforderungen als Aufgaben je eigener Entwicklung gedeutet und schließlich bewältigt und verarbeitet werden.

Bezogen auf die Fragestellungen der Untersuchung heißt dies, es lassen sich mit dem Modell und mit dem Begriff der Entwicklungsaufgaben die mit individualisiertem Unterricht verbundenen Anforderungen erfassen und systematisch ordnen.

Allerdings zeigt sich, dass das Konzept bei der Frage nach dem individuellen Prozess der Wahrnehmung und Bearbeitung von Entwicklungsaufgaben differenzierungsbedürftig ist; notwendig ist dafür ein Konzept, das es ermöglicht, zu Erkenntnissen über die Ausgestaltung dieses Prozesses zu gelangen.

Hier eröffnet die von Arno Combe entwickelte Erfahrungstheorie des Lernens (vgl. Combe 1992, 2005; Combe/Gebhard 2007, 2008) eine Möglichkeit, die subjektive Wahrnehmungs- und Bewältigungsdimension differenzierter zu betrachten.

Diese ursprünglich für schulische, gegenstandsbezogene Lernprozesse von Schülerinnen und Schülern entwickelte Theorie stellt den Erfahrungsbegriff in den Mittelpunkt.

In der hier vorgestellten Untersuchung erfährt dieses Konzept eine weitere Überprüfung – allerdings nicht am gegenstandsbezogenen, fachlichen Lernen von Schülerinnen und Schülern, sondern am situationsbezogenen Lernen von Lehrerinnen und Lehrern in Schulentwicklungsprozessen.

Bevor dies am Beispiel einer Lehrerin konkretisiert wird, ist es notwendig, das Erfahrungskonzept kurz vorzustellen. Vor allem aber wird es bei der folgenden Exposition der begrifflichen Grundlagen auch darum gehen, einen Zusammenhang zwischen dem Erfahrungs- und dem Sinnbegriff herzustellen. Zunächst zum Erfahrungsbegriff und zu zentralen Strukturmerkmalen von Erfahrungsprozessen:

> „Erfahrung hat damit zu tun, dass man
> - mit dem Fremden konfrontiert wird,
> - sich einer Fremdheitszumutung aussetzt,
> - in einen krisenhaften Prozess verwickelt ist,
> - mit der ganzen Person und seinen Idiosynkrasien beteiligt ist,
> - aus diesem Prozess verändert hervorgeht,
>
> wobei sich der Sinn dieses Prozesses in Momenten besonderer Hellsichtigkeit in einem biographischen Zusammenhang erschließen kann, aber nicht muss." (Combe/Gebhard 2008, S. 1f.)

Im Prozess des Erfahrungen-Machens ist ein Subjekt in vielfältiger und intensiver Weise in einen Sachverhalt verwickelt. Diese oft biografisch bedeutsame Verwicklung in die jeweilige Situation führt an die Grenzen des bisherigen Subjekt-Seins und impliziert eine vielschichtige Wechselwirkung zwischen Ich und Welt, in der Lernen möglich wird.

Ausgangspunkt ist dabei die Konfrontation mit dem Fremden, das aus dem bisherigen Fluss des Bekannten und Vertrauten herausragt und für dessen Begegnung neue Wege gegangen werden müssen. Damit ist der Erfahrungsprozess eng an Krisenkonstellationen und deren Lösung angebunden (vgl. Combe/Gebhard 2007, S. 11f.). Krisenhafte Situationen sind dabei solche, die durch eingespielte Routinen nicht mehr bewältigt werden können. Lässt sich das Subjekt auf den Bewältigungsprozess ein, so führt dies zur Aufbau neuer Routinen („Können"), zum Erwerb von Wissen und – im günstigsten Falle – zur Herausbildung eines sinnhaften, biografischen Zugangs zu sich selbst und zur Welt (vgl. ebd., S. 12). Damit ist die Krisenkonstellation nur ein Moment bzw. eine Phase eines übergreifenden Prozesses, an dessen offenem Ende das Gelingen oder das Scheitern steht.

Im Hinblick auf die mit dem Erfahrungsprozess verbundene Herausbildung eines sinnhaften, biografischen Zugangs zu sich selbst und zur Welt lässt sich Sinn zunächst als „verstehbare Bedeutung", als Ergebnis einer Verstehens- und Auslegungsbemühung fassen. Zum anderen und zugleich enthält der Sinnbegriff neben dieser hermeneutischen eine wertend-normative Komponente. Dazu führen Combe und Gebhard aus:

> „Die Sinnfrage zu stellen, berührt stets auch grundlegende Fragen nach dem Wert, dem Zweck oder dem Ziel menschlichen Lebens. Die Sinnorientierung ist in unserem Verständnis nicht als eine Suche nach einem vorfindlichen Sinn zu verstehen, nach einem gegebenen oder offenbarten Sinn. Sinn als biographiestrukturierende Erkenntnis eines Sachverhalts, als biographische Orientierung im sowohl hermeneutischen als auch normativ-wertenden Bezug des Wortes realisiert sich in konstruktiven Akten, in denen die ereignishafte, unmittelbar ‚gelebte' Erfahrung sich meist mit einem nachträglichen, reflexiven

Moment verbindet, bei dem das Geschehen in seiner lebensgeschichtlichen Bedeutung – und sei es nur punktuell – aufscheint. Zum Machen der Erfahrung gehört das Bewusstsein, welche Erfahrung man gemacht hat. Und zur Sinnarbeit und zum aufscheinenden Sinn gehört, dass ein Erfahrungsgeschehen in eine Biographie einrückt." (Combe/Gebhard 2008, S. 2f.)

Nun zur Darstellung der Strukturebenen des Erfahrungsprozesses und zu ihrem Bezug zur beruflichen Situation der untersuchten Lehrerinnen und Lehrer:
Der Erfahrungsprozess beginnt, wie schon oben erwähnt, mit einer Erfahrungskrise bzw. einer Irritation, also damit, dass eingespielte Erwartungen und Routinen versagen.
Genau dies ist bei den Lehrerinnen und Lehrern der Fall – mehr noch sogar: Sie lassen sich bewusst auf die Fremdheitszumutung der Situation individualisierten Unterrichts ein und riskieren, dass sie sich Problemsituationen gegenüber sehen, für die sie keine bewährten Lösungen haben, sondern diese erst noch entwickeln müssen.
Der Übergang zur nächsten Strukturebene ist dadurch gekennzeichnet, wie man diese Krisensituation annimmt und ob man eine gedankenexperimentelle Erweiterung von Optionen im Umgang mit den Gegebenheiten unternimmt.
Hilfreich für die Überwindung von Widerständen, sich auf die Situation einzulassen und sie als Problem zu akzeptieren, ist die Öffnung eines Vorstellungs- und Phantasieraumes. Dazu führen Combe und Gebhard aus:

„Was hier beginnt, ist Sinnarbeit, ein anspruchsvoller Prozess der Konstruktion und Rekonstruktion der Konstellation der Problemlage und ihrer möglichen Lösung. Dazu gehört die Arbeit mit inneren Bildern und Phantasien. Die Phantasie benötigt auch Handlungsentlastung und Rückzugsräume, die innere Bündelung der Konzentration. Man muss Ruhe haben, aber auch eine gewisse Konfliktspannung in sich tragen, damit hinter dem Rücken des Ichs Eindrücke, Erinnerungen und Phantasien produziert und umstrukturiert werden können, die dann als neuer Vorstellungszusammenhang wieder ins Bewusstsein eintreten." (Combe/Gebhard 2008, S. 6)

Für die Situation der Lehrerinnen und Lehrer muss dazu festgehalten werden: Sie haben keinen handlungsentlasteten Rückzugsraum zur Produktion innerer Bilder oder Entwurfsphantasien. Sie sind laufend mit konkreten Anforderungssituationen im Unterricht konfrontiert – daher kommt bei ihnen zum Gedankenexperiment immer auch das Handlungsexperiment. Dennoch: Die Eröffnung eines Phantasieraumes ist eine wesentliche Phase dieses Lernens aus gemeinsam oder einzeln gemachten Erfahrungen, welche sich für die Lehrerinnen und Lehrer vor allem in der Bewegung des „rückgreifenden Vorgriffs" (vgl. Combe 1992) realisiert: Im Blick zurück, d.h. aus dem bisherigen beruflichen Erfahrungswissen heraus, entwerfen die Lehrerinnen und Lehrer Optionen für zukünftiges, noch unbekanntes – das heißt auch noch „ungekonntes" – Handeln.

Wichtig ist dabei, dass in dieser Phase des Erfahrungsprozesses die zunächst monologisch entworfenen Bilder kommuniziert werden und so durch die Einbeziehung Anderer sozial und sachhaltig validiert werden (vgl. Combe/Gebhard 2008, S. 6). Die Herstellung von Anschlussfähigkeit des inneren Dialogs an die sozialen Praktiken der Anderen ist dabei in hohem Maße eine Leistung von Sprache, insofern lässt sich die nächste Phase des Erfahrungsprozesses als die Eröffnung eines sprachlich-dialogischen Artikulationsraumes bezeichnen (vgl. ebd., S. 6f.).

Im vorliegenden Falle von Schulentwicklungsprozessen wird anzunehmen sein, dass es um eines praktischen Zurechtkommens willen nicht immer nötig sein wird, den analytischen Zugang zu einem Handlungsproblem und einer Erfahrungskrise voll auszuschöpfen, und es auch möglich ist, durch die experimentelle Verknüpfung von Handlungsweisen zu einem für das krisenhafte Handlungsproblem befriedigenden Resultat zu kommen (vgl. Combe/Gebhard 2007, S. 48f.). Es ist im Kontext von Schulentwicklung aber auch anzunehmen, dass gerade dann die Kommunikation und damit auch die Reflexion über die erprobten Lösungswege an Bedeutung gewinnen.

Für die Untersuchung ist dabei von besonderem Interesse, ob sich bestimmte individuelle Unterschiede der Erfahrungsbildung und Erfahrungsverarbeitung finden und systematisieren lassen.

Im Hinblick auf die untersuchten Erfahrungsprozesse der Lehrerinnen und Lehrer lässt sich die eben dargestellte Struktur folgendermaßen zusammenfassen:

Die Lehrerinnen und Lehrer entwickeln für krisenhafte Handlungssituationen situationsgebundene bzw. situationsspezifische Ideen, die mögliche Lösungen für das Problem enthalten, sie entscheiden sich in einer bestimmten Situation für eine der denkbaren Handlungsoptionen und realisieren diese dann auch.

Nachdem nun die theoretischen Bezüge umrissen sind, werden im Folgenden die grundlegenden Anforderungsbereiche skizziert, denen sich die Lehrerinnen und Lehrer im individualisierten Unterricht gegenüber sehen, um dann vor diesem Panorama die Prozesse der Erfahrung und der Erfahrungsverarbeitung an einem Fall aufzuzeigen.

3 Handlungsanforderungen bei der Einführung und Umsetzung individualisierten Unterrichts

Um einen Einblick zu ermöglichen, welche krisenhaften Handlungssituationen im eben beschriebenen Sinne bei der Einführung und Umsetzung individualisierten Unterrichts für die Lehrerinnen und Lehrer entstehen können, hier zunächst ein Überblick über zentrale Handlungsanforderungen.

Die von den Lehrerinnen und Lehrern in den Interviews benannten Anforderungen können dabei zu drei Bereichen zusammengefasst werden:

- geeignetes Unterrichtsmaterial für individuelle und selbstregulierte
  Lernprozesse der Schüler(innen) gemeinsam mit Kolleginnen und
  Kollegen entwickeln

- die Lernumgebung für individuelle und selbstregulierte Lernprozesse der Schüler(innen) schaffen

- die lerngegenstandsbezogene Einzelberatung der Schüler(innen) in
  deren individuellen und selbstregulierten Lernprozessen bewältigen

Geeignetes Unterrichtsmaterial für individuelle und selbstregulierte
Lernprozesse der Schüler(innen) gemeinsam mit Kolleginnen und Kollegen
entwickeln

In dem Maße, in dem die Lehrerinnen und Lehrer im individualisierten Unterrichtssetting den Schülerinnen und Schülern nicht mehr als Vermitt-
ler(innen) von Fachinhalten gegenübertreten, gewinnt die Qualität und Konzeption der Unterrichtsmaterialien und der Aufgabenstellungen an Bedeutung. Ist es sonst vor allem die Person der Lehrerin/des Lehrers, die die Lernenden in Beziehung zum Lerngegenstand setzt, so kommt in einem individualisierten Setting, in dem die Schülerinnen und Schüler selbstständig ihre
Aufgaben auswählen und bearbeiten (sollen), dem Material selbst ein Teil
dieser Funktion zu. Damit ist für die Lehrerinnen und Lehrer zum Beispiel
die Anforderung verbunden, ihr fachliches und fachdidaktisches Wissen in
das Material und in die Aufgaben einfließen zu lassen.

Darüber hinaus erfordert die Organisation des individualisierten Unterrichts, so wie er an den beiden Schulen konzipiert ist, dass das Unterrichtsmaterial und die Aufgaben nicht von einzelnen Lehrer(inne)n für ihre jeweiligen Lerngruppen erstellt werden, sondern dass mehrere Fachkolleginnen
und -kollegen gemeinsam die Aufgaben für das jeweilige Fach entwickeln
bzw. Aufgaben aus ihren bisherigen Unterrichtserfahrungen beisteuern.

Dies stellt die Lehrerinnen und Lehrer vor die Anforderungen, sich im
fachlichen und fachdidaktischen Diskurs mit den Kolleg(inn)en zu positio-
nieren, im Team zu arbeiten und an Entwicklungsprozessen aktiv teilzunehmen.

Die Lernumgebung für individuelle und selbstregulierte Lernprozesse der
Schüler(innen) schaffen

Der Anspruch des Unterrichtskonzeptes, den Schülerinnen und Schülern
größere Entscheidungsspielräume zu geben und ihnen mehr Verantwortung
für ihren eigenen Lernprozess zu übertragen, ist nur einlösbar, wenn die

Lehrerinnen und Lehrer dafür sorgen, dass die Schülerinnen und Schüler Bedingungen vorfinden, in denen individuelles und selbstreguliertes Lernen möglich ist.

Dies beginnt zum Beispiel damit, dass trotz der größeren Aktivität im Raum – die Schülerinnen und Schüler besorgen sich ihr Material, fragen Mitschüler(innen) um Hilfe oder bearbeiten Aufgaben gemeinsam – eine ruhige Arbeitsatmosphäre herrschen muss, in der für alle ein Lernen möglich ist. Dazu müssen von den Lehrenden Regeln eingeführt und durchgesetzt werden. Deckt sich diese Anforderung noch weitgehend mit der Klassenführung im herkömmlichen Unterricht, so sind mit dem individualisierten Setting darüber hinaus noch weitere Anforderungen verbunden. So gehören zu den organisatorischen Aufgaben der Lehrerinnen und Lehrer zum Beispiel auch, einzelne Schüler(innen) mit Material zu versorgen oder ihnen weitere Arbeitsräume (Computerraum, Sprachlabor o. ä.) zugänglich zu machen.

Grundsätzlich ist zudem mit dem hohen Maß an Selbstregulation verbunden, dass der Verinnerlichung von Regeln und Routinen durch die Schülerinnen und Schüler zur Aufrechterhaltung eines für alle verbindlichen und klaren Rahmens für den Unterricht eine umso höhere Bedeutung zukommt.

Und zuletzt – und dieser Punkt leitet schon zum nächsten Anforderungsbereich über – müssen die Lehrerinnen und Lehrer ein System bzw. Verfahren entwickeln, die ihnen die individuelle Unterstützung einzelner Schüler(innen) im Unterricht ermöglichen.

Die lerngegenstandsbezogene Einzelberatung der Schüler(innen) in deren individuellen und selbstregulierten Lernprozessen bewältigen

Die mit dieser Lernprozessberatung der einzelnen Schüler(innen) verbundenen Anforderungen nehmen den größten Raum im individualisierten Unterricht ein; zudem ist dies der Bereich, der eine einschneidende Neuerung für die Lehrerinnen und Lehrer darstellt.

Ein zentrales Ziel, das mit dem individualisierten Unterrichtskonzept verfolgt wird, ist es, das selbstregulierte Lernen der Schülerinnen und Schüler zu fördern. Dafür wurde in den Schulen ein vielfältiges Instrumentarium entwickelt, um die Lernenden dabei zu unterstützen.

Die Lehrerinnen und Lehrer sind in diesem Unterricht weniger die Vermittler(innen) von Fachinhalten, sondern vielmehr die Unterstützer(innen) der Lernenden in ihren jeweiligen Lernprozessen.

Welche Fülle an einzelnen Anforderungen damit verbunden ist, soll hier nur kurz in Stichpunkten angedeutet werden: So müssen die Lehrerinnen und Lehrer

- den individuellen Lern- und Leistungsstand sowie individuelle Lernschwierigkeiten bzw. -hindernisse der Schülerinnen und Schüler erkennen,

- den Unterstützungsbedarf der Schülerinnen und Schüler abschätzen und entsprechende Unterstützungsangebote machen,
- sich in individuelle Lernwege der Schülerinnen und Schüler eindenken,
- ihnen unterschiedliche Lernstrategien an die Hand geben,
- den individuellen Lernprozess der Schülerinnen und Schüler im Blick behalten und dokumentieren,
- ihnen konstruktive Rückmeldungen zu ihrem Lernprozess geben,
- mit ihnen bewältigbare Lernvereinbarungen treffen,
- sich flexibel auf die jeweiligen Unterstützungsbedarfe der einzelnen Schüler(innen) einstellen.

Dabei müssen die Lehrerinnen und Lehrer in ihrem Beratungshandeln darauf achten, dass sie durch ihre Unterstützungstätigkeit den Möglichkeitsraum für das selbstregulierte Lernen der Schüler(innen) erhalten, gleichzeitig aber auch den Schüler(inne)n diejenige Unterstützung zuteil werden lassen, die diese zur Selbstregulation ihrer Lernprozesse (noch) benötigen.

In den Begriffen des selbstregulierten Lernens heißt das: Im Unterricht – und hier insbesondere in der individuellen Lernprozessberatung – besteht ein Spannungsverhältnis zwischen der *Fremdregulation* der Lehrer(innen) und der *Selbstregulation* der Schüler(innen). Innerhalb der Möglichkeiten zum selbstregulierten Lernen, die durch das Unterrichtssetting geschaffen sind, müssen die Lehrerinnen und Lehrer ihr konkretes Unterrichts- und Beratungshandeln zwischen diesen beiden Polen auspendeln (vgl. Merziger 2007, S. 35).

So lässt sich beispielsweise an beiden Schulen beobachten, dass in der Anfangsphase der grundlegenden Individualisierung des Lernsettings zunächst die Vermittlungsfunktion der Lehrerinnen und Lehrer vollkommen in den Hintergrund trat. War eine Einführung in neue Themen- oder Sachgebiete notwendig, so wurde diese meist individuell für einzelne Schüler(innen) gegeben. Die Erfahrung mit der Umsetzung des Konzeptes führte im Laufe der Zeit zu einer Veränderung in diesem Bereich: In bestimmten Phasen des Unterrichts treten die Lehrerinnen und Lehrer jetzt in ihrer Funktion als Vermittler(innen) von Fachinhalten vor eine größere Schülergruppe oder die gesamte Klasse – benannt durch verschiedene Begriffe wie „runder Tisch", „Themenkreise", „Lehrerpräsentation" – und führen gezielt in neue Themenbereiche ein bzw. arbeiten mit mehreren Schüler(inne)n an spezifischen Fragen.

Hiermit sind die Anforderungen verbunden, zwischen der Rolle als Lernprozessberater(in) und der als Vermittler(in) von Fachinhalten zu wechseln, dementsprechend das Pendeln zwischen Gruppen- und Individualphasen angemessen auszutarieren und mit der Gleichzeitigkeit von Gruppenunterricht und Individualunterricht umzugehen.

Damit ist das auf empirischem Material basierende Anforderungsprofil des Lehrerhandelns im individualisierten Unterricht umrissen. Ausgehend von diesem Anforderungsprofil ist offenkundig, dass vor den Lehrerinnen und Lehrern Entwicklungsaufgaben liegen, deren Bewältigung und Gelingensbedingungen nur begrenzt planbar und vorhersehbar sind. Das bedeutet, dass die individuelle Bearbeitung dieser Entwicklungsaufgaben – bei aller konzeptioneller Vorarbeit und organisatorischer Rahmung – nur gelingen kann, wenn hier durch je eigene Erfahrungen der Beteiligten gelernt wird. Dies soll nun der Ausgangspunkt für die genauere Betrachtung eines Fallbeispiels sein.

4 Wie geht die Lehrerin Karin Epple[1] mit diesen Anforderungen um?

Da die Balance von Fremd- und Selbstregulation im Unterrichtshandeln eine Kernanforderung dieses Settings darstellt, soll darauf auch die Beschreibung des Falles konzentriert sein. Doch zunächst zum beruflichen Hintergrund der Lehrerin und zu ihrem Einstieg in das neue Unterrichtskonzept:

Karin Eppler ist seit über dreißig Jahren im Beruf und unterrichtet davon seit zwanzig Jahren an ihrer jetzigen Schule. Die Erklärung für ihren damaligen Schulwechsel leitet sie mit dem Hinweis auf aktive Gewerkschaftsarbeit und auf den Kontakt zu Kreisen ein, in denen sie „immer über Schulpolitik und über alles Mögliche diskutiert" habe (Eppler_I2, Z. 428–430); daraus sei dann der Kontakt zu ihrer jetzigen Schule entstanden. Ihre dortige langjährige Tätigkeit beschreibt sie folgendermaßen:

> „Man musste in ganz viele Fächer sich einarbeiten, weil dieses Klassenlehrerprinzip eine Zeitlang das Oberste war, weil die Klassen auch so schwierig waren, dass man wollte, dass Mama und Papa möglichst lange da drin sind und nicht so viel Fachunterricht ist. Aber es hat einen großen Nachteil. Also ich hab mich in so viele Fächer einarbeiten müssen und überall natürlich nicht besonders, man kann ja gar nicht tief gehen und ich muss unheimlich viel arbeiten dann für meinen Unterricht." (Eppler_I2, Z. 437–442)

Ihre ursprünglich studierten Unterrichtsfächer sind Deutsch und Sport. Neben der oben beschriebenen Einarbeitung in viele Fächer hebt sie besonders ihre intensive Weiterbildung im Naturwissenschaftsbereich hervor. Dort ist sie dann auch in vielfältige Entwicklungsarbeiten der Schule eingebunden (vgl. Eppler_I2, Z. 449–451).

Sie hat ein großes Interesse daran, in dem ersten Jahrgang, in dem das neue Unterrichtskonzept erprobt wird, mitzuarbeiten, und übernimmt gemeinsam mit einem Kollegen die Klassenleitung einer der „Pilotklassen".

---

1 Der Name der Lehrerin ist anonymisiert.

Dort ist sie aber zunächst nicht im individualisierten Unterrichtssetting tätig und äußert dazu im Interview, sie sei zu Beginn mit dieser Konzeption „nicht klargekommen so rein gedanklich" und habe gegen deren Umsetzbarkeit viele Vorbehalte gehabt (vgl. Eppler_I2, Z. 458/459).

Zum Zeitpunkt des ersten Interviews hat sie erst vor wenigen Monaten den individualisierten Unterricht von ihrem Teamkollegen übernommen; in diesem Interview ergreift sie daher die Gelegenheit, um vor allem von ihren Anfangserfahrungen in diesem Unterricht zu berichten.

Beim zweiten Interview ein Jahr später ist sie nicht mehr im individualisierten Setting tätig, da ihr Teamkollege, von dem sie den Unterricht in Vertretung für ein Jahr übernommen hat, wieder zurückgekehrt ist. In das zweite Gespräch gehen ihre Erfahrungen des ganzen Schuljahres ein – gelegentlich auch im Charakter einer bilanzierenden Rückschau.

Im ersten Interview beschreibt Karin Eppler ihren Einstieg in den individualisierten Unterricht folgendermaßen:

> „Ja, also das ist alles so neu. Das ist Stress mehr und ich träum auch davon und ich schlaf damit abends ein und ich steh morgens auf nicht mit meiner Familie, obwohl ich da auch Probleme hab, sondern mit meiner Schule. Und das find ich schon manchmal nicht mehr in Ordnung. Also es zeigt, dass dieser psychische Stress unheimlich hoch ist. Es ist die Verantwortung, die man hat." (Eppler_I1, Z. 279–283)

An dieser Äußerung wird sehr deutlich, dass die Konfrontation mit der neuen Unterrichtssituation für sie mit einer Erfahrungskrise verbunden ist, die sie in der Ganzheit ihrer Person betrifft: Die Verantwortung, die sie durch die Individualisierung des Unterrichts spürt, führt zu einer Anspannung bzw. einer Überforderung („Stress"), die sich nicht nur in schulischen Situationen bemerkbar macht, sondern die sie mit nach Hause und sogar mit in den Schlaf nimmt. In der Äußerung klingt auch an, dass sie nicht gewillt ist, diese grenzüberschreitende Belastung durch die neue berufliche Situation hinzunehmen („nicht mehr in Ordnung").

Der Weg, den sie dann beschreitet, lässt sich mit dem Vokabular der Erfahrungstheorie so beschreiben: Sie nimmt die Krisensituation an, setzt sich der damit verbundenen Fremdheitszumutung aus und lässt sich auf den Bewältigungsprozess ein. Karin Eppler selbst sagt dazu zusammenfassend, sie habe viel gelernt und habe mittlerweile verstanden, den Unterricht so zu organisieren, dass sie jetzt „eine ganz gute Mischung" hinbekommen habe (vgl. Eppler_I1, Z. 110–119).

Um genauer fassen zu können, wie ihr das gelingt, wie also der von ihr selbst benannte Lernprozess abläuft, richtet sich das Augenmerk in der folgenden Darstellung auf Karin Epplers Umgang mit einer bestimmten Anforderungssituation im Unterricht:

Eine wesentliche Zielsetzung des individualisierten Unterrichtskonzeptes ist es ja, das selbstregulierte Lernen der Schülerinnen und Schüler zu fördern. Karin Eppler trägt diese konzeptionelle Entscheidung mit, erlebt jedoch im

Unterricht, dass einige Schülerinnen und Schüler in bestimmten Situationen mit der Selbstregulation ihrer Lernprozesse überfordert sind und dabei ihre Unterstützung benötigen. Diese Situationen stellen sie vor die widersprüchliche Anforderung, einerseits die Selbstregulation der Schülerinnen und Schüler zu fördern, ihnen andererseits das Maß an Fremdregulation zukommen zu lassen, das sie (noch) benötigen.

Für die Bewältigung einer solchen Problemsituation lässt sich eine Reihe von Handlungsoptionen denken – Karin Eppler realisiert eine Lösung, die auf den ersten Blick den konzeptionellen Vorgaben von Individualisierung und selbstreguliertem Lernen zu widersprechen scheint:

„Ansonsten hab ich das [den Unterricht, M.H.] ein bisschen umstrukturiert jetzt im Jahrgang 6, also ich mach regelmäßig Input-Phasen, weil ich gesehen hab in Deutsch und auch in Mathe, dass viele das gar nicht alleine können. [...] Insofern hab ich die sogenannten ‚runden Tische' und da mach ich's entweder so, dass ich sehe, woran viele arbeiten oder woran viele Probleme haben, dann setz ich das Thema fest. Und dann hab ich parallel dazu so einen Zettelkasten eingerichtet, wo sie sich selbst Themen aussuchen können [...]. Ja, also entweder mach ich das mit der ganzen Klasse, aber meistens sind das eher so kleine Gruppen. Dann sage ich, ich mach heute meinetwegen Bruchrechnung [...], das erklär ich noch mal. Und da sitzen dann oft so zehn Leute, weniger oder auch mehr, und ich mach das meistens an der Tafel vorne." (Eppler_I1, Z. 60–77)

Auf den Bedarf der Schülerinnen und Schüler nach Beratung und fachlicher Hilfestellung reagiert sie, indem sie die Individualisierung in bestimmten Situationen zugunsten einer Gruppenphase – mit einem Teil oder der gesamten Lerngruppe – auflöst, in der sie dann zu unterschiedlichen Themen einen Lehrervortrag hält oder ein Unterrichtsgespräch führt. Eine Durchbrechung ihrer zentralen und steuernden Funktion in diesen Situationen deutet sich allerdings dadurch an, dass auch die Schülerinnen und Schüler Themenvorschläge für die „runden Tische" machen können.

Dieser partizipatorische und den Schüler(inne)n Raum für Selbstregulation lassende Zug kommt in der weiteren Umsetzung des Verfahrens im Unterricht immer deutlicher zur Geltung; so fährt Karin Eppler in ihrer Beschreibung fort:

„und dann, find ich, hat sich ein ganz gutes System herausgearbeitet: es sitzen erst alle da, ich erklär's einmal und schon nach fünf Minuten stehen die ersten auf, weil sie es kapiert haben und gehen weg und arbeiten an ihren Sachen. Das find ich ganz toll, dann bleiben manchmal nur drei Leute sitzen, die es wirklich nicht verstanden haben und denen erklär ich es noch mal und noch mal bis sie es dann hoffentlich auch kapiert haben." (Eppler_I1, Z. 77–82)

Hier kehrt die Individualisierung gleichsam „durch die Hintertür" zurück: Die Schülerinnen und Schüler können selbst entscheiden, wann ihr Hilfebedarf erfüllt ist, und sich dann wieder ihren eigenen Aufgaben zuwenden. Weil sich durch dieses Verfahren die Gruppe der zuhörenden bzw. fragenden

Schüler(innen) immer weiter reduziert, hat Karin Eppler die Möglichkeit, auf deren spezifische Bedürfnisse einzugehen.

Erscheint schon an dieser Stelle der anfängliche Eindruck eines lehrerzentrierten und kaum an den Prinzipien von Individualisierung und Selbstregulation orientierten Verfahrens fragwürdig, so lässt sich dieser gar nicht mehr halten, wenn man die weitere Entwicklungsstufe des Verfahrens betrachtet:

„Dann hat sich aber herausgestellt, dass einige das lieber von Schülern erklärt haben wollen oder dass es ihnen zu lange dauert, bis ich dann fertig bin und dann hab ich so ein Helfersystem, ich frag immer, ‚wer hat die Bruchrechnung verstanden?‘ oder ‚wer kennt sich mit den Fabeln aus?‘ und dann hab ich so Zettel hängen an der Pinnwand mit Experten, [...] und dann gehen die Schüler selbst rum und das war ganz toll, das war eine tolle Erfahrung. Ich war nachher zum Teil überflüssig, weil sie lieber zu ihren Mitschülern gegangen sind, [...] und das find ich ein tolles System, das würd' ich auch weiter ausbauen, dass ich zwar auch eine Expertin bin, aber dass ich ganz schnell mein Expertenwissen abgegeben kann, weil ich Schüler habe, die total schnell meinetwegen die Winkelberechnung kapiert haben und sich dann auch freuen, wenn sie anderen das beibringen können." (Eppler_I1, Z. 82–101)

Hier zeigt sich Karin Eppler in der Lage, ihre anfänglich eingenommene Expertenrolle bereitwillig abzulegen und sie den Schülerinnen und Schülern zu übergeben; sie kommt also zu einem neuen Rollenverständnis auch bei der Hereinnahme lehrerzentrierter Elemente. Die Partizipation der Schüler(innen) wird zum tragenden Bestandteil des Verfahrens, wenn es darum geht, einzelnen Schüler(inne)n Unterstützung bei der Selbstregulation ihres Lernprozesses zukommen zu lassen. Und auch die Individualisierung des Unterrichtssettings taucht in den einzelnen Schritten des Verfahrens wieder auf – und zwar in einer Weise, mit der Karin Eppler nicht überfordert ist.

Grundsätzlich lässt sich zu der von ihr realisierten Handlungsoption noch festhalten, dass diese durchgängig Prozesscharakter aufweist und die laufende Weiterentwicklung des Verfahrens beinhaltet. Zudem wird der hohe Grad der methodischen Gestaltung dieses Prozesses deutlich – angefangen bei den Begrifflichkeiten (runder Tisch, Helfersystem) bis hin zur differenzierten Ausgestaltung einzelner Elemente (Zettelkasten für Themenvorschläge, Pinnwand mit Experten).

Bezogen auf die eben dargestellte Situation lassen sich zwei Grundsätze formulieren, die Karin Eppler eine gelingende Praxis ermöglichen:

- Die Grenzen von Selbstregulation bei den Schülerinnen und Schülern ausloten: Nur über die Zumutung der Selbstregulation ist das notwendige Maß an Steuerung, also Fremdregulation, erfahrbar.

- Das Experiment Individualisierung/Selbstregulation selbst aushalten: Durch die Bereitschaft zu Grenzerfahrungen, d.h. mit einem Minimum an Haltepunkten für das eigene Handeln auszukommen, eröffnen sich Spielräume für eine Neu-Zusammensetzung vorhandener Routinen unter veränderten Prämissen.

Noch nicht ausgeführt ist damit, was dies strukturell für ihren eigenen Prozess des Erfahrungen-Machens und des Lernens heißt: Wie gelingt es ihr, ein für die Anforderungen der Situation passendes Verfahren zu finden? Wie lernt sie, mit der neuen Situation umzugehen? Und was hilft ihr dabei; worauf greift sie zurück?

5   Wie lernt Karin Eppler? – Und was heißt das für die Professionalisierung von Lehrenden in Schulentwicklungsprozessen?

Nicht nur in der eben dargestellten Situation, sondern auch in Bezug auf viele andere Handlungsanforderungen des individualisierten Unterrichts durchläuft Karin Eppler den Prozess des Erfahrungen-Machens – jeweils beginnend mit einer Krise bisheriger Handlungsroutinen bis hin zu einer praktischen und von ihr auch formulierbaren Lösung.

Dabei wird deutlich, dass Karin Epplers Handeln in den neuen Anforderungssituationen des individualisierten Unterrichts nicht aus dem Nichts entsteht – bei aller Irritation muss es also etwas geben, was ihr auch in der Krise von Routinen den Aufbau neuer Handlungsroutinen ermöglicht. Hier zeigt sich bei ihr sehr deutlich die eingangs beschriebene Figur des „rückgreifenden Vorgriffs": Die Bewältigung der Anforderungen gelingt ihr auf der Basis von Erfahrungsprozessen und im Rückgriff auf Routinen – jedoch nicht in einer schlichten Übertragung von bekannten Routinen des Unterrichtshandelns auf die neuen Anforderungen der Situation, sondern in Form einer neuen experimentellen Verknüpfung von Handlungselementen unter der Prämisse *Individualisierung* bzw. *Selbstregulation*. Karin Eppler verfügt aufgrund ihrer Berufsbiografie über Handlungsroutinen, die an die Anforderungen des individualisierten Unterrichts anschlussfähig sind; sie greift vor allem auf Routinen zurück, die sie im Projektunterricht erworben hat, und etabliert in dem individualisierten Unterrichtssetting Verfahren, die Elemente eben dieses Projektunterrichtes enthalten; so z.B. Rahmenvorgaben und inhaltliche Impulse durch sie, selbstständige Planung und Durchführung von Vorhaben durch die Schülerinnen und Schüler, Kontrolle und gegebenenfalls Hilfestellung durch sie, immer angebunden an Ziele und Formulierungen der Schülerinnen und Schüler, sowie die Partizipation der Schülerinnen und Schüler in allen Phasen des Unterrichts.

Darüber hinaus ist es ein strukturelles Merkmal ihrer Berufsbiografie, dass sie sich immer wieder in neue fachliche, aber auch unterrichtskonzeptionelle Zusammenhänge einarbeitet. Insofern ist sie mit der Prozesshaftigkeit – also der immer nur zeitweiligen Stabilität – beruflichen Handelns vertraut. Auf dieser Basis ist es ihr möglich, den Prozesscharakter der für sie neuen Unterrichtssituation zu erkennen und sich auf die Radikalität einzulassen, mit der sich die Lehrerinnen und Lehrer in diesem Unterrichtskonzept ihre gewohnten „Haltegriffe" selbst aus der Hand schlagen. Sie ist bereit, die Grenzen selbstregulierten Lernens auszuloten und die in diesem Experiment immer nur zwischenzeitliche und vorübergehende Stabilität auszuhalten.

Damit zeigt Karin Eppler einerseits eine hohe Bereitschaft zu Erprobungen an der Grenze ihrer bisherigen beruflichen Identität. Zugleich kann sie aber auch auf einen Fundus an Regeln, bewährten Handlungspraxen und Routinen zurückgreifen, die ihr eine Kreativität im Umgang mit den Handlungsanforderungen erst ermöglichen – ähnlich dem Schauspieler, der seinen Text kann und frei ist für die Möglichkeiten der Gestaltung seiner Rolle.

Betrachtet man nun die Erfahrungsprozesse dieser Lehrerin vor dem Hintergrund der schulentwicklungs- und professionalisierungstheoretischen Diskurse, so lassen sich drei Aspekte kurz umreißen:

Erstens handelt Karin Eppler auf der Basis von Erfahrungswissen, was es ihr ermöglicht, als Expertin mit den konkreten Handlungsanforderungen im individualisierten Unterricht umzugehen.

Der Aufbau von Erfahrungswissen – verstanden als die Entwicklung von situationsbezogenen Wahrnehmungsstrukturen (vgl. Combe/Kolbe 2002, S. 839) – erfolgt bei Karin Eppler im praktischen, körperlich-situativen Tun mit Anderen; Erkenntnis ist hier verankert in realen Problemsituationen des Unterrichts, wobei für der Abstimmung ihres Handelns auf die jeweilige Situation intuitive Urteile der Passung und der Gelungenheit eine Rolle spielen.

Ihre Expertise gründet sich dabei vor allem auf ihre situative Urteilskraft und die Schärfung der kategorialen Wahrnehmung von Unterrichtssituationen; dadurch ist es ihr möglich, komplexe Verknüpfungen zwischen Situationstypen und Handlungsoptionen vorzunehmen (vgl. Bastian/Combe/Reh 2002, S. 428). Durch die von ihr praktizierte experimentelle Verknüpfung von Handlungsweisen gelingt ihr eine „Rekontextualisierung des Gewohnten" (ebd.), was wiederum ein grundlegendes Prinzip von Unterrichtsentwicklung ist.

Zweitens macht es ihr die heuristische Struktur ihres Erfahrungsprozesses möglich, mit der für Schulentwicklungsprozesse typischen Zukunftsoffenheit und Unbestimmtheit umzugehen.

Schulentwicklung als prozesshaft-offenes Geschehen stellt die Lehrenden vor Handlungssituationen, die nur begrenzt planbar sind und deren Entwicklung nur begrenzt prognostizierbar ist (ebd., S. 418ff.). Karin Eppler kann sich in diesem Kontext professionell bewegen, weil sie in ihrem Prozess des Erfahrungen-Machens eine forschend-experimentelle Haltung zur

Praxis entwickelt (vgl. ebd., S. 425). Es gelingt ihr, in Prozessen zu denken und auf dieser Basis Unsicherheiten und zeitweilige Irritationen des Gewohnten – wesentliche Merkmale von Entwicklungsprozessen – auszuhalten.

Karin Eppler ist außerdem ein Beispiel dafür, wie eine Lehrerin die Potenziale für die eigene Professionalisierung nutzt, die in Schulentwicklungsprozessen liegen: Bastian, Combe und Reh (2002, S. 418) benennen als ein systematisches Kennzeichen von Professionalität in Schulentwicklung einen Handlungstyp, der „die Disposition für die kooperative und eigenständig-konstruktive Lösung unvorhergesehener Problemlagen auf der Ebene der einzelnen Schule und sich hier im Prozess ergebender Entwicklungsaufgaben" mitbringt. Sie gehen dabei davon aus, dass Schulentwicklungsprozesse diesen Handlungstyp sowohl hervorbringen als auch voraussetzen. Genau dies lässt sich an Karin Eppler zeigen. Sie hat schon vor dem Einstieg in das individualisierte Unterrichtskonzept aktiv an Schulentwicklung teilgenommen und so im Verlauf ihrer Berufsbiografie diesen Handlungstyp ausgebildet, der ihr jetzt wiederum hilft, mit der erneuten Veränderung ihres Arbeitsplatzes professionell umzugehen.

Drittens begreift Karin Eppler ihr schulisches und unterrichtliches Handeln als eingebunden in eine Praxisgemeinschaft, die für sie auch ein Forum für die Veröffentlichung von Erfahrungen darstellt.

Die kollegiale Weiterentwicklung von Schule und Unterricht bedarf auf Seiten der Akteure eines Professionalisierungsprozesses, der als kollektiver Aufbau von Erfahrungswissen in kommunikativen Prozessen von Praxisgemeinschaften beschrieben werden kann (vgl. ebd., S. 428). Bastian und Helsper (2000, S. 178) weisen zudem darauf hin, dass „Professionalität und Professionalisierung des Lehrerhandelns völlig unzulänglich konzipiert" seien, wenn sie als individueller Bildungsprozess verstanden werden.

Ein weiteres Charakteristikum der Berufsbiografie von Karin Eppler ist, dass ihr schulisches und unterrichtliches Handeln auf Kooperation und kommunikativen Austausch ausgerichtet ist. Dies manifestiert sich nicht nur in ihrer langjährigen Beteiligung an Schulentwicklungsvorhaben, sondern auch in dem Raum, den sie Schülerinnen und Schülern zur Partizipation im Unterricht gibt.

In ihrer derzeitigen „Umbruchsituation" äußert sie großes Interesse an einem intensiven Austausch mit ihren Kolleginnen und Kollegen über deren individuelle Erfahrungen mit dem Unterrichtskonzept. Dabei ist ihr wichtig, dass dort nicht fertige Lösungen präsentiert werden, sondern auch Schwächen, Krisen und Handlungsprobleme zur Sprache kommen; denn sie geht davon aus, dass eine weitere Gestaltung des Prozesses nur möglich sei, wenn man auch mit den Schwierigkeiten ehrlich und offen umgehe. Dieses Einfordern einer Veröffentlichung von Erfahrungen entspricht dem Bedürfnis, ihre eigenen Handlungs- und Interpretationsmöglichkeiten in einem sozialen Austausch zu überprüfen. Wenn die Kommunikation über Erfahrungen mit

Kolleg(inn)en in der Schule möglich ist, dann liegt darin für Karin Eppler die Chance, nach einer Phase der Irritation und Krise, die sie im Wesentlichen allein aushalten muss, ihr Handeln zu validieren und damit erneut Sicherheit und Entlastung zu erfahren (vgl. Combe/Gebhard 2008, S. 6).

Abschließend bleibt noch die Frage, inwieweit die eben vorgestellte Analyse von Erfahrungsprozessen einen Beitrag zu dem Thema dieses Bandes – der Konstruktion von Sinn – leisten kann.

Geht man von dem eingangs erläuterten Sinnbegriff mit seiner hermeneutischen und seiner wertend-normativen Komponente aus, so lässt sich für Karin Eppler festhalten, dass das Einlassen auf den Erfahrungsprozess ihr die Möglichkeit gibt, ihr Handeln in beiderlei Hinsicht als sinnhaft zu erleben: Sie trifft situative Wahrnehmungsurteile auf der Grundlage eines Sehens von lösungsversprechenden Strukturen und Verfahren; hier finden Sinnverstehen und die Aushandlung von Bedeutung auf der Grundlage intuitiver Urteile statt, welche immer von der Zielperspektive getragen sind, dass ihre Maßnahmen oder Handlungen die Schülerinnen und Schüler erreichen bzw. in ihrem Lernen unterstützen.

Und auch die wertend-normative Komponente des Sinnbegriffs lässt sich in ihrem Handeln erkennen. Denn neben dem eher pragmatischen Aspekt eines Zurechtkommens in der täglichen beruflichen Praxis ist ihr Handeln immer auch von dem Wunsch getragen, in folgenreicher und schöpferischer Weise im Zusammenspiel mit Anderen an der Verwirklichung einer Idee oder einer Vision beteiligt zu sein. Der konzeptionelle Schwerpunkt des schulischen Entwicklungsvorhabens, nämlich durch die Individualisierung des Unterrichts der Unterschiedlichkeit der Lernenden (besser) gerecht zu werden, ist an der Lösung eines zentralen, von den Lehrerinnen und Lehrern gemeinsam empfundenen Problems ihrer beruflichen Praxis orientiert. Die Überzeugung von der Notwendigkeit und Richtigkeit des Konzeptes bzw. seiner Idee unterstützt Karin Eppler dabei, auch in Phasen der Krise und der Unsicherheit ihr eigenes Handeln als sinnhaft zu erfahren. Sinn realisiert sich hierbei für sie in gemeinsamen – ob mit Kolleg(inn)en oder Schüler(inne)n – konstruktiven Akten, denen sie zugesteht, dass sie auch „lebensgeschichtliche", in diesem Falle berufsbiografische, Bedeutung für sie haben (vgl. Combe/Gebhard 2008, S. 2f.).

Literatur

Bastian, J./Combe, A./Reh, S. (2002): Professionalisierung und Schulentwicklung. In: Zeitschrift für Erziehungswissenschaft, Bd. 5, H. 3, S. 417–435.

Bastian, J./Helsper, W. (2000): Professionalisierung im Lehrerberuf – Bilanzierung und Perspektiven. In: Bastian, J./Helsper, W./Reh, S./Schelle, C. (Hrsg.): Professionalisierung im Lehrerberuf. Von der Kritik der Lehrerrolle zur pädagogischen Professionalität. Opladen, S. 167-192.

Combe, A. (1992): Bilder des Fremden. Romantische Kunst und Erziehungskultur. Opladen.

Combe, A. (2005): Lernende Lehrer – Professionalisierung und Schulentwicklung im Lichte der Bildungsgangforschung. In: Schenk, B. (Hrsg.): Bausteine einer Bildungsgangtheorie. Wiesbaden, S. 69–90.

Combe, A./Gebhard, U. (2007): Sinn und Erfahrung. Zum Verständnis fachlicher Lernprozesse. Opladen.

Combe, A./Gebhard, U. (2008): Übergänge. Sinn, Erfahrung und Phantasie im schulischen Lernen. Unveröffentlichtes Manuskript.

Combe, A./Kolbe, F.-U. (2004): Lehrerprofessionalität: Wissen, Können, Handeln. In: Helsper, W./Böhme, J. (Hrsg.): Handbuch der Schulforschung. Wiesbaden, S. 833–852.

Hericks, U. (2006): Professionalisierung als Entwicklungsaufgabe. Rekonstruktion zur Berufseingangsphase von Lehrerinnen und Lehrern. Wiesbaden.

Merziger, P. (2007): Entwicklung selbstregulierten Lernens im Fachunterricht. Lerntagebücher und Kompetenzraster in der gymnasialen Oberstufe. Opladen.

Autorinnen und Autoren

Borries, Bodo von, Jg. 1943, 1976-2008 Professor für Erziehungswissenschaft (Schwerpunkt Geschichtsdidaktik) an der Universität Hamburg. Arbeitsgebiete: Schulbuchanalyse, alternative Unterrichtsmodelle, empirische Studien zum Geschichtsbewusstsein Jugendlicher (qualitativ und quantitativ), Theorie und Praxis des Geschichtslernens.

Gebhard, Ulrich, Jg. 1951, Professor für Erziehungswissenschaft unter besonderer Berücksichtigung der Didaktik der Biologie an der Fakultät für Erziehungswissenschaft, Psychologie und Bewegungswissenschaft der Universität Hamburg.

Gedaschko, Andreas, Jg. 1978, Doktorand des DFG-Graduiertenkollegs „Bildungsgangforschung" der Universität Hamburg.

Hellrung, Miriam, Jg. 1972, Wissenschaftliche Mitarbeiterin am Fachbereich Erziehungswissenschaft (Arbeitsbereich Schulpädagogik/Schulforschung) der Universität Hamburg. Forschungsschwerpunkte: Schulentwicklung, Unterrichtsentwicklung, Professionalisierung.

Kolbert, Britta, Jg. 1965, Lektorin am Institut für Sportwissenschaft der Universität Bremen, 2003-2006 wissenschaftliche Mitarbeiterin am Institut für Didaktik der ästhetischen Erziehung (Arbeitsbereich Bewegung, Spiel und Sport) der Universität Hamburg.

Koller, Hans-Christoph, Jg. 1956, Professor für Allgemeine Erziehungswissenschaft an der Universität Hamburg. Forschungsschwerpunkte: Bildungstheorie; Qualitative Bildungsforschung, vor allem zu biographischen Bildungsprozessen in der (Post-)Moderne.

Lechte, Mari-Annukka, Jg. 1973, Dr. phil., Diplom-Psychologin, promoviert am DFG-Graduiertenkolleg „Bildungsgangforschung" der Universität Hamburg.

Meyer, Meinert A., Jg. 1941, Professor für Schulpädagogik mit dem Schwerpunkt Allgemeine Didaktik an der Universität Hamburg. Arbeitsschwerpunkte: Bildungsgangsforschung und -didaktik, Fremdsprachendidaktik und interkulturelle Bildung.

Meyer-Hamme, Johannes, Jg. 1975, Studium der Geschichte, Geographie und Erziehungswissenschaft in Hamburg und Southampton, 2005-2008 Stipendiat des DFG-Graduiertenkollegs „Bildungsgangforschung" der Universität Hamburg.

Monetha, Sabrina, Jg. 1979, Doktorandin des DFG-Graduiertenkollegs „Bildungsgangforschung". Arbeitsbereich Didaktik der Naturwissenschaften an der Fakultät für Erziehungswissenschaft, Psychologie und Bewegungswissenschaft der Universität Hamburg.

Nädler, Frank-Ulrich, Jg. 1976, seit 2006 Kollegiat im DFG-Graduiertenkolleg „Bildungsgangforschung" der Universität Hamburg; seit 2008 Wissenschaftlicher Mitarbeiter in der Romanistik an der Bergischen Universität Wuppertal.

Rabenstein, Kerstin, Jg. 1967, Dr. phil., Wissenschaftliche Assistentin am Institut für Erziehungswissenschaft der Technischen Universität Berlin. Forschungsschwerpunkte: Unterrichts- und Schulentwicklungsforschung, Methode und Methodologie rekonstruktiver Sozialforschung, Schülerforschung.

Reh, Sabine, Jg. 1958, Professorin für Allgemeine und Historische Erziehungswissenschaft an der Technischen Universität Berlin. Forschungsschwerpunkte: Schulentwicklungsforschung, Lehrerforschung/Berufsbiographien/Professionalisierung, Sozialgeschichte pädagogischer Institutionen und Berufe, grundlagentheoretische und methodologische Probleme rekonstruktiver Sozialforschung.

Vollstedt, Maike, Jg. 1979, Doktorandin des DFG-Graduiertenkollegs „Bildungsgangforschung". Seit April 2008 wissenschaftliche Mitarbeiterin am Fachbereich Erziehungswissenschaft (Arbeitsbereich Didaktik der Mathematik) der Universität Hamburg.

Vorhölter, Katrin, Jg. 1980, Doktorandin des DFG-Graduiertenkollegs „Bildungsgangforschung" der Universität Hamburg.

FachZeitschriften im Verlag Barbara Budrich
Eine Auswahl

BIOS Zeitschrift für Biographieforschung, Oral History und Lebensverlaufsanalysen

BIOS ist seit 1987 *die* wissenschaftliche Zeitschrift für Biographieforschung, Oral History Studien und – seit 2001 – auch für Lebensverlaufsanalysen. In ihr arbeiten über Disziplin- und Landesgrenzen hinweg Fachleute u.a. aus der Soziologie, der Geschichtswissenschaft, der Pädagogik, der Volkskunde, der Germanistik.

Diskurs Kindheits- und Jugendforschung

Diskurs Kindheits- und Jugendforschung widmet sich dem Gegenstandsfeld der Kindheits- und Jugendforschung fächerübergreifend und international.

Erziehungswissenschaft Mitteilungsblatt der Deutschen Gesellschaft für Erziehungswissenschaft

Die Zeitschrift trägt den Informationsaustausch innerhalb der Gesellschaft und fördert die Diskussion über die Entwicklung des Faches.

ZQF – Zeitschrift für Qualitative Forschung

(vormals: ZBBS – Zeitschrift für qualitative Bildungs-, Beratungs- und Sozialforschung). Die Zeitschrift versammelt Beiträge der wichtigsten an der qualitativen Forschung beteiligten Fachdisziplinen.

Zeitschrift für Familienforschung
Journal for Family Research
Beträge zu Haushalt, Verwandtschaft und Lebenslauf

Die Zeitschrift für Familienforschung fördert interdisziplinäre Kommunikation und Diskussion. Dies geschieht durch die Veröffentlichung von Beiträgen zur Familien- und Haushaltsforschung aus den Fachdisziplinen: Familiensoziologie, Familiendemographie, Familienpsychologie, Familienpolitik, Haushaltswissenschaft, historische Familienforschung sowie aus Nachbargebieten.

Weitere Informationen unter www.budrich-verlag.de

UTB-Einführungskurs Erziehungswissenschaft

Die Reihe Einführung in die Erziehungswissenschaft in vier Bänden ist so konzipiert, dass sie Studierenden in erziehungswissenschaftlichen Hauptfachstudiengängen (Diplom, Magister, BA) im Grundstudium sowie Lehramtsstudierenden die erforderlichen Kenntnisse in erziehungswissenschaftlicher Begriffs- und Theoriebildung sowie methodischem Grundwissen, über die Ideen- und Sozialgeschichte von Erziehung und Bildung und über die Arbeitsfelder von PädagogInnen in schulischen und außerschulischen Berufen vermitteln soll. Die einzelnen Bände sind so strukturiert, dass sie sich als Grundlagentexte für einführende Lehrveranstaltungen in das jeweilige Themengebiet eignen.

Der Einführungskurs Erziehungswissenschaft umfasst vier Bände:

Band I
Heinz-Hermann Krüger & Werner Helsper (Hrsg.): Einführung in Grundbegriffe und Grundfragen der Erziehungswissenschaft
8., durchges. Aufl. 2007. UTB L. 347 S. Kart. ISBN 978-3-8252-8092-5

Band II
Heinz-Hermann Krüger: Einführung in die Theorien und Methoden der Erziehungswissenschaft
4., überarbeitete Auflage 2006. UTB L. 245 S. K. ISBN 978-3-8252-8108-3

Band III
Klaus Harney & Heinz-Hermann Krüger (Hrsg.): Einführung in die Geschichte der Erziehungswissenschaft und Erziehungswirklichkeit
3., erw.u.akt. Auflage 2006. UTB L. 352 S. Kart. ISBN 978-3-8252-8109-0

Band IV
Heinz-Hermann Krüger & Thomas Rauschenbach (Hrsg.): Einführung in die Arbeitsfelder des Bildungs- und Sozialwesens
4., durchgesehene Auflage 2006. 336 S. K. ISBN 978-3-8252-8093-2

Weitere Bücher und Zeitschriften
www.budrich-verlag.de

Studien zur Bildungsgangforschung

Band 14
Petra Merziger
Entwicklung selbstregulierten
Lernens im Fachunterricht
Lerntagebücher und Kompetenzraster
in der gymnasialen Oberstufe
2007. 368 S. Kt.
33,00 € (D), 34,00 € (A), 56,50 SFr
ISBN 978-3-86649-084-0

Band 15
Andreas Feindt
Studentische Forschung
im Lehramtsstudium
Eine fallrekonstruktive Untersuchung
studienbiografischer Verläufe und stu-
dentischer Forschungspraxen
2007. 301 S. Kt. 33,00 € (D), 34,00 €
(A), 56,50 SFr
ISBN 978-3-86649-086-4

Band 12
Meinert A. Meyer
Ingrid Kunze
Matthias Trautmann (Hrsg.)
Schülerpartizipation im
Englischunterricht
Eine empirische Untersuchung in der
gymnasialen Oberstufe
2007. 279 S. Kt.
33,00 € (D), 34,00 € (A), 56,50 SFr
ISBN 978-3-86649-083-3

Band 16
Stefan Hahn
Identitätsdiskurse und Demokratie-
Lernen im Unterricht
Die Perspektive einer systemtheore-
tisch informierten Bildungsgangfor-
schung im Lernfeld Gesellschaft
2007. 337 S. Kt.
33,00 € (D), 34,00 € (A), 56,50 SFr
ISBN 978-3-86649-080-2

Band 13
Andreas Petrik
Von den Schwierigkeiten, ein
politischer Mensch zu werden
Konzept und Praxis einer genetischen
Politikdidaktik
2007. 532 S. Kt.
54,00 € (D), 55,60 € (A), 91,00 SFr
ISBN 978-3-86649-085-7

Verlag Barbara Budrich • Barbara Budrich Publishers
Stauffenbergstr. 7. D-51379 Leverkusen Opladen
Tel +49 (0)2171.344.594 • Fax +49 (0)2171.344.693 • info@budrich-verlag.de
US-office: Uschi Golden • 28347 Ridgebrook • Farmington Hills, MI 48334 • USA •
ph +1.248.488.9153 • info@barbara-budrich.net • www.barbara-budrich.net

Weitere Bücher und Zeitschriften unter www.budrich-verlag.de

Studien zur Bildungsgangforschung

Verlag Barbara Budrich • Barbara Budrich Publishers
Stauffenbergstr. 7. D-51379 Leverkusen Opladen
Tel +49 (0)2171.344.594 • Fax +49 (0)2171.344.693 • info@budrich-verlag.de
US-office: Uschi Golden • 28347 Ridgebrook • Farmington Hills, MI 48334 • USA •
ph +1.248.488.9153 • info@barbara-budrich.net • www.barbara-budrich.net

Weitere Bücher und Zeitschriften unter www.budrich-verlag.de